세상을 보는 눈

팡세 365

황종택 지음

목 차

제1부 / 말은 인격이다

한국형 리더	12		100대 부호	56
고리대금	14		마쓰시타 정경숙	58
파부침주	16		미래사회	60
말실수	18		명성황후	62
퇴직금	20		일기	64
카네이션	22		잠	66
청렴선서	24		나은 정 기른 정	68
히말라야	26		고사 공방전	70
10억	28		사찰 경내	72
골 세리머니	30		아! 백범	74
유학생	32		양귀비	76
매화	34		음택 양택	78
아너 소사이어티	36		노블레스 오블리주	80
니그로 소동	38		의사소통	82
얼굴 없는 천사	40		체벌	84
왕의 얼굴	42		재일교포	86
형제 갈등	44		대한민국 임시정부	88
청바지	46		나무	90
펄벅 재단	48		유유상종	92
양시론	50		고추	94
조작과 과장	52		삼다도	96
양성평등	54			

제2부 / 꿈 없는 돈은 허사, 돈 없는 꿈은 무력

까마귀	100	호국영령	142
박사	102	반상회	144
유언	104	따오기	146
심모원려	106	상징 색	148
창	108	위작시비	150
어린이 타짜	110	나무와 숲	152
회식	112	콤플렉스	154
차	114	유머	156
로또	116	빚	158
인연	118	감자	160
싱글족	120	여보나도족	162
세월	122	가케무샤	164
광복군가	124	유언	166
성 감별	126	식목일	168
흥인지문	128	별	170
기차	130	벽	172
화	132	점심	174
태양	134	선산	176
택시	136	회사 인간	178
항구	138	선물	180
간호사	140	청렴	182

제3부 / 편지는 '기다림의 대화'

편지	186		빨래터	230
덕담	188		베트남 주간	232
자원봉사	190		종갓집	234
잠	192		경조비	236
약	194		만화	238
가훈	196		역사의 화해	240
위하여	198		신식주소	242
노인의 날	200		스승의 날	244
언어	202		윤봉길 의사	246
달	204		초콜릿	248
마애 여래입상	206		한류	250
꽃집	208		붕어빵 강의	252
비빔밥	210		헌혈	254
안락사	212		반려동물 에티켓	256
목소리	214		고속도로	258
기부	216		미국산 소고기	260
동면	218		사자성어	262
교황의 일성	220		전어	264
어린이 재테크교육	222		드라마	266
악플	224		학교 폭력	268
표절 시비	226		연탄	270
손님접대	228			

제4부 / '밥' 그 이상의 뜻

학생독립운동기념일	274	금은보화	322
다름의 인정	276	신생아	324
과학수사	278	부패 트라이앵글	326
해외두뇌 귀국기피	280	안중근의 독립	328
가족	282	일의일발	330
국가 경쟁력	284	서약	332
쿠데타	286	소신	334
이어도	288	패러디	336
국군포로	290	기러기 아빠	338
말문 틔우기 영어	292	대마불사	340
종교 근본주의	294	빈자리	342
피서는 강원도로	296	광화문	344
묻지마 범죄	298	귀성	346
종자전쟁	300	비상	348
환경재앙	302	체형변화	350
일왕의 반성	304	성골논쟁	352
외국인 며느리	306	어머니	354
기미가요	308	평양의 샴페인	356
늙은 한국	310	중고 명차	358
성범죄 중벌	312	노다지	360
황사월경	314	후각의 신비	362
몰카	316	몽골반점	364
할아버지와 손자	318	생화학 무기	366
밥	320		

제5부 / 문화의 힘-한류 열풍

아버지와 딸	370		스승의 날	412
문화국수주의	372		비자금	414
손	374		단오	416
저우언라이	376		상속	418
벼락	378		봉사	420
살생부	380		산불	422
무너진 사랑탑	382		대화교육	424
사형제도	384		한자문맹	426
올인의 덫	386		추기경	428
CO_2	388		장수촌의 비만	430
막걸리와 와인	390		국모	432
다모의 후예	392		자살 사이트	434
오렌지색	394		창당 러시	436
단지의 모정	396		영화의 다양성	438
외도와 폭력	398		와인세대	440
백두산, 여기는 한라산	400		일본의 독도우표	442
지진	402		점심	444
부처님 오신 날	404		고추	446
풍수지리	406		광복군가	448
산업스파이	408		직장인 박사	450
곰	410		낙엽	452

머리글

풍요롭고 향기 나며
값진 공동선을 이루는 삶

현대인들은 바쁘다. 늘 쫓기듯 총총걸음으로 살지만 그럴수록 가슴은 더욱 허전하다.

스마트 폰 한 대에 모든 게 다 들어 있는 것처럼 첨단 문명의 이기(利器)를 마음껏 누리는 시대에 살고 있으면서도, 군중 속의 고독은 갈수록 심해지고 있다. 여느 시대에 비교할 수 없을 만큼 온갖 문명의 혜택이 크고 다양하지만 가슴 속엔 언제나 허전한 강물이 흐르고 있다. 상대적 박탈감에 사람들의 뒷모습에 드리워진 그늘은 길고 짙다.

그 이유와 해답은 무엇일까. 물질은 유한하고 욕망은 무한하다는 사실 앞에 겸허해야 한다. 자기 자신이 스스로 주인이 되지 못하고 타인과 물질을 비교해 소외감에 허우적거리는 일상의 연속을 단절해야 한다. 무의식중에 길들여진 속도와 성취욕에서 잠시 벗어나 진정한 삶의 의미가 무엇이고, 세상을 조용히 관조하는 여유를 가지는 데서 작지만 뜻 깊은 기쁨과 보람을 느끼는 '대자유'를 구가할 수 있으리라.

이 책은 중학교 교사 출신 저자가 만 40년간 현장 취재 기자 및 주필, 신문윤리위원회 전문위원, 헌정회 편집주간 등 언론인으로서 보고 겪은 다종다양한 일들을 소소하게 풀어 쓴 '수상록(隨想錄· Pensées)'이다. '팡세'는 프랑스어로 생각·사상·회상·금언(金言) 혹은 사색집이라는 뜻이다. '생각하는 갈대'인 인간의 불완전성과 모순성, 그 위대함과 비참함을 토대로 진정한 행복의 뿌리를 찾아가는 여정이다.

주제는 '잡식(雜食)'이다. 돈과 권력·명예·건강·사랑 등을 얻고 또 베풀기 위해 활용하는 정치·경제·외교·군사·법률·교육·문화·스포츠 등 다종다양하다. 이른바 이 책은 인간이 살아가면서 느끼는 오욕칠정(五慾七情)의 모음집이다. 그만큼 우리가 한평생 겪는 기쁘고, 화내며, 슬프고, 즐거운 일들이 줄을 잇는다는 얘기다.

사람이 살아가면서 사람다운 삶을 살다 가는 것이 최상의 아름다운 인생이라고 일컬어진다. 그런 삶을 살려면 배려와 조화의 가치를 깨닫고 실천해야 한다. 지구촌 시대, 이른바 코스모폴리탄 시민의 자세다.

그렇다. 나이를 먹는다는 것은 인격이 깊어 가는 일이다. 인격 완성은 자신의 욕심과 감정을 잘 다스리는 것이다.

인간의 본질에 대해 사변적이고 비판적이며 또한 분석적으로 접근해 그 정수를 다루는 데서 인격은 다듬어진다. 경험·지혜·지식·분별력·배려·경청 등 우리가 절실히 필요로 하는 가치들이다. 문제가 되는 건 시간의 흐름을 대하는 방식이다. 세월의 변화를 불안과 원망 아닌 감사의 마음으로 받아들인다면 진정으로 풍요롭고 향기 나며 값진 공동선을 이루는 삶이 될 수 있을 것이다.

이처럼 이 책은 필자가 느꼈던 삶의 편린들을 한데 엮어 오늘과 내일을 사는 이들에게 현실을 딛고 힘차게 날 수 있도록 비전을 제시하는 응원의 메시지를 담고 있다고 하겠다.

현대인이 겪는 일상의 허전함과 피곤함을 곧바로 씻어주는 명약은 아닐지라도 무한 경쟁의 글로벌시대에 용기를 북돋워 주는 동반자가 될 수 있을 것이다.

공간의 광막함과 시간의 영겁 속 동시대 지구별에서 함께 살아가는 우리가 삶의 고귀한 가치를 공유할 수 있다는 것은 모두의 기쁨이다. 바로 이 책이 그 기쁨을 찾는 데 작은 도움이 되는 나침반이 된다면 더 없는 영광이겠다.

2025. 10.

의왕 녹명서재에서 황 종 택

= 제1부 =

말은 인격이다

한국형 리더

"지조 없는 지도자는 믿을 수 없고, 믿을 수 없는 지도자는 따를 수 없다." '얇은 사 하이얀 고깔은 고이 접어서 나빌레라 …'로 시작하는 시 '승무'에서 보듯 우아하고 섬세하게 민족정서를 노래한 시인이자 학자였던 지훈 조동탁, 그 지훈이 저서 '지조론'에서 한 말이다. 자유당 정권 말기에 쓴 책이다.

지훈의 통찰은 시대를 뛰어넘는다. 오늘에도 다를 바 없다. 자신의 명리만을 위해 공의의 지조를 내팽개친 일부 지도자의 신의 상실에 실망한 적이 어디 한두 번인가. 첫 마음의 지조를 지킨다는 게 참으로 어려운 일임을 아는 까닭에 지조 있는 지도자는 존경의 대상이 된다. 신뢰의 확인에서 기쁨마저 느낀다. 반대의 경우도 있다. 지조 없는 이들이 지도자로 행세할 때 공동체는 불행하다.

지도자의 조건은 무엇일까. 지덕체의 구비다. 넓고 깊은 지식을 쌓은 데서 지혜도 생성된다. '알아야 면장을 한다'는 속담이 괜히 나온 게 아니다. 해당 분야에 대한 전문적 식견뿐만 아니라 주변 지식에 대한 풍부함이 요청된다. 다음은 덕성이다. 인격을 갖춘 데서 나오는 포용력이다. 그리고 강인한 체력이다. 건강이 뒷받침돼야 꿈꾸는 목표를 달성하는 추진력이 나온다.

빼놓을 수 없는 조건이 하나 있다. 진실성이다. 지도자의 리더십과 조폭 보스의 차이라고 하겠다. 지도자는 '가자'고 권한다. 솔선수범하기에 믿고 모두들 흔쾌히 따른다. 그러나 보스는 '가라'고 명령한다. 단물만 빠는 앵벌이가 따로 없다. 면종복배, 겉으로는 따르는 척하지만 속으론 '칼'을 갈게 만든다.

희망을 안기는 지도자와 겁만 주는 보스는 분명히 다르다. 안타깝게 우리 사회엔 인격과 진실을 가볍게 보는 부박함이 있다. 상황에 따라 지장(智將), 덕장(德將), 용장(勇將) 등 요구되는 지도자 유형이 다르지만, 덕장 홀대 시대에 올바른 리더십을 갖춘 지도자의 출현은 요원할 수밖에 없다.

서울대가 덕성 함양교육과 글쓰기 집중 지도 등을 통해 '한국형 리더' 양성에 나선다고 한다. 사회에 진출한 서울대 졸업생들이 일도 잘하지만 인격을 갖추었다는 평가를 받는 계기가 되길 바란다. 존경받는 지도자 되기가 쉬운 게 아니다.

고리대금

"로마제국을 망하게 하는 저 민심 이반의 원인인 고리대금을 뿌리 뽑아라."

시오노 나나미의 '로마인 이야기'에는 최고 60%의 고리채로 고통 받는 로마 시민을 위해 최고 권력자 카이사르가 이를 근절하는 이야기가 소개되어 있다. 한데 카이사르와 1차 삼두정치를 이끌었던 크라수스는 고리대금업으로 거부가 된 인물이었다고 한다. 이처럼 고리대금업은 뿌리가 깊어 문학 작품에도 자주 등장한다.

셰익스피어의 '베니스의 상인'에는 높은 이자를 제때 갚지 못해 허덕이는 채무자의 살점을 떼어내겠다는 유대인 악덕 채권자 이야기가 나온다. 도스토옙스키의 '죄와 벌'에선 상식을 벗어난 이자 놀이에 분노한 가난한 대학생 라스콜니코프가 '이(蝨)'와 같은 고리대금업자 노파를 살해하기에 이른다.

고리대금은 고대부터 서민 경제를 파탄시키는 주범의 하나여서, 어느 나라나 고리의 피해를 줄이려는 폭리제한법을 가지고 있다. 미국은 주법으로 뉴욕주 연 16%, 캘리포니아 연 10%로 제한하고 있다. 대만은 20%, 일본은 15~20%로 상한선을 두고 있다. 대부분 연 20% 안팎이다.

사회문화적 성숙도가 떨어지는 나라일수록 고리대금업은 성행한다. "시골에서는 파종 때 쌀 한 말을 빌리면 추수 때 무려 두 말 반을 돌려줘야 했다…." 방글라데시의 빈민운동가로서 무담보 소액 신용대출을 하는 그라민 은행을 창립해 2006년 노벨 평화상을 받은 무하마드 유누스가 자서전('가난한 사람들을 위한 은행가')에서 한 말이다.

우리 사회에서도 경기불황으로 고리사채를 썼다가 눈덩이처럼 불어난 이자에 신음하는 이들이 적지 않다. 6·25전쟁 후 회자됐던 '과부 달러 빚이라도 얻는다'는 말이 다시 유행하고 있을 정도다. 갚기가 쉽지 않은데도 홀로 된 부인이 자식을 가르치려고 비싼 이자를 주고 귀한 달러를 빌려 쓸 정도로 요즘 서민들이 힘들게 살고 있음을 보여준다.

검찰과 경찰이 불법 고리대금업자 합동 단속에 나섰다. 효과는 글쎄다. 법은 이름만 있고 고리에다 '신체 포기각서'까지 요구하는 게 현실이다. 흡혈귀가 따로 없다.

파부침주(破釜沈舟)

위기 극복의 의지가 담긴 말은 적지 않다. 주로 고사성어다. 먼저 '배수진(背水陣)'을 들 수 있다. 물을 등지고 진을 친다는 뜻이다. 등 뒤에 강물이 흐르니 싸움에 져서 죽든지 강물에 빠져 죽든지 죽는 것은 마찬가지이므로 죽기 아니면 살기로 싸움에 임한다는 것이다. 한나라 유방이 제위에 오르기 앞서 기원전 204년, 명장 한신이 1만2000여 군사로 조나라 20만 대군을 물리친 데서 유래한다.

'승풍파랑(乘風破浪)'. 바람을 타고 파도를 헤쳐 나간다는 의미다. 현정은 현대그룹 회장이 소개해 눈길을 끌었다. 벼랑 끝에 내몰린 대북사업으로 인한 경영난에 대한 고민과 강한 극복 의지를 표현하고 있다.

자기 자신을 이기고 항상 앞으로 나아간다는 뜻의 '극기상진(克己常進)', 느슨해진 거문고의 줄을 바꾸어 맨다는 '해현경장(解弦更張)'도 있다. 전략과 조직문화까지 모두 바꿔야 생존을 넘어 발전할 수 있다는 지도이념을 담고 있다.

충무공 이순신 장군의 난중일기 어록 '필사즉생 필생즉사(必死卽生 必生卽死)'도 빼놓을 수 없다. 죽기를 각오하고 맞서면 오히려 살길이 열린다는 역설이다. 분발과 노력을 촉구하는 관용적 표현으로 자리를 잡았다.

예전에 한 축구대표팀 감독이 월드컵 조별리그 최종전을 앞두고 결연한 출사표를 냈다. "파부침주(破釜沈舟)의 각오로 싸우겠다." 밥 지을 솥을 부수고 돌아올 배를 가라앉힌다는 뜻으로 결사적으로 싸우겠다는 비장한 자세를 비유하는 말이다.

항우가 진나라를 치러 가는 길에 장하를 건넌 후 배를 부수고 솥을 깨뜨렸다는 데에 근거하고 있다. 남미 강팀에 패배 후 침체된 분위기를 쇄신하고 원정 16강을 이루고야 말겠다는 감독의 결의가 읽혀진다.

"신은 본시 벼슬도 없는 촌놈으로서 … 선제께 견마의 충성을 바칠 것을 …." 중국 삼국시대 촉나라 승상 제갈공명이 위나라 토벌을 위한 출진을 앞두고 유비의 아들인 촉 황제 유선에게 바친 출사표를 떠올리게 한다. 우국충절이 절절히 배어 있는 명문으로서 지금까지 회자되고 있다.

대표팀 감독의 출사표가 뜻을 이뤄 "대~한민국!"의 축구 역사가 천추만대에 빛나기를 바란다.

말실수

'입보다 귀를 상석에 앉혀라.' 말 많음을 경계하라는 유대 속담이다. 말을 안 하고 살 수는 없다. 문제는 어리석은 사람의 혀는 널름거릴수록 그 길이가 길어져 실수가 잦다는 사실이다. 입을 잘못 놀려서 손해를 보는 이들이 적지 않은 것이다.

어디 그뿐인가. 말로 이웃에 상처를 주고, 내가 받기도 한다. 더구나 지도층의 말실수는 범부(凡夫)의 취중 실언 따위와는 차원이 다르다. 전후좌우 상황을 다 떼어내고, 그 자체로 시중의 재미있는 이야깃거리가 된다. 특히 정치인들이 조심해야 한다.

여야 간에도 할 말, 안 할 말 가려야 한다. 금도(襟度)다. 조선의 르네상스를 이끌었던 정조는 말을 조심하라며 "사람은 언어로 한때의 쾌감을 얻으려 해서는 안 된다. 나는 미천한 마부에게라도 일찍이 이놈 저놈이라고 부른 적이 없다"고 가르쳤던 것이다. 말 한마디에 용기를 얻는가 하면 좌절의 늪에 빠지기도 한다. 말의 생명력이다. 언어는 의사교환의 수단이자 사물 의미를 규정하는 기능을 지니고 있어 폭언이나 실언은 예상하지 못한 후유증을 낳는다.

말은 인격이다. 수준이 있다. 개인이 어떤 말을 하느냐에 따라 인격(人格)이 묻어나고, 국민이 어느 정도의 언어생활을 하느냐에 따라 한 나라의 수준이 평가된다. 국격(國格)이다. 왜? 말은 소통의 핵심 도구이기에 그렇다. 그뿐만 아니다. 인간 존재의 근원인 생명의 상징이라고 할 수 있다.

김춘수는 그의 시 '꽃'에서 "내가 그의 이름을 불러 주었을 때/ 그는 나에게로 와서/ 꽃이 되었다"고 노래했다. 꽃이라는 사물에 꽃이라는 이름을 불러 주었을 때 비로소 꽃은 의미를 가지게 된다. 사람이 언어를 사용하고 그 언어로 대상을 호명하는 행위는 사람의 욕망이 개입된다는 것을 시인은 사유하고 있다. 사람들은 표현되는 말을 통해 인정받고 사랑받으면 존재감을 넘어 그 이상의 기쁨을 느낀다.

"…내가 그의 이름을 불러 준 것처럼 나의 이 빛깔과 향기(香氣)에 알맞은 누가 나의 이름을 불러다오. 그에게로 가서 나도 그의 꽃이 되고 싶다…"

말은 '제2의 얼굴'이라고 한다. 실언한 뒤 대부분 '와전됐다'고 둘러대지만 신뢰는 이미 금이 갔다. 입은 닫고, 귀는 여는 게 공익에 도움된다는 이치를 깨달아야겠다. 공인의 리더십은 깊은 고뇌와 철학에서 나오는 법이다. 생각하고 말 좀 하자.

퇴직금

인생 100세 시대. 크고 작은 모임에서는 편안한 노후생활이 간혹 화제에 오른다. 물론 건강하게 오래 사는 것을 전제로 한다. 우스갯소리로 '9988234' 곧 99세까지 팔팔하게 살고 이틀만 아프다가 사흘째 사망한다는 뜻풀이에 이어 '9988231'이 새 버전으로 등장하는 이유이다. 99세까지 팔팔하게 살고 이틀만 아픈 뒤 3일째 일어난다는 의미이다. 그것도 벌떡!

문제는 경제력이다. 초년엔 고생을 하더라도 장년 이후 노후엔 좀 편히 지내는 게 본인이나 자식들에게 복된 일일 것이다. 한데 가끔 주변에선 가슴 아픈 말이 들리곤 한다. 주로 급여 생활자에 관한 얘기다. 자식들한테 퇴직금에 이어 집 판돈까지 몽땅 털어주고 빈털터리가 된 노부부가 하루 세 끼 식사마저 못 들고 있다는 등의 소식이 들리면 마음이 언짢다.

급여 생활자들이 '정년 후의 8만여 시간'을 그런대로 보내려면 노후 자금이 웬만큼 필요하다. 정년 뒤 30년 넘는 기간 하루 8시간 정도는 대외활동을 해야 하기 때문이다. 퇴직금, 국민연금, 연금보험 등은 주된 수입원일 수 있다. 하지만 현실은 그렇지 못하다.

우리나라는 국민연금과 퇴직금제도에 모두 17% 이상 일종의 보험료를 부담하고 있다. 그러나 은퇴 후 노후소득 보장은 선진국에 비해 턱없이 낮은 수준이다. 일본이 공·사연금 보험료를 통해 국민 대부분이 생애소득 대비 60% 이상의 노후소득 보장을 누리는 데 비해 우리는 절반 수준에 머물고 있는 게 현실이다.

퇴직금에다 달랑 있는 집 한 채를 담보로 돈을 보태 제2의 생계전선에 뛰어들 수밖에 없다. 네 집에 한 집 꼴로 음식점 등 자영업이 주종을 이룬다. 성공이 보장된 게 아니다. 황혼이혼을 당하기도 한다. 불행은 한 번으로 끝나지 않는다는 화불단행(禍不單行)이다.

근로자가 퇴직금을 월급과 함께 매달 분할지급 받았다면 그 돈은 부당이득으로 회사에 돌려줘야 하고 퇴직금을 따로 청구할 수 있다는 대법원 판결이 그제 나왔다. 다만 상계는 퇴직금 채권의 2분의 1을 초과하는 부분만 가능하다는 것이다.

평생 유리알처럼 맑게 세금 꼬박꼬박 낸 샐러리맨들이여, 적은 퇴직금만이라도 잘 굴려 편안한 노후를 보내시라!

카네이션

　5월엔 감사와 사랑, 존경의 뜻을 담은 기념일이 줄지어 있다. 어린이날, 어버이날, 스승의날, 성년의날, 부부의날 등이다. 모두 소중하다.
　굳이 으뜸을 꼽는다면 어버이날이라고 할 수 있겠다. 부모는 원초적 생명의 뿌리이기 때문이다. 내가 있기까지에는 부모의 희생이 뒷받침됐기에 가능했다. 그 거룩한 정신을 기리자는 취지다. 사실 자식이 잘되기만을 기다리다가 지금은 제 갈 길로 간 아들·딸의 이름을 부르며 홀로 앉아 마시는 '아버지의 술잔은 절반이 눈물'이다.
　모정의 세월은 더 말해 무엇하랴. '나실 제 괴로움 다 잊으시고/ 기를 제 밤낮으로 애쓰는 마음 ~"으로 시작되는 양주동의 노랫말 '어머니 마음'을 부르면 금방이라도 그 자리는 울음바다가 되어버리지 않는가.
　하지만 해마다 돌아오는 어버이날이지만 형식적인 행사로 끝나버리기 쉬운 게 요즘 세태다. 바쁘다는 핑계로 자주 찾아뵙지도 못한다. 불효가 따로 없다. "어버이 살아 실 제 섬기기를 다 하여라/ 지나간 후면 애달프다 어이 하리/ 평생에 고쳐 못할 일 이 뿐인가 하노라"라는 조선 중기 송강 정철의 시조가 시대를 뛰어넘어 큰 울림으로 다가선다. 이 세상 떠난 뒤 후회해 봐도 소용없으니 부모 생전에 효도를 다하라는 가르침이다.

효는 모든 행동의 기본, 즉 백행지원(百行之源)이다. 어느 종교를 막론하고 부모를 섬기라고 타이른다. 기독교를 보자. 하느님은 인간에게 '십계명'을 주면서 인간관계에서 지켜야 할 첫 계명으로 "부모를 섬기라"고 강조하고 있다.

불교 '부모은중경'은 부모 은혜에 보답할 것을 가르치고 있다. 지옥에 떨어진 어머니를 구하기 위해 온갖 어려움을 마다하지 않던 목련존자 효성을 높이 받든다. 공자는 "형벌 죄목이 3000이지만 불효보다 더 큰 죄는 없다"고 말했다.

우리나라에서는 1956년에 5월 8일을 어머니날로, 1972년에 명칭을 어버이날로 바꿔 국가적인 행사로 삼고 있다. 어버이의 가슴에 건강과 행복을 비는 빨간 카네이션을 달아드린다. 존경과 사랑의 꽃말처럼 카네이션 꽃 한 송이가 내 부모는 물론 이웃 어른들에게도 위로가 되는, 그래서 아름다운 사회가 되었으면 하는 마음 간절하다.

청렴 선서

공직자의 청렴 의무는 아무리 강조해도 지나치지 않다. 경책의 말이 적잖다. 주옥같은 글귀만을 모은 '명심보감'에 자주 인용되는 중국 원시대 '경행록(景行錄)'에는 "공직자의 요체는 공정과 청렴이다"고 강조하고 있다.

청렴의 가치를 높이 사는 데는 동서고금이 따로 없다. 이상적 국가상을 그린 명저 '유토피아'를 쓴 영국의 정치가 토머스 모어는 "돈이 권력을 흔들 수 있는 곳에서는 국가 번영을 바랄 수 없다"고 역설했다.

선각자들이 공직자의 청렴을 말한 이유는 분명하다. '목민심서'의 저자 다산 정약용 선생의 말에 답이 있다. "위엄은 청렴에서 생기고 신의는 진실한 충성심에 기반한다. 충성되고 청렴하면 백성이 따를 것이다."

공직자가 깨끗해야 나라가 바로 서기 때문이다. 공직자가 공금을 마치 제 돈인 양 챙기고 민폐를 끼치는 등 부패하면 우습게 보여 '콩으로 메주를 쑨다'고 해도 곧이들을 이는 없을 터이다.

청렴성의 기준은 무엇일까. 남송 시대 학자 육구연은 '상산록(象山

錄)'에서 등급을 세 가지로 나누었다. 최상의 청백리는 자기 봉급 외에는 탐하지 않으며 봉급도 쓰다가 남은 것은 집에 갖고 가지 않는다. 둘째 등급의 청백리는 봉급 외에 그 명목이 정당하면 취하고 부당하면 거들떠보지 않는다. 최하위의 청백리는 이미 법규에 정해진 것이면 그 명목이 비록 정당하지 못하더라도 갖되 규정이 없으면 자신이 먼저 나쁜 선례를 만들지는 않는다.

우리나라는 국제사회에서 청렴성이 어느 정도일까. 독일 베를린 소재 국제투명성기구(TI)가 지난해 발표한 부패인식지수(CPI)는 180여 개 국 중 39위에 자리하고 있다. 브루나이, 오만 수준이다. 국가경제력 10위권에 비해 많이 뒤처진다. 청심(淸心)의 공무원. 아직은 멀고 먼 우리의 이상이다. 불법 정치자금, 스폰서 검찰, 교직 매매, 일부 지자체장과 지방의원 등 정치인의 몸에서 악취가 진동하니 그럴 만도 하다.

신규 임용되는 모든 공무원은 깨끗한 공직사회를 위한 '청렴 선서'를 할 방침이라고 한다. 선서를 해서라도 공직사회가 맑아지면 매일 아침 하는 것을 마다할 일이 아니다. 하도 부패 공직자가 넘치니 고육지책일 게다. 다만 공무원에게 굴욕감을 주지는 않을지, 1970년대의 집단주의 시절로 돌아가는 인상을 주는 것은 아닌지 걱정은 된다.

히말라야

신들의 영역이라는 '히말라야'. 산스크리트어로 '눈(hima·雪) 덮인 곳(alayas)'이라는 뜻이다. 남극, 북극에 이어 제3의 극지로 불린다.

동서 2500㎞ 품안에 해발 8000m가 넘는 봉우리 14개를 거느리고 있다. 14좌다. 이 산맥에 줄지어선 고봉준령을 오르기란 상상을 초월하는 고통과 인내를 요구한다.

뼈를 깎는 듯한 영하 30~40도의 추위와 인간의 몸을 먼지처럼 날려버리는 광풍, 그 속에서 희박한 산소를 겨우 들이쉬며 수직에 가까운 빙벽을 올라 앞으로 나아가야 한다. 죽음을 무릅쓴 사투다.

그뿐인가. 눈 덮인 산에는 길이 없다. 여기저기 입을 벌리고 있는 천길 낭떠러지 크레바스는 인간이 한 발 내딛기를 바라는 것처럼 숨죽이며 기다리고 있다.

최고봉은 에베레스트. 해발 8848m. 처음 등정에 성공한 이는 1953년 5월29일 뉴질랜드의 에드먼드 힐러리 경. 그의 업적은 고산 등반보다 남을 위해 자신을 아끼지 않는 이타주의에서 더욱 빛난다. 산을 정복 대상이 아닌, 경외하는 히말라야 주민들을 도우며 살았다. 티베트

사람들은 에베레스트를 일러 '이 세상의 어머니'를 뜻하는 초모룽마라, 네팔인들은 '하늘의 여신'을 의미하는 사가르마타라고 부른다.

한국인 첫 에베레스트 등정 산악인은 고상돈. 1977년 9월이다. 2000년 7월31일 엄홍길은 K2 정상을 밟음으로써 14좌 등정에 마침표를 찍었다. 오은선 대장이 히말라야 10위 고봉 안나푸르나(8091m)에 오름으로써 여성 산악인으로는 세계 최초로 14좌 완등에 성공했다.

1993년 '여성 에베레스트 원정대' 대원으로 첫 해외원정을 시작한 이래 아시아 여성 산악인 최초 에베레스트 단독 등정 성공 등 그는 전인미답의 길을 개척해 왔다. 인간의 한계를 극복한 철녀의 쾌거다.

마음도 곱다. 14좌 등정에 나섰다가 낭가파르밧 산을 내려오는 도중 추락사한 고미영 대장의 사진을 가슴에 품고 안나푸르나를 등반했다. 아름다운 우정이다. 인자요산(仁者樂山), 어진 사람은 산을 좋아한다고 했다.

산처럼 제자리를 지키며 넉넉한 마음으로 상대를 배려한다면 한결 윤기 나는 세상이 될 것이다. 산의 가르침이다.

10억

"인생은 일장춘몽이라고 슬픈 어조로 말하지 말라. 삶은 참되며, 끊임없이 일하고 기다리는 것이다."

미국 시인 헨리 W 롱펠로가 쓴 '생의 찬가'다. 인생은 한 번뿐이다. 일회성이기 때문에 진지하지 않을 수 없다. 일부는 정반대로 행동하기도 한다. 하루살이나 다름없다. 자본주의 경제체제에서 살아가는 현대인들은 정신적 가치와 적절한 물질 추구의 한계 설정을 놓고 갈등한다.

사실 돈은 교환가치로서 생활의 기본 수단이기에 필요하다. 그러나 돈이라도 다 같지는 않다. 신성한 노동으로 얻은 정재(淨財)가 있고, 떳떳하지 않은 방법으로 번 탁재(濁財)가 있다.

액면가는 같아도 가치가 다르다. 정직하게 번 돈은 생산적이다. 부정하게 번 돈은 물 쓰듯 허비하기 쉽다. 주변에 '민폐'도 적잖게 끼친다. 요즘 세계적인 금융 쇼크도 인간의 탐욕이 빚은 '허상' 추구의 산물이라고 하겠다.

조선시대 북학파 거두였던 홍대용(1731~1783)은 사람을 미혹(迷惑)에 빠트리는 3대 요인으로 '부적절한 이성 교제, 부도덕한 돈벌이,

맹목적인 신앙'을 꼽았다. 당시 시대상이 반영된 논거라고 하지만, 오늘에 견줘 봐도 크게 다르지 않을 듯싶다. 그래서 프랑스혁명에 영향을 미친 계몽철학자 장 자크 루소는 저서 '에밀'에서 미래 주역인 청소년의 도덕지수 등 사회성 계발을 위해 나만이 아닌 타인의 고통을 이해토록 지도해야 한다고 강조했나보다.

한국투명성기구가 전국 중고생 1100명을 대상으로 실시한 '반부패 인식' 조사에서 '감옥에서 10년을 살아도 10억 원을 벌 수 있다면 부패를 저지를 수 있다'는 항목에 17.7%나 '그렇다'고 대답했다고 한다.

아무리 '10억!'이라는 재화 가치가 피부에 느낄 정도로 크고, '감옥 10년'은 먼 나라 이야기로 들린다하더라도 충격적인 내용이다. 그렇다고 젊은이들을 무조건 탓하고 개탄할 일만은 아니다.

어느 시대나 젊은이는 기성세대의 눈엔 걱정 그 자체였다. 오히려 물신주의에 젖어 있는 어른들의 반성이 먼저 있어야 하겠다. 롱펠로의 통찰은 오늘 우리 사회에서 여전히 빛을 발하고 있다.

골 세리머니

　기도는 종교행위의 상징이다. 무릎을 꿇고, 머리를 조아리고, 손을 올리거나 맞잡는 행위 등은 존경·헌신의 마음가짐을 나타낸다. 기도는 모든 종교에서 찾아볼 수 있다. 내용과 수준은 각기 다르다. 현실세계에서 '더 잘되게 해 달라'는 개인 욕구 충족에 무게중심이 있는 기도가 적잖다. 낮은 단계의 기복신앙이다. 세상 공동체, 미래 세대의 평화를 위한 이타적 기도는 가치가 있다.
　"주여, 저를 당신의 평화의 도구로 삼아 주소서. 미움이 있는 곳에 사랑을, 다툼이 있는 곳에 용서를, … 절망이 있는 곳에 희망을…" 하고 간구했던 중세 이탈리아의 성자 프란체스코의 기도에는 빛이 담겨 있음을 본다.
　신앙인은 과연 어떤 게 종교적인 삶인지 고뇌해야 한다. 이웃을 배려하며 사는 사람은 '나'라는 존재가 확대되는 것을 느낄 수 있다. 그러나 내 가족, 내 종교만 생각하는 자는 외롭다. 깨침의 경지에 이른 현인들은 "근본 실재는 같다"고 보았기 때문이다. 유교의 천(天), 불교의 법(法), 그리스도교의 하느님과 하나님·여호와, 민족종교계의 한울님·

상제님 등 명칭만 다를 뿐이다. 만법귀일(萬法歸一), 만물은 하나로 돌아감이다.

불교 조계종 종교평화위원회는 최근 대한축구협회 등에 국제대회에서 선수와 관계자가 종교적 신념을 표출하는 행위를 자제할 수 있도록 지도해 달라는 공문을 보냈다. 국민 화합을 해친다는 이유에서다. 적잖은 개신교 신자들은 개인의 신앙 표현을 제한하는 전근대적 발상이라며 반대하고 있다.

신앙의 자유는 보장돼야 하지만 월드컵 등 국가대표 경기에서 골을 넣은 뒤 운동장에서 기도부터 하는 골 세리머니는 자제됐으면 싶다. 무릎 꿇은 모습보다 골 도움을 준 동료에게 뛰어가 고맙다고 인사하는 팀워크를 보고 싶어 하는 국민도 많을 것이다.

국가 간 A매치는 기독교 신자뿐 아니라 다른 종교인과 무신론자들도 보며 하나같이 열광적으로 응원한다는 것을 유념해야 한다. 불교계는 대덕(大德)정신으로 '배려'를 기다리면 된다. 법정 스님은 "용서는 가장 큰 수행"이라고 했다. 축구 국가대표선수의 기도 세리머니 역시 열린 마음으로 논의됐으면 한다.

진실한 '마음의 기도'가 더 큰 존경심이고 사랑이지 않겠는가.

유학생

　교육 엑소더스. 미국 국토안보부의 비 이민비자 입국통계에 따르면 학생비자(F1) 신분으로 미국 대학에 재학 중인 한국 유학생 수는 12만여 명이다. 출신 국가 가운데 1위이다. 캐나다에도 3만 명쯤 나가 있고, 유럽 각국과 호주·뉴질랜드, 남아프리카공화국에까지 한국 유학생이 몰리고 있다.
　이들 나라를 살찌우는 우리의 유학 및 연수비용이 연 4조 원쯤 된다고 한다. 가히 유학 열풍이라고 할 수 있다. 이 엄청난 돈이 낭비가 아닌 투자라고 한다면 조금의 위안이 될 수 있겠다.
　유학생에 대한 최초의 기록은 '삼국사기'이다. 622년(영류왕 5) 고구려에서 당나라에 처음 유학생을 보낸 것으로 나타나 있다. 1882년 한미수호조약 이래 중국이 아닌 다른 나라 유학도 시작됐다. 일제 강점기엔 주로 일본 유학이 이뤄진 건 물론이다. 광복 이후엔 '해외 유학=미국'으로 인식될 정도로 도미파가 많았다. 미국 유학생들은 귀국 후 우리 사회의 주류를 형성했다.
　88서울올림픽이 끝난 뒤 옛 사회주의권 유학 또한 활발하다. 중국

체류 유학생 3명 중 1명은 한국 학생이라고 하니 그 열기를 짐작할 만하다. 6만 명 정도다. 러시아는 어떠한가. 소련 시절만은 못하지만 가장 넓은 국토와 풍부한 천연자원, 지정학적 위상으로 인해 세계에 미치는 영향력은 무시할 수 없다. 브라질, 인도, 중국과 함께 21세기를 주도할 국가라는 뜻으로 '브릭스(BRICs)'라 총칭되는 이유가 있다.

러시아와 주변 동유럽에도 한국 유학생의 발길은 이어지고 있다. 영어권이 아닌 일종의 블루오션을 찾아서다. 한데 러시아 이르쿠츠크 바르나울시에서 유학 중이던 한국 대학생이 러시아 청년들에게 집단폭행을 당해 사망한 사실이 전해졌다. 인종혐오 범죄일 가능성이 크다는 분석이다. 불행한 일이다. 외교부는 러시아 정부에 엄중 항의하고 진상조사와 재발방지책을 요구해야 할 것이다.

노벨문학상을 받은 러시아 출신 작가 알렉산드르 솔제니친은 "진리를 향한 인간의 자유의지는 절대 죽지 않는다"고 외쳤다. 안타까운 사고에도 지구촌이 좁다며 도전하는 한국 젊은이들의 열정은 멈추지 않을 것이다. 인종, 국적, 종교, 사상의 차이를 뛰어넘는 글로벌 평화 정신으로 말이다.

매화

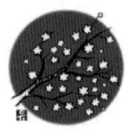

봄은 생명이다. 언 땅을 헤쳐 대지에 새순이 돋는다. 난초지초 각양각색 꽃이 다투어 피어난다. 만화방창, 온갖 미물도 깨어난다. 환희의 계절이다.

"어두컴컴한 구덩이 속에서/ 나 오래 꿈을 꾸었다/ 너의 나무들과 푸른 공기를/ 너의 향기와 새들의 노랫소리를/ 빛 퍼부어져 …."

헤르만 헤세의 시 '봄'은 찬란한 봄날의 송가라고 하겠다. 봄은 청춘과도 같다. 처녀총각의 사랑이 시작된다. "봄이 되면 온갖 초목에 물이 오르고 싹이 트고 한다. 사람도 아마 그런가 보다, 하고 며칠 내에 부쩍 (속으로) 자란 듯싶은 점순이가 여간 반가운 것이 아니다."(김유정의 소설 '봄봄' 중에서) 터지지 못하고 안타까워하는 청춘남녀를 묘사하고 있다. 계속 이대로? 아니다. 이어지는 그의 작품 '동백꽃'에서 남녀는 흐드러지게 핀 노란 동백꽃 속으로 젊음을 뉘어버린다. 그 알싸하고 향긋한 청춘의 꽃내음이여!

봄은 생명이요, 생명은 봄꽃으로 상징됨을 뒷받침한다. 매화를 얘기하지 않을 수 없다. 봄을 가장 먼저 아는 게 매화이기 때문이다. 사군자의 하나로 선비의 지조를 뜻하는 매화는 암향(暗香), 곧 은은한 향기와 고아한 아름다움으로 사랑을 받아왔다.

한여름 뙤약볕과 한겨울 혹한을 받아들임으로써 만들 수 있었던 다섯 장의 꽃잎. 올곧음의 표상 매화는 세파에 지친 선비들이 학문에의 끈을 놓지 않게 한 벗이었다. 조선 성리학의 거두 퇴계 이황(1501~1570)이 매화를 사랑해 100편이 넘는 매화시를 지었음은 매화가 진정 선비의 꽃임을 보여준다. 임종 직전 퇴계는 "저 매화에 물 주라(命淮盆梅)"고 말할 정도였지 않은가.

매화는 꽃 대궐 속을 거닐어야 제대로 즐길 수 있다. 마치 함박눈이 쏟아지듯 황홀한 장관이 펼쳐지면 누구라도 설레는 마음을 감추질 못한다. 한 폭의 풍경화 속에 빠져든 느낌이랄까. 그래서 매화를 좇아 길을 나섬을 '탐매(探梅)여행'이라 한다.

입춘을 나흘 앞둔 그제 제주 서귀포에서 매화가 만개했다는 소식이다. 꽃소식. 화신(花信) 북상이다. 아직 잔설이 있는데 꽃이라니. 신비롭다. 봄이 매화를 만들고, 매화가 다시 봄을 알린다.

매화처럼 고결한 지조 있는 지도자가 그리운 봄이다.

아너 소사이어티

남들은 나와 같지 않다. 내가 한가하게 즐길 때 남들은 열심히 일하고, 내가 일하는 시간에 남들은 유람을 하기도 한다. 이웃 간 배려의 필요성을 말해주고 있다. 내가 배부르면 남들도 배부른 게 아님을 깨치는 게 그 첫걸음일 수 있다.

이순원의 장편소설 '아들과 함께 걷는 길'에는 이런 대목이 있다. "여름철 자동차 안이 시원하다고 농부가 김매는 들판까지 시원한 게 아니거든. 그런데도 우리는 욕심 많은 부자처럼 자기가 시원하고 한가하니까 그 풍경까지 시원하고 한가하게 보이는 거야 …."

타인을 생각하는 너그러움을 갖춰야겠다. 내 배 부르고 등 따뜻하면 신경 쓸 게 뭐 있냐며 고복장단만 할 일은 아니다. 이웃에 대한 배려는 물질의 나눔이 함께 요청된다. 맹자가 '항산(恒産)이 없으면 항심(恒心)이 없다'고 말한 까닭을 알 만하다. 일정한 재산이 없으면 애초의 올바른 생각을 유지할 수 없다는 뜻이다. 어느 정도 재물을 내놓아야 이웃을 위한 마음도 '증명'해 보일 수 있다는 풀이가 가능하다. 현대 자본주의 사회에선 더욱 그렇다.

사실 남부럽지 않을 만큼 돈을 모은다는 것은 힘든 일이다. 하지만 번 돈을 값지게 사용하는 게 더 어려운 일일 수 있다. '개처럼 벌어 정승처럼 쓴다'는 속담은 용재(用財)의 어려움을 시사하고 있다. 그래도 나눔은 세상을 훈훈하게 한다. 아니 빛나게 한다. 세계적인 작가 짐 스토벌은 저서 '최고의 유산 상속받기'에서 이렇게 밝히고 있다. "나눔은 참 역설적이다. 많이 나눠주다 보면 물질도 마음도 풍요로워지고 친구마저 많이 생긴다." 두 손에 움켜 쥔 쌀 한 줌을 놓아야 쌀가마를 제대로 들어 올릴 수 있는 이치와 같다. '흑자 장사'인 셈이다.

2007년 12월부터 시작된 연 1억 원 이상 기부한 인사들이 사회복지공동모금회 초대로 한자리에 모인다고 한다. '아너 소사이어티(Honor Society)' 회원들이다. 1984년부터 '토크빌 소사이어티'를 운영해 빌 게이츠와 워런 버핏 등 2만여 명의 회원을 둔 미국과는 큰 차이가 있기에 우리 사회에 기부문화 확산의 계기가 되길 바라는 기대가 크다.

아름다움도 자란다고 하지 않는가.

니그로 소동

말(言)은 생명체다. 따뜻한 말은 큰 위로가 된다. 반면 비난은 인간을 파멸로 몰 수 있다. 말의 독소다.

흔히 되돌릴 수 없는 네 가지가 있다고 한다. 한 번 뱉은 말, 엎질러진 물, 시위를 떠난 화살, 그리고 흘러가 버린 시간 등을 일컫는다. 이 가운데 말은 상대가 있어 영향이 적잖다. 말하는 이의 의도와 인격 수준 등을 담고 있기에 듣는 이의 희비를 가르기도 한다.

입장 바꿔 말을 사려 깊고 신중히 해야 하는 이유다. '세 번 생각하고 한 번 말하라'는 공자의 삼사일언을 되새겨 볼 일이다.

말을 기분 나쁘게 하면 듣는 이만 마음을 상하는가. 아니다. 본인에게 화가 미친다. 당나라 말기부터 열 한 명의 천자를 섬긴 재상 풍도는 '설시(舌詩)'에서 "입은 화의 문이요, 혀는 몸을 베는 칼(口是禍門 舌是斬刀身)"이라고 했다. 말조심을 당부하는 명문장이다. 앞뒤 생각 없이 쏟아낸 말은 자신의 목을 옥죄는 부메랑이 될 수 있음을 경책하고 있다.

혀가 칼이 되고 입술은 창이 돼 사람을 해친다는 설검순창(舌劍脣

槍)이 따로 없다. '예술론'으로 유명한 근대 프랑스 사상가 알랭이 "많은 사람이 생각하지 않고 내뱉는 말에 대해 잠시 생각하고 말하는 게 가장 어려운 일이다"고 토로한 심정을 알 것 같다.

복 짓는 말을 해야 한다. 성경은 "유순한 대답은 분노를 쉬게 하여도 과격한 말은 노를 격동하느니라"(잠언 15:1)라고 가르치고 있다. 불교 잡보장경에 재산이 없어도 베풀 수 있는 보시 7가지 중 하나로 남에게 친절하고 따뜻한 말을 하라는 '언사시(言辭施)'를 꼽고 있음을 귀담아 들을 만하다.

미국에서 때 아닌 '니그로' 소동이 일고 있다. 모 정당 상원의원이 '니그로'란 흑인 비하 단어를 사용한 게 뒤늦게 알려졌기 때문이다. 상대 당은 성난 흑인 민심을 파고들며 '실언'을 호재로 삼고 있다.

우리 속담에 '가루는 칠수록 고와지고 말은 할수록 거칠어진다'고 했다. 말로써 말 많으니 말 말을까 하노라.

말을 줄이고 신뢰성 있는 실천을 해야 한다. 말은 주워 담을 수 없다 했잖은가.

얼굴 없는 천사

이웃을 향한 작은 온정. 사랑의 씨앗을 파종하는 일이다. 연말연시 어린아이의 고사리 손에서 건네지는 동전 한 닢, 하루를 힘겹게 산 일용노동자의 지폐 한 장이 어려운 삶을 살아가는 누군가에게 털옷으로, 쌀로, 연탄으로 전해질 것이다.

"연탄재 함부로 발로 차지 마라. 너는 누구에게 한 번이라도 뜨거운 사람이었느냐"(안도현의 시 '너에게 묻는다')는 시인의 물음처럼 가슴 훈훈한 사람들의 고운 손길이다.

아직 경기 침체의 골이 깊다. 가난하고 헐벗은 이들은 겨울이 두렵다. 넉넉해서가 아니라 내 가진 것의 조금을 덜어내 이웃을 생각하는 십시일반의 정신이 요청되는 때다. 물론 오른손이 하는 일을 왼손이 모르듯 하는 게 더욱 빛이 난다. 일부 지도층의 지나친 생색은 역겨움을 주기도 하지 않는가.

남을 돕는다는 게 말처럼 쉽지 않다. 예수는 종교인의 사회구제에 대해 말하면서 회칠한 무덤 같고 외식하는 자가 되지 말 것을 당부하고 있다. 화려한 옷을 입고 돈 몇 푼 던져주면서 속마음엔 교만과 거짓,

탐욕의 악덕이 가득 차 있음을 경책한 것이다. 외화내병증을 멀리하라는 강조이다. 부처의 가르침도 궤를 같이한다. 보살은 큰 시주를 하되, 그 마음은 명성을 구하지 않고 이득을 바라지 않는다고 가르치고 있다. 도움을 줬다는 생각마저도 잊는 무주상(無住相) 보시의 깊은 뜻이 담겨 있음이다.

전북 전주의 '얼굴 없는 천사'가 올해도 어김없이 찾아왔다. 2000년부터 이어진 음덕(陰德)이다. 노송동 주민센터 인근 공터에 놓고 간 것이다. 전주시는 주민센터 앞 도로를 '얼굴 없는 천사의 도로'로 이름붙이고 감사의 마음을 전하는 표지석을 세웠다. '당신은 어둠 속의 촛불처럼 세상을 밝고 아름답게 만드는 참사람입니다. 사랑합니다'라는 붓글씨 글이 새겨졌다. 기부금 절도 사건이 있었지만 사랑의 향기는 진하다.

꽃은 향기로 말을 걸어오고, 사람도 그 인품만큼의 향기를 풍긴다. 다름이 있다. 꽃의 향기는 타고나지만, 사람의 향기는 선택되고 갈수록 새로워진다는 사실이다. 한 해의 끝자락에서 새해엔 향기 나는 삶을 살아야겠다고 스스로 다짐을 하자. 복전(福田)에 씨 뿌리는 일이다.

왕의 얼굴

지존. 전제군주시대 가장 높은 자리의 임금을 가리킨다. 임금 왕(王)자 파자에 나타나듯 하늘과 땅, 인간의 삼재를 잇는 절대자이다. 조선을 개국한 태조 이성계와 관련된 옛이야기 하나. 젊은 시절 그는 파자점을 잘 보는 도승을 찾았다. 이성계가 짚은 글자는 문(問)자였다. "왼쪽 오른쪽 어디로 봐도 임금 군(君)자이니 지존이 될 것이오." 도승은 극진하게 합장 배례했다.

이 일이 있은 뒤 이성계는 언행에 각별히 조심했다는 설화다. 그래서일까. 현존하는 이 태조의 어진(御眞·왕의 초상화, 보물 제931호)을 보면 쉽게 다가갈 수 없는 위엄이 넘쳐난다. 그러면서 안정감과 포용력도 느껴진다는 게 고미술사가들의 평이다.

왕의 초상화인 어진은 '터럭 하나라도 닮지 않으면 역모죄에 해당한다'는 말이 있을 정도로 중요했기에 가장 뛰어난 도화서 화원이 그렸다. 정신까지 묘사한다고 해서 '전신사조(傳神寫照)'라고 했다. 주름, 검은 반점, 마마자국 등 주인공 얼굴의 약점까지도 적나라하게 묘사했으니 어진 자체가 역사인 셈이다. 중국과 일본은 우리처럼 사실적인 예가 거의 없다고 한다.

조선 4대 임금 세종대왕. '대왕'이라는 호칭에서 보듯 "성군", "역대 최고로 훌륭한 국가경영 CEO"로 우러름을 받고 있다. 여성 노비에게 출산휴가 100일, 남편 노비에겐 육아휴직 30일을 주는 애민정신 실천 등 업적이 줄을 이으니 대왕의 치세를 '해동의 요순시대'라고 마땅히 부를 만하다. 한데 세종은 한 사람이건만 오늘 왕의 얼굴은 다양하다. 곳곳에 세워진 세종대왕 동상의 생김새가 제각각인 것이다.

덕수궁, 여의도공원, 방화동 국립국어원과 국회의사당, 경기 여주군 영릉, 광화문광장의 동상이 모두 같지 않다. 1만원권 지폐에 그려진 세종대왕의 얼굴은 동상들과 또 다르다. 전문가들은 사료가 부족해 실제 모습을 고증하기 어려운 탓이라고 설명한다.

세종대왕은 태조와 달리 전해져 오는 어진이 없다는 안타까움이 있다. 1973년 정부에서 지정한 표준영정에 근접한 동상은 광화문 동상이라고 한다. 하루속히 '한 인물 다면(多面) 동상'을 벗어나야겠다. 온갖 군데에 '세종' 이름을 붙이는 데 혈안이 되지 말고, 후손으로서 할 일을 먼저 하는 게 도리다.

형제 갈등

'형제'란 참으로 여러 생각을 하게 한다. 같은 핏줄을 나눴기에 서로 아끼고 배려하면 큰 힘을 얻는다. 추수를 끝낸 형과 아우가 서로 위하는 마음에, 한밤중 서로의 벼 낟가리에 볏단을 져다 놓는다는 내용의 충남 예산을 무대로 한 옛이야기 '의좋은 형제'는 형제애의 귀감이라고 할 수 있다. 형제간 우애의 가치가 크기에 뜻이 통하는 사람끼리도 '의형제'를 맺곤 한다.

반면 형제간 갈등은 살육을 낳기도 한다. 조선 태조 이성계의 아들 방원이 일으킨 '왕자의 난'을 꼽을 수 있다. 중국 당 태종 이세민은 정변을 통해 친형제들을 도륙해 권좌에 올랐다. 그것으로 끝인가. 아니다. 형제간 싸움은 공멸의 씨앗이 된다. 조조가 세운 중국 위나라를 들 수 있다. 조조의 아들 조비는 동생 조식을 미워했다. 동생의 재주를 시기한 것이다. 조식의 칠보시(七步詩)를 보자.

"콩깍지를 태워서 콩을 삶으니 콩이 솥 안에서 눈물을 흘리네. 본래 한 뿌리에서 태어났건만 들볶는 것이 어찌 그리 심한지(煮豆燃豆萁 豆在釜中泣 本是同根生 上煎何太急)." 형제간 불화는 위나라의 망국을 가져왔다. 조조의 부하 사마의 가문은 서진(西晉)을 세우지 않는가.

하긴 역사를 거슬러 갈 일도 아니다. 우리나라의 유수한 기업들이 형제간 싸움으로 망신을 사고 브랜드 가치에 큰 손실을 보았던 일은 가족 화목의 중요함을 일깨우고 있다. 그런데도 물신주의가 기승을 부리면서 부모 유산을 놓고 형제자매끼리 법정을 들락날락하며 재판하는 추태를 보노라면 착잡하기 그지없다. '남보다 못한 형제!' 큰 아픔이다.

일본의 전직 총리의 동생으로서 현직 국회의원이 "나는 대쪽 같은 성격이지만 형은 '아메바'여서 이리저리 변신한다"고 직격탄을 날렸다. '형제가 다투었다가 화목하게 되는 것은 요새를 취하기보다 어렵다'고 성서의 잠언은 경책하고 있다. 이들 형제에게 '의좋은 형제' 이야기책을 보내줘야 할까 보다.

하긴 형제끼리도 서로 가정을 꾸리고 자녀가 태어나면 동서 간, 또는 사촌 간의 불화에 의해서도 친형제 사이가 서먹해지는 경우도 적지 않다. 이래저래 가화만사성(家和萬事成)의 깊은 뜻을 되새기게 한다.

청바지

복장은 사람의 행동을 결정한다. 티셔츠에 청바지, 캐주얼 신발을 신었다고 가정하자. 활동이 자유롭다. 상큼한 느낌도 준다. 그럼 정장 차림은? 물론 중후함이다.

옷차림은 때와 장소에 따라 달라질 수밖에 없다. 하지만 매뉴얼대로 되는 것도 아니다. 청바지에 티셔츠 차림으로 설법·설교하는 성직자도 적잖다. 복장이 의식을 결정하는 게 아니라 젊은이들과의 호흡을 맞추기 위한 목적에서다. 이처럼 청바지는 청춘의 표상이다.

세월을 30여 년 전으로 거슬러 올라가 보자. 1970년대 우리 사회는 통기타와 청바지, 생맥주로 요약되는 새로운 청년문화가 풍미했다. '장발족' 세대다. 이후 서울올림픽 전후 명품 일색으로 치장한 '오렌지족', 1990년대 개인주의 성향이 두드러진 'X세대' 등 신세대를 부르는 용어와 함께 청바지도 친숙해졌다. 변진섭은 가요 '희망사항'에서 "청바지가 잘 어울리는 여자./ …/ 밥을 많이 먹어도 배 안 나오는 여자~."라고 노래했고 젊은이들은 흥얼대며 따라 불렀다.

하지만 청바지 하나를 놓고도 세대차는 있다. 무릎에 구멍이 숭숭

뚫린 찢어진 맛에 청바지를 입는 신세대의 기분을 찢어진 청바지를 깁는 기성세대가 이해할 수 없듯 말이다.

청바지의 탄생 역사는 그리 복잡하지 않다. 1800년대 중반 미국 캘리포니아에 몰려든 광부들이 텐트용 천으로 만든 질긴 작업복을 입은 데서 출발한다. 그러다 1950년대 말론 브란도나 게리 쿠퍼 같은 배우들이 청바지를 입고 영화에 출연하면서 젊음의 상징으로 자리 잡았다.

청바지는 색상과 디자인, 재질 등에서 진화를 거듭했다. 복잡함을 기피하는 세계의 젊은이들이 청바지로 대표되는 자유분방함을 바라고 있기 때문이다. '단순함은 다 통한다'는 "심플 이즈 올(Simple is all)"이라는 말까지 나올 정도이지 않은가.

북한산 청바지 브랜드 '노코(Noko)'가 스웨덴의 고급 백화점 매장에서 전량 철수됐다고 한다. 첫 판매 시작 30분 전이다. 백화점 측이 청바지를 제조한 북한의 열악한 노동환경을 문제 삼은 게 표면적 이유이다. 북한이 왜 개방과 인권, 국제기준을 지켜야 하는지를 되새기게 한 사건이다. 청바지는 단순한 '옷'이 아니다.

펄벅 재단

"한국은 고상한 사람들이 사는 보석 같은 나라다." 위대한 소설가이자 다문화인의 영원한 어머니 펄 벅(1892~1973) 여사가 소설 '살아있는 갈대' 책 첫머리에서 한 말이다. 구한말에서 광복까지 한 가족 4대가 겪는 애환을 통해 일제의 잔악성에 대한 강한 분노를 담아낸 소설이다.

소설이 나오기 3년 전인 1960년 가을 경북 경주. 펄 벅은 소달구지를 끌고 가는 한 농부를 만났다. 그 농부는 자신도 지게에 무거운 볏단을 지고 있었다. '미국의 농부라면 소달구지 위에 볏단을 싣고 자기도 그 소에 탔을 것인데?' 펄 벅의 물음에 농부는 반문했다.

"우리 소는 종일 일을 했습니다. 집에 갈 때라도 좀 가볍게 해주어야 하지 않겠습니까?" 가축까지 배려하는 한국인의 심성에 펄 벅은 매료된다. 그는 비록 한국이 식민지 수탈과 분단, 전쟁, 가난에 찌들어 살고 있지만 머잖아 꽃을 피울 날이 있으리라는 가능성에 주목했고 소설 서두에 이 같은 찬사를 했다. 왜 한국인을 갈대에 비유했을까. 파스칼의 '팡세'에 답이 있을 것 같다. "인간은 약한 갈대에 불과하다. 그러나 생각하는 갈대이다"라고 했듯, 한민족의 혼은 살아 있음을 강조한 것이리라.

노벨문학상을 수상한 소설 '대지(大地)'에 나타나듯 펄 벅은 아시아인들의 삶에 큰 관심을 보였다. 1949년 다문화 아동들을 위한 입양기관 웰컴 하우스 창설을 꼽을 수 있다. 한국에 대한 애정도 남달라 1965년 다문화 아동 복지기관인 펄벅재단 한국본부를 설립했다.

경기 부천시 펄벅기념관에는 여사의 박애정신이 변함없는 빛을 발하고 있다. 세계적 기구로 성장했다. 펄벅 인터내셔널은 한국을 비롯한 필리핀, 베트남, 대만, 태국, 중국, 캄보디아, 루마니아, 인도, 러시아, 미국 등 11개국에서 아동들의 인권과 복지향상을 위해 활동하고 있다.

각 나라에서는 그 나라의 실정과 특수성에 따라 정해진 대상에 맞추어 프로그램을 진행하고 있다. 예를 들어 한국의 기지촌 여성과 혼혈아동을 위한 프로그램, 베트남의 고엽제 희생 아동을 위한 장애인 학습, 미국의 문맹아들을 위한 과외학습 프로그램 등이 그것이다.

보호자가 없는 혼혈인과 일반인을 위한 복지시설인 '소사 희망원(Sosa Opporunity Center)'이 있어 '보석 같은 나라 한국'에서 펄 벅 정신은 더욱 빛난다.

양시론

성장기 시절. 나이가 비슷한 형제나 자매, 남매간에는 곧잘 싸우곤 한다. 부모는 그때마다 '너는 왜 동생을 잘 보살피지 않느냐?'라고 형을 혼내고, 동생에게는 '너는 왜 형에게 대드느냐?'고 혼쭐을 낸다. 회초리를 치기도 한다. 둘 다 잘못했다는 양비론(兩非論)이다. 양시론(兩是論)은 그 반대다. 둘 다 옳다는 태도를 취하는 것이다.

양시론은 조선 세종 때 황희 정승에게서 그 전형을 찾아볼 수 있다. 두 계집종이 싸우자 한 명씩 만나본 황희는 각각 "네 얘기가 옳다"고 말했다. 곁에서 듣던 부인이 "왜 시비를 가려주지 않느냐"고 타박하자 황희는 "당신 얘기도 옳소!"라고 했다. 그럼 황희는 매번 이렇게 행동했을까. 아니다.

이성계의 역성혁명에 반발해 두문동에 들어가는 결기를 보였다가 조선 조정에 참여하는 결단을 내렸다. 사람 됨됨이가 바른 인물 천거에도 소신을 굽히지 않았다. 김종서 장군을 끝까지 밀어 6진 개척으로 북방 영토를 넓히는 공적을 쌓게 했던 것이다.

사실 100% 긍정적이고, 100% 부정적인 일은 그리 많지 않다. 그러나 사람들은 양시·양비론 모두 떳떳하지 못하다고 생각한다. 모호한 태도는 기회주의적이라고 생각하는 것이다. 일도양단을 요구함이다. 하지만 승리자의 웃음 뒤편에서 패배자의 상처가 클 수밖에 없다. 갈등이 많은 사회, 게다가 중재할 수 있는 존경받는 어른이 부재한 사회일수록 '단칼'을 선호하기도 한다.

위작 논란에 휩싸였던 박수근 화백의 유화 '빨래터'(20호·2007년 한국 미술품 경매 사상 최고가인 45억 2000만원에 낙찰)가 진품으로 추정되고, 위작 의혹을 제기한 미술잡지의 주장도 정당하다는 법원 판결이 나온 바 있다. 양시론이다. 우리 사회에서 흑백논리는 버려야 할 병폐. 매사 '내 편 아니면 네 편' 식 이분법적 사고는 조직을 쇠하게 하고 구성원 간 인간성마저 황폐케 한다.

공자가 성군 순 임금의 덕을 흠모하면서 "양 극단을 파악한 뒤, 거기서 가장 적절한 말과 행동으로 백성에게 적용했다(執其兩端 用其中於民)"고 한 가르침은 큰 깨우침을 준다. 중용의 상생정신이다. 원문에서 보듯 '가장 적절한 말과 행동'은 '가운데 중(中)'으로 쓰고 있다. 되새겨 보자.

조작과 과장

속칭 '가짜론'의 3대 특징이 있다. 첫째, 가짜는 진짜와 똑같아 보인다. 둘째, 가짜는 진짜보다 더 좋게 보인다. 셋째, 그러나 가짜는 언젠가 가짜로 드러난다. "짜가가 판친다"는 유행가 가사마저 있듯 진짜와 가짜를 구분하기란 쉽지 않다. 진짜처럼 만들어버리거나 실제 이상으로 부풀리기 때문이다. 이른바 '조작과 과장'이다.

사실 인간 세상은 정도의 차이는 있지만 조작과 과장이 적잖게 벌어지고 있다. 진위(眞僞)를 분별할 줄 아는 안목이 요구되는 대목이다.

거짓과 가식이 난무하는 사회-. 이미 조지 오웰은 1949년 출간한 소설 '1984'에서 삶의 진정성이 박탈된 이중적인 현대 인간사회를 힐난한 바 있다. "보도·연예·교육·예술을 관장하는 진리부(眞理部)의 건물에는 '전쟁은 평화, 자유는 예속, 무지는 힘'이라는 슬로건이 내걸려 있다. 우아하게 ···."라는 표현으로써 뒤틀린 미래를 예언했다.

어설픈 언어적 유희와 조작, 그리고 부화뇌동의 결과는 참담할 뿐이다. 예언자적 사명감을 자각한 일부 지식인들이 "그게 아니고, 진실은 이것이다"며 증거를 대고 현실을 비판한다. 하지만 "기억나지 않는다"

는 '오리발 내밀기'와 왜곡 전술 앞에 좌절하고 만다. 트로이가 그리스에 멸망할 것이라고 카산드라 외쳤지만 아무도 믿지 않았듯 불신만이 난무하는 사회다.

최고 지도자의 교체 경험이 없는 주민들을 주체사상으로 무장시켜 김주애까지 김일성 가계 4대(?)를 신격화하는 북한, 김영삼 정부 때 터무니없이 과장된 것으로 판명된 5공의 금강산댐 수공 위협론은 대표적인 상징 조작으로 꼽힌다.

세계적인 외교전문 잡지로 워싱턴의 카네기평화재단이 발행하는 포린 폴리시는 최신호에서 '조작·과장된 지구촌 10가지 위협'을 선정했다. 컴퓨터의 연도 인식체계가 2000년을 제대로 구별하지 못해 대혼란이 발생할 거라는 'Y2K' 등을 예로 들었다.

조작·과장은 사실이나 진실에 대한 책임 의식이 약한 데서 출발한다. 광우병 선동, 논문 조작, 여론조사 조작 시비 등이 그렇다. 톨스토이는 "진정성은 소박함이다. 남편에게 사랑받는 아내는 매춘부처럼 유별나게 차려입지 않는다"고 말했다. 진짜는 속 빈 허풍을 떨지 않는 법이다.

양성평등

부모들은 말한다. "아들은 든든하지만 재미가 밋밋하고, 딸은 키우는 맛이 아기자기해 좋지만 결혼 뒤 헤어짐의 아픔이 크다." 시대가 변했기에 딱히 들어맞는다고 할 수 없다. 아들이든 딸이든 다 애틋해 잘 되기를 바라는 게 부모 마음일 터이다. 열 손가락 깨물어 아프지 않은 곳이 어디 있겠는가.

그러나 아직 우리 사회에는 남녀차별이 존재하는 게 사실이다. 10여 년 전 남아선호 사상을 그렸던 드라마 '아들과 딸'의 연장선상이라고 할까. 남녀 간에 차별이 존재하는 데는 다양한 원인이 있을 수 있다. 유력한 설이 전쟁이다. 힘만이 난무하는 상황에서 남성의 거친 기질이 영웅시되었다고 하겠다.

노동력을 중시하는 농경시대에도 마찬가지다. 하지만 이젠 육체적인 힘이 우대받는 '마초맨'의 시대가 아니다. 인격과 실력, 이성의 고유 가치가 존중되는 21세기다. 여성은 파트너이고 경쟁자의 위치로 우뚝 선 것이다.

사실 고려시대까지만 해도 여자와 남자의 대우는 거의 동등했다. 혼인도 당사자의 의견이 존중될 정도였다는 게 전문가들의 의견이다. 조선시대 성리학으로 유교적인 덕목이 중시된 나머지 '남존여비'라는 폐단을 낳은 것이다.

혹자는 가톨릭의 남자 신부, 다수 개신교의 여성 목사 안수 불허, 근본주의 이슬람교의 여성 냉대, 100살 먹은 비구니라도 10살 먹은 사미승에게 절을 하라는 '비구니 팔경계' 등을 들어 종교부터 양성평등을 위해 노력해야 한다고 주장하고 있다. "성인도 시속을 따른다"는 공자의 말처럼 세상 흐름에 맞는 남녀 조화에 힘쓸 때이다.

남녀 갈등이 우려되고 있다. 단순한 성 대결로 그쳐선 안 되고 사회 전반의 성차별을 개선하는 계기로 삼아야 한다. 남녀가 싸워야 상대는 상대방이 아니라 그동안 성차별을 만들어냈던 우리사회의 잘못된 문화와 구조다.

통계로 드러난 한국 사회의 성차별은 여전히 심각한 수준이다. 세계경제포럼(WEF)이 발표한 '2025 세계 성 격차 보고서'에 따르면 우리나라 성 격차지수는 68.7%로, 148개국 중 101위를 차지했다.

한국의 성격차지수는 교육·건강 부문은 개선되었으나, 정치 및 경제 분야의 성 격차가 심해 전체 순위를 끌어내린 것으로 나타났다.

인구의 반은 여성이다. 헌법이 보장하는 여성 권익 향상이 온 누리의 가슴에 스며들어야 한다. 여성계가 할 몫도 없지 않다. 군복무 가산점제나 남자 교사 할당률 등 '남성 역차별' 해소책에 대해 역지사지해야 한다.

100대 부호

권력과 돈, 명예. 인간이 추구하는 '3대 본능'이라고 하겠다. 역풍도 분다. 하나를 가진 것을 기회로 이 셋을 모두 쥐려고 무리하게 행동하면 패가망신을 부른다. 인격이 결여된 이에게서 두드러지게 나타난다. 대부분 허송세월하다 황혼에 긴 그림자 늘어뜨리고 인생무대에서 쓸쓸하게 퇴장한다.

아무튼 권력과 돈, 명예 셋 중 무엇이 중할까. 아니 명예는 좋은 일 하면 생길 수 있기에 돈과 권력이 변수다. 혹자는 권력을 먼저 꼽는다. '힘'이 있으면 돈은 따라오기 마련이라는 논리다. 틀린 말은 아니지만 후진국 형이다. 수단·방법 가리지 않고 정치권력을 틀어쥐고서 그걸 기화로 축재까지 하겠다는 심보다. 구치소·교도소감이다. 그럼 돈이라는 말인가.

현실적으로 돈의 가치가 빛날 수밖에 없다. 그래서 덕치를 강조한 맹자마저도 "항산이 없으면 항심이 없다(無恒産無恒心)"고 했나 보다. 일반 백성은 돈이 있어야 바른 마음을 갖고 자신의 마음을 표현할 수 있다는 뜻이다.

'돈이 양반'이라는 말에서 보듯 물질 가치를 우선시하는 현대 자본주의 체제에서 돈의 위력은 더욱 크다. 권력을 사고, 그걸 바탕으로 명예를 얻기도 한다. 명예의 순도와 진정성은 차치하고 말이다.

그럼 얼마만큼 돈이 있어야 부자라는 말을 들을까. 고액자산관리 전문가(PB)가 제시하는 통상 기준은 이렇다. 금융자산 10억 원 이상, 부동산 20억 원 이상으로 생활비 월 1000만 원이 넘는 가정이다. 서민이 보기엔 꿈같은 수준이다. 한데 이마저도 '새발의 피' 같은 초대형 부자 기준이 나왔다. 6000억 원대의 주식 자산을 보유하고, 서울 한남동에 거주하며, 평균 나이는 53.2세. 재벌닷컴이 그제 공개한 '우리나라 100대 주식 부호'의 평균 모습이다.

'로마인 이야기'에서 저자 시오노 나나미는 "로마제국 1000년의 역사를 지탱해준 힘은 노블레스 오블리주 철학"이라고 했다. '가진 자의 의무'를 강조함이다. 부자들의 생산적 사회공헌 활동이 요청되는 대목이다. 세계 최고의 부자 빌 게이츠와 워런 버핏이 그 길을 걷고 있다. 돈을 정승처럼 잘 써야, 권력은 몰라도 갈채 받는 명예는 구할 수 있지 않겠는가.

마쓰시타 정경숙(政經塾)

인재(人材)의 중요성은 아무리 강조해도 지나침이 없다. 사람이 일의 성패를 좌우하기에 그렇다. 그래서 '뜻'을 품은 영웅호걸은 인물들을 끌어 모았다. 될성부른 떡잎을 가려 재목으로 키우기도 했다. 동서고금이 같다.

오늘날에도 세계적 유명기업들은 인재양성에 온 힘을 쏟는다. 휴먼 캐피털이다. 사람이 자본이라는 인재 가치의 존중이다. 사람의 의욕과 창의성은 경쟁기업이 쉽게 모방할 수 없는 경쟁 우위의 원천이다.

마쓰시타 고노스케(松下幸之助·1894~1989). 일본에서 '경영의 신'으로 추앙받는 인물이다. 마쓰시타전기의 상표 '내쇼날'(2008년 10월부터 '파나소닉'으로 통합)의 창업자로서 제2차 세계대전 패전 후 실의에 잠긴 일본 국민에게 희망을 안겨줬다. '회사=가정'이라는 경영철학을 실천해 인간 존중의 기업문화를 확산하는 데 크게 기여했다는 평가를 받으며 세계적 기업으로 발전했다. 아흔 다섯의 나이로 운명할 때까지 산하 570개 기업에 종업원 13만 명을 거느린 총수였다. 일화가 적잖다.

한 기자가 마쓰시타 회장에게 '성공 비결'을 물었다. 답변은 간단했다. "하늘의 큰 은혜를 입고 태어났다." 가난한 것, 허약한 것, 못 배운 것을 꼽았다. 가난 속에서 태어났기에 부지런히 일했고, 잔병치레가 잦았기에 겨울철 냉수마찰을 하는 등 건강에 신경 썼으며, 초등학교 4학년 중퇴이기에 항상 모든 사람을 스승으로 받들어 배우는 데 힘썼다는 교훈이다. 주어진 시련을 극복한 인간승리다. 또 있다.

'다시 태어나도 사업을 하겠느냐'는 질문에 "정치에 큰 관심이 있다"고 밝혔다. 경제정책 좌우 등 정치의 '힘'을 절감했기 때문으로 보인다. 그래서일까. 그는 능력 있고 올곧은 일본의 젊은 차세대 지도자 양성을 목표로 '마쓰시타 정경숙(政經塾)'을 1979년에 설립했다.

마쓰시타 정경숙은 고노스케 회장에 의해 1979년 설립된 정치학교로 지금까지 국회의원, 지방자치단체장, 지방의원 등의 정치가를 중심으로, 경영자, 대학교원, 언론관계자 등 각계에 다수의 인재를 배출하고 있는데 마쓰시타 정경숙은 일본 정계의 '태풍의 눈'이다. 여야에 걸쳐 의원과 각료 등 일본을 이끄는 지도자들로 성장했다. 재선부터 9선까지 기존 의원 20여 명을 더하면 중의원 의원만 30여 명에 이른다. 한 세대 앞을 내다본 지도자의 '인재 양성' 혜안이 놀랍다.

미래사회

흥미와 공허감. 다가올 미래의 모습을 보여주는 영화나 만화, 보고서 등을 접하고 난 뒤 보이는 대체적인 반응이다. 어린이 등 미래세대가 받아들이는 인식의 강도는 더 크고 깊을 수밖에 없을 터이다.

인류 진화의 역사를 보자. 우리는 흔히 지능이 고도로 발달한 외계인이나 미래 인류를 허약한 몸체에 거대한 머리가 붙어 있는, 콩나물을 연상시키는 모습으로 상상하곤 한다. 과연 ET 같은 형상이 미래 인류나 지구 밖 생명체의 본모습일지 의문이다.

시성 두보의 말처럼 '인생칠십고래희(人生七十古來稀)'라고 70살, 아니 근래 평균 수명이 길어져 '60 청춘 90 환갑'이라고 해도 백 년을 못 사는 게 태반이다. 이러니 인간이 수세기 앞을 내다본다는 게 부질없는 노릇일지 모른다.

하지만 1970~80년대 어린이들에게 미래의 꿈을 심어준 만화영화 '은하철도 999'의 용감한 소년 철이는 영원히 죽지 않는 기계의 몸을 얻기 위해 은하기차를 타고 안드로메다로 가는 먼 여행을 떠나고 결국 기계인간이 살고 있는 기계제국에 도착한다.

사실 '한 알 씨앗 속에 우주를 닮은 생명이 담겨 있다'는 말처럼 꿈의 씨가 있어 인류 문명은 발전했다. 미국 하와이대의 미래학자 짐 데이터 교수의 생각도 궤를 같이한다. 그가 내다보는 미래모습은 '꿈의 사회'이다. 다가오는 4차 산업혁명사회에서는 인공지능(AI) 등의 혁신적 발전으로 사람들이 육체노동보다 각자의 꿈을 키우는 데 시간을 보내게 될 것으로 예상하고 있다. 인류의 탐욕이 빚는 생태계 파괴로 인한 재앙도 경고하고 있다.

세계에서 가장 역동적이고 안정적인 비즈니스 요충지, 소득 8만 달러, 초고속 비행기로 전 세계의 일일생활권, 10명 중 한 명은 외국인이 사는 복합민족사회, 전 국토의 도시지역화, 물 부족…. 국토연구원은 2050년 한반도의 미래모습을 이렇게 제시했다. 빛과 어둠의 양면성이다.

삶의 질을 높이는 꿈의 실현에 노력하되 환경을 생각하는 오늘의 삶을 살아야겠다. 또한 물질의 풍요도 좋지만 인성도 잃지 않아야 한다. 그래야 삶이 공허하지 않다. '은하철도 999'의 주인공 철이는 이렇게 말하지 않는가.

"기계인간으로 영원히 사는 것보다 슬픔과 기쁨을 느끼는 사람으로 남고 싶다."

명성황후

　불꽃처럼 화려하고 나비처럼 여렸던 조선의 여인-. 구한말 고종 황제의 정비 명성황후를 일컫는 상징어 중 하나다. 또 있다. '비운의 국모'. 1895년 10월 8일(음력 8월 20일) 새벽 일본은 칼잡이 낭인들을 경복궁 맨 뒤쪽 건청궁에 침입시켜 명성황후를 시해하고 주검을 불태우는 만행을 저질렀다. '여우 사냥'이라는 모멸적인 작전명까지 붙였다.
　드라마와 뮤지컬, 창작 발레극 '명성황후'에서 보듯 황후는 당당하게 최후를 맞았다. 돌계단에서 힘이 없어 어머니를 지키지 못했노라고 절규하는 태자의 외침이 가슴을 칠뿐이다.
　명성황후는 역사적 재평가를 받고 있다. 1873년 친정을 시작한 고종은 대원군의 쇄국정책이 시대정신을 놓치고 있다고 판단하고 개화정책으로 선회했다.
　일본의 책동이 노골화되자 황후는 청과 러시아 등 국제사회의 힘을 빌려 일본의 침략야욕을 봉쇄하려 했다. 이이제이 방식의 다자 외교력이다. 일본엔 눈엣가시 같은 존재였다. 시해로 이어진다. 을미사변이다.

명성황후 시해에는 히로시마현 지역 칼잡이를 주축으로 정한론의 발상지 야마구치현 낭인 48명이 가담했다. 그러나 1896년 히로시마 법원 공판에서 미우라 고로 등 시해범들은 모두 '증거불충분'으로 무죄를 선고받는다.

세월은 흘러 시해 110년이 지난 2005년부터 당시 자객들의 후손이 '명성황후를 생각하는 회' 회원들과 한국을 방문해 용서를 빌고 있다. "이렇게라도 하지 않으면, 우리가 죽어서 좋은 곳에 가지 못하리라는 두려움을 느껴 왔다"는 게 후손들의 '참회'다. 원폭 투하지 히로시마에는 지금도 패전의 상처가 생생하다. 그 비극에는 필연적 이유가 있을 듯도 하다.

명성황후 시해사건의 전모와 당시 범인들의 후손이 한국을 찾아 사죄하는 모습을 담은 특집 프로그램이 일본 아사히 TV를 통해 방영됐다. 일본 역사에서 존재하지 않던 사건으로 취급되고 있기에 큰 파장이 일 조짐이라고 한다.

시해사건이 일본 내각의 지시로 이뤄졌다는 물증이 이미 발견된 바 있다. 하늘을 손바닥으로 가리려 하지 말고 일본 정부는 공식 사과해야 한다. 인과응보는 있다. 선조의 악업은 후손이 갚아야 하는 법이다. 일본인들은 이런 자연의 법을 이제라도 자각할지 모르겠다.

제1부_말은 인격이다

일기

"역사는 계속된다. 그러나 기록되지 않은 역사는 묻히게 마련이다."
'역사는 과거와 현재의 대화'라는 명언을 남긴 영국의 저명한 사학자 에드워드 카가 강조한 기록의 중요성이다.

오래전 비행기가 추락하는 와중에도 자신의 최후를 글로 남긴 일본인이 화제가 된 적이 있다. 그 정도까지는 아니라도 일상사를 일기에 남기는 습관을 가진다면, 언젠가 자신이 부대끼며 살았던 한 시절을 증언하는 귀한 자료가 될 것이다.

그날그날 생긴 일이나 느낌을 날짜에 따라 적은 기록인 일기에는 삶의 족적이 고스란히 배어 있다. 시대상도 담고 있다. 대체로 회고록이나 자서전 등에는 자기 합리화가 따른다.

반면 당초 공개를 의도하지 않고 쓴 일기는 진실성 면에서 앞서는 것으로 받아들여진다. 흥미로운 내용도 적잖다. 상사병 수준의 연애담을 쓴 청춘일기를 들 수 있다. 감동도 있다. 남극탐험가 팰컨 스콧이 쓴 일기는 초인적인 인간의 용기를 보여주는 기록물이다. 제2차 세계대전 당시 유대인 소녀 안네 프랑크가 기록한 '안네의 일기'는 나치의 범죄를 적나라하게 고발하고 있다.

"사상은 자유롭게, 일은 실질적으로, 학문은 진실하게 하자." 근면하고 검소한 삶을 살다 간 행적으로 사후 50여 년이 지난 오늘까지도 중국인들이 위대한 지도자로 기억하고 있는 저우언라이(周恩來)가 20세에 쓴 일기다. 꿈이 있는 젊은이의 모습을 생생하게 나타내고 있다.

우리에게도 역사적으로 소중한 일기가 적잖다. 충무공 이순신 장군이 쓴 '난중일기'가 대표적이다. 임진왜란이 일어난 무렵부터 충무공이 순국 직전까지 7년 전쟁 중에 벌어진 중요한 사실을 기록하고 있다. 선진문물을 속히 받아들여야 한다고 주장한 실용주의 원류로 평가받는 조선 정조 때 박지원의 '열하일기', 풍찬노숙하면서 조국 독립을 향한 뜨거운 마음을 기록한 김구 선생의 '백범일지'도 빼놓을 수 없다.

일기는 동서양을 막론하고 정통 문학양식으로 인정되지는 않았다. 누구에게나 개방되어 있는 자유로운 형식 때문이다. 그러나 바로 그 점 때문에 일기는 의도적 변개(變改)가 가해지지 않는 기록으로서 사회사적·정치사적으로 중요한 자료적 가치를 지니게 되기도 한다.

잠

　사람과 짐승의 차이는 무엇일까. 다산 정약용은 책을 읽느냐 안 읽느냐에 따라 구분할 수 있다고 명쾌하게 정의했다. 짐승도 아름다운 색으로 자신의 몸을 치장하고 배불리 먹을 수 있어 사람과 하등 차이가 없으나 오직 사람만이 독서를 하기에 '만물의 영장'이 될 수 있다는 것이다. 다산이 귀양지에서 아들에게 보낸 편지에는 이렇게 적혀 있다.
　"낮은 신분에서 높은 신분으로, 가난에서 부로 옮기게 할 유일한 길은 독서뿐이다."
　요즘 같은 여름날, 독서는 옛사람들에게 최상의 피서법이었다. "누가 이 찜통더위를 벗어날 수 있을까/ 더위 식힐 좋은 음식도, 피서 도구도 없으니/ 조용히 앉아 책 읽는 게 최고로구나"라고 읊은 이는 숙종 때 학자 윤증이었다. 책을 읽는 데는 의지가 요구된다. 10분도 앉아 있지 못한 채 엉덩이를 들썩거려선 독서가 제대로 될 리 만무하다. 또 있다. 폭염 속에서 책 읽기에 매진해야 한다는 것은 가혹한 일이기도 하다.
　잠을 이기기 위해 애써 무거운 눈꺼풀을 들어 올리며 공부하는 가치를 가볍게 여기는 바는 아니다. 하지만 사람은 때로 모든 것에서 벗어나 한없이 유유자적하고 싶은 욕구가 있다. 인위적 게으름이라고 해도 좋다. 한가로움 속에서만 이제까지 보지 못하고 느끼지 못했던 것들에 새롭게 눈을 뜨는 일이 있다.

작가는 불후의 명작을 빚는 착상을, 종교인은 큰 깨침을 얻기도 한다. 개안(開眼)·감지(感知)·각성(覺醒)의 시간인 것이다. 예컨대 '잠'은 인간에게 매우 중요한 행위다. 대문호 셰익스피어조차 "인생의 향연에서 가장 보양이 되는 것은 잠"이라고 말했을 정도다.

우리나라 청소년들이 경제협력개발기구(OECD) 주요 국가 청소년들의 하루 평균 수면시간(8시간 30분 안팎)에 비해 1시간 적은 7시간 30분쯤 잠을 자면서 공부는 하루 2시간 이상 더 많이 하는 것으로 한국청소년정책연구원 조사 결과 나타났다. 그럼에도 학업성취도는 별다른 차이가 없다는 분석이다. 이명박 정부의 목표가 선진화 아닌가. 우리 아이들에게 잠의 선진화를 위해 '1시간 더 재우기 운동'이라도 벌여야 할 판이다.

여하튼 잠이 부족해 눈을 비비며 공부에 매진하는 청소년에게 더 많은 휴식 시간을 줘야겠다.

낳은 정 기른 정

'뒤바뀐 운명'. 방송 드라마에 흔히 쓰이는 구도다. 다층적인 줄거리로써 흥미를 유발시킨다. 한정된 드라마 소재 탈피용인 것을 알면서도 시청자는 쉽게 빠져든다.

지난해 연기대상을 휩쓸었던 '에덴의 동쪽'은 원수 집안 사이의 자식 바꿔치기라는 공식에 충실한 대표적 드라마였다. 그럼에도 '가족애'를 주제로 했기에 눈물샘을 자극하며 시청률 고공행진을 이어갔다. 흥미로운 것은 출생의 비밀을 알게 되는 때는 대부분 청소년기 전후에 설정된다는 사실이다. 철들 무렵 충격은 극의 절정감을 맛보게 한다. 주인공은 삶의 고통에 눈뜨게 된다.

사춘기는 동서양이 비슷한가 보다. "열 여섯 살 청춘은 고통을 알고 있다." 장 자크 루소의 책 '에밀'에 소개된 내용이다. 조국 프랑스의 혁명에서부터 쿠바 혁명에까지 영향을 미친 계몽주의 사상서다. 눈길을 끄는 건 열 여섯 살. 사춘기의 상징 같은 나이이다. 남녀 모두 성징(性徵)이 뚜렷해지는 시기다. 정신적으로도 어른스러워지는 때다. 한 줄기 바람, 한 점 구름, 한 마디 말에도 예민하게 반응한다. '불장난', '이유 없는 반항'의 세대로 통한다.

한데 이게 어찌된 일인가. 드라마에서나 있을 법한 일이 실제 벌어졌다. 간호사의 실수로 신생 여아가 뒤바뀐 사실이 16년 만에 확인돼 경기 구리시의 D병원은 정신적 손해에 대한 위자료로 가족에게 모두 7000만원을 지급하라는 손해배상 판결이 내려진 것이다. 딸의 혈액형이 부모 사이에 나올 수 없다는 데 의구심을 품은 어머니가 경위를 캐느라 동분서주한 끝에 유전자 검사로써 미스터리를 풀었다고 한다.

"16년간 키운 딸이 남의 자식이라니…"라는 부모의 당혹감을 이해 못할 바 아니다. 상대 부모와 '두 딸'의 충격도 이에 못지않을 것이다. '낳은 정, 기른 정' 모두 소중한 일일 것이기 때문이다.

몸으로 낳거나 가슴으로 기른 그 사랑의 무게를 어찌 비교할 수 있겠는가. '인연'으로 생각하고 받아들여야 할 것 같다. 맺고 싶다고 맺어지고 끊겠다고 해서 끊어지는 게 아니라는 것이 인연이라고 하지 않은가. '눈에 넣어도 아프지 않을 딸자식 하나 더 생겼다'고 생각하면 어떨까 싶다.

고사 공방전

현대사회는 계약사회다. 약속을 지키고 신용 있는 사람을 '인간 보증수표'라고 일컫는 것도 이런 이유이다. 부도수표가 넘쳐나는 세상일수록 신뢰의 가치는 빛난다.

공신력은 동서양 모두 무겁게 받아들였다. 고전 논어는 무신불립(無信不立), 신뢰가 없으면 개인도 사회도 제대로 설 수 없다고 가르치고 있다.

표도르 도스토옙스키. 인간 심리의 애증을 깊이 파헤친 러시아가 낳은 세계적 작가이다. '죄와 벌' '카라마조프가의 형제들' '악령' 등 그가 쓴 여러 소설의 전편에 흐르는 주요 교훈은 "거짓말을 하지 말라"로 요약된다. '하늘과 바람과 별과 시'를 노래한 우리의 민족시인 윤동주의 생각 또한 같았다. "죽는 날까지 하늘을 우러러 한 점 부끄럼이 없기를 잎새에 이는 바람에도 나는 괴로워했다"는 고백은 순수한 마음의 외침이 아니고 무엇이겠는가.

인생에는 어려움이 참 많다. 그 가운데서 가장 힘든 일은 신뢰받는 삶을 사는 것이라고 할 수 있다. 나의 의지력이 약해서 거짓말을 하는 때가 있고, 주위의 사정 때문에 그러는 수도 있으며, 백년대계를 들먹이며 의도적으로 속에 없는 말을 하는 경우 등이 있는 것이다.

불교에서는 일일삼천심(一日三千心)이라고 한다. 사람의 마음이 하루 삼천 번이나 변한다는 뜻이다. 현대 심리학자 상당수가 사람의 의식은 물처럼 흐르는 것이라며 '인간 변심'을 수용한 바와 궤를 같이 한다. 그렇지만, 인간이 변덕스러우면 비극만 잉태할 뿐이라는 것은 역사가 증명하고 있다. 대통령 선거 때 남발한 공약 이행을 놓고 여야당 간 공방이 날로 뜨거워지고 있다.

이런 가운데 한 정치인이 중국 고전 '한비자'에 나오는 '증자의 돼지' 고사를 인용해 신뢰와 원칙을 강조하고 나서 눈길을 끌고 있다. 울음을 그치면 돼지를 잡겠다는 어미의 말은 꼭 실천해야만 자식이 부모를 믿는다는 내용이다.

반론도 만만찮다. 전국에 지어놓고 놀리고 있는 공항들처럼 국민 혈세만 낭비하기에 바꿔야 한다고 주장하고 있다. 미련하도록 약속을 굳게 지킨다는 미생지신(尾生之信)에 이은 제2탄 고사 공방전이다. 국민만 혼란스러울 뿐이다. 말의 성찬이 아닌, 백성을 하늘로 섬긴다는 정치철학의 실천이 요청된다.

사찰 경내

 적막함이었다. 어릴 적 어머니를 따라서 갔던 절집의 고요는 마음을 관류했다. 지금도 심우도 등 탱화를 보노라면 안심입명을 느낀다.
 아카시아꽃 흐드러지게 피는 봄날의 부처님오신날, 연분홍 상사화가 고개를 내민 여름, 맑고 높은 하늘에 왈칵 눈물이라도 날 것 같은 가을, 순백의 풍경에 가슴까지 시린 겨울 등 계절을 가리지 않는다. 더 있다. 불교 사찰은 우리에게 미소를 띠게 한다. 서구인이 금동미륵보살반가사유상(국보 제83호) 같은 한국 불상에서 행복한 미소의 전형을 보고 있다고 말할 정도다.
 그렇다. 사찰은 고요와 미소라는 아름다움의 상징처라고 하겠다. 욕심부리고 성질내며 어리석은 탐진치 삼독(三毒)을 멀리할 수밖에 없다. "부족한 것은 소리를 낸다/ 그러나 가득 차면 조용해진다/ 어리석은 자는 물이 반쯤 남은 물병 같고/ 지혜로운 이는 눈물이 가득 담긴 연못 같다"는 불교 경전 수타니파타의 가르침을 따르는 일이다. 한데 삼독 제어가 안 되면 어찌하나. 수행이 길이다. 고승대덕들이 은산철벽(銀山鐵壁)을 꿰뚫고도 남을 묵언의 정신력으로 화두를 참구해 남긴 그 지혜를 본받아야 한다.

때 아니게 요즘 사찰 경내의 고요함이 도전받고 있다. 대한불교조계종 스님 1500여 명이 그제 경남 양산 통도사에 모여 사찰지를 자연공원에서 제외해줄 것을 정부에 촉구하는 집회를 가졌다. 요구가 받아들여지지 않으면 '산문 폐쇄'까지 하겠다는 결의를 다졌다. 1968년 이후 사찰 소유 땅이 자연공원법에 묶여 소유권과 이용권을 침해당했다며 해제를 요구하고 있다. 환경부는 2억 평에 가까운 사찰지를 섣불리 해제하면 난개발 등 부작용이 예상돼 자연공원 정책의 근간이 훼손당할 수 있다며 난색을 표하고 있다.

불교계는 지난해 8월 '헌법파괴·종교차별 규탄 범불교도대회'를 여는 등 현 정부에 분노의 심사를 내비친 바 있다. 올여름에도 하안거 기간이지만 정부를 향한 불편한 목소리를 높이고 있다. 당국이 깊이 헤아려 타당한 내용은 개선해야 한다. 그나저나 마음은 언짢다. 부처를 닮은 불제자의 미소와 경내의 고요함이 흔들렸기에 하는 말이다. 사찰지 해제 시 무소유의 청빈함도 되새겨야 하고!

아! 백범

 청사에 빛나는 인생길을 걷길 바라는가. 뜻있는 사람들은 말한다. 충효는 이순신 장군의 '난중일기'에서, 청렴한 공직자상은 다산 정약용의 '목민심서'에서, 나라 사랑의 진정한 본보기 노정은 김구 선생의 '백범일지'에 담겨 있으니 이를 꼭 읽으라고. 밤하늘의 별처럼 어두운 현실에 희망을 주는 빛이 될 수 있다는 권면이다.
 '백범일지'에는 김구 선생(본명 김창수·1876~1949)의 애국적 삶이 고스란히 배어 있다. 자신이 걸어온 조국독립의 길을 두 아들에게 유서 형식으로 남긴 핍진한 육필이기에 감흥을 일으킨다. 김구 선생은 1928년 3월 '백범일지'를 쓰기 시작한다. 일지에 있듯 백범이 농민군 활동, 의병 투쟁, 계몽운동 등을 거쳐 항일 독립운동가로 확실히 자리매김한 것은 상하이 임시정부를 통해서였다. 30년 가까이 임정에서 활동하며 주석까지 올랐다.
 하지만 권한을 향유하는 직책이 아닌 형극의 일상이었다. 중국 대륙 프랑스조계에 위치한 상하이 임정을 시작으로 충칭 청사에서 귀국하기까지 유랑의 길을 걸은 것이다. 임정은 단순한 망명정부가 아닌 해외

독립운동의 통합 전초기지였기에 간난신고를 겪었다. 그러나 한민족의 의기는 잃지 않았다.

백범이 1932년 1월과 4월에 주도한 의열투쟁인 이봉창의 도쿄 의거와 윤봉길의 홍커우공원 의거는 일제의 간담을 서늘케 했을 정도다.

깊은 상처 속에서도 백범의 꿈은 평화였다. 그는 '나의 소원'을 토로했다. "우리나라가 세계에서 가장 아름다운 나라가 되기를 원한다./ ⋯ / 남의 침략에 가슴이 아팠으니, 내 나라가 남을 침략하는 것을 원치 아니한다./ ⋯ / 오직 한없이 가지고 싶은 것은 높은 문화의 힘이다." '1947년 샛문 밖에서' 쓴 글이다. 일제의 침탈로부터 막 벗어난 직후의 국가관이다. 깊다. 성직자의 기도에 가까운 평화사상이다.

오늘은 선생이 '안두희'의 흉탄에 서거한 지 꼭 60주기가 되는 날이다. "마음속에 삼팔선이 무너지고야 땅 위에 삼팔선도 철폐될 수 있다"며 통일조국을 꿈꿨던 백범이다. 그는 정도(正道)냐 사도(邪道)냐를 가리면서 길을 걸었던 선각자였다. 아! 백범의 애국애족 정신이 더욱 그립다.

양귀비

어머니의 손 비방은 특효였다. 음식을 잘못 먹고 배앓이를 했던 어린 시절. 어머니는 무릎에 눕히고 배를 살살 문질러주었다. 신통하게 언제 그랬느냐는 듯 말끔히 나았다. 한데 웬일인가. 배앓이가 계속될 때가 있다. 텃밭에서 이 모습을 본 할머니가 부리나케 바느질 쌈지를 열더니 무명천에 싸서 감춰둔 약을 꺼내 주머니칼로 깨알만큼 떼어 먹였다.

"쓰다. 그래도 약 되는 것이니 혀끝에 두고 녹여 먹어라. 우리 장손 아프지 말아야지."

그랬다. 정말 씻은 듯 나았다. 명의 편작이나 화타가 따로 없었다. 1960년대까지만 해도 시골에선 양귀비 열매에 흠집을 낸 뒤 하얀 액체가 흘러나오면 이를 받아 말린 다음 가정상비약으로 준비해 두곤 했다. 가족이 배앓이를 하면 이 '약'을 끓는 물에 조금씩 타서 복용토록 했다. 급할 땐 곧장 먹였다. 그래서 약용으로 양귀비를 가꾼 집이 흔했다. 더러는 꽃이 예뻐 관상용으로도 심었다.

양귀비는 당나라 현종의 비(妃)로서 절세미인에 총명해 현종의 마음을 사로잡아 황후 이상의 권세를 누린 양귀비(楊貴妃·719~756)에 비길 만큼 꽃이 아름답다고 해서 붙여진 이름이다. 꽃말도 인상적이다.

붉은 꽃은 위로, 흰 꽃은 망각이다. 양귀비꽃을 보면 위안을 받으며 자신이 무엇이라도 된 것처럼 현실을 잊고 몽환에 빠진다는 것이다. 양귀비는 그리스 신화에도 나온다. 물에 비친 자기 얼굴만 쳐다보다 굶어 죽은 비극의 주인공 나르시스가 묻힌 자리에 피어난 꽃이 아편꽃(narcotic flower) 곧 양귀비다.

양귀비는 마약의 일종인 아편 원료다. 양귀비의 덜 익은 열매에 상처를 내 받은 유즙을 60도 이하 온도로 건조한 게 아편이다. 담배와 함께 피우면 마취 상태에 빠진다. 중독 위험성도 있다. 재산 날리고 폐인이 되는 '아편쟁이'로 전락하는 것이다.

전남 서남해안을 비롯한 일부 섬 지역 주민이 배탈약·진통제 등 민간약재로 사용하기 위해 양귀비를 재배해 실정법 위반 사례가 적잖다고 한다. 병원과 약국 부족이 주된 원인이다. 아편의 위험성에 대한 계도와 섬 지역 순회 진료를 늘려야겠다. 문득 어머니의 약손과 할머니의 '특효약 처방'이 어제 일처럼 떠오른다.

음택 양택

　인걸지령(人傑地靈). 땅이 좋아야 인재가 태어난다고 했던가. 학교 교가를 보자. "○○산 정기 받아…", "××강 물굽이 에워 도는 기슭에…"처럼 산이나 강이 등장한다. 땅을 잘 정해야 경사가 많다는 우리네 믿음의 소산이다. 풍수지리의 생명력을 엿보게 한다.
　디지털 시대, 초고층 빌딩이 즐비한 오늘날에도 풍수 선호는 여전하다. 요즘엔 아파트 내 가구 위치, 상가나 오피스텔 하나 고르는 데까지 풍수를 고려하고 있다. '신 택리지' 열기다.
　풍수지리는 오랜 역사를 지니고 있다. 동아시아 역대 왕조의 흥망사를 보면 유교·불교보다 풍수가 결정적인 역할을 하곤 했다. 풍수는 도참과 결부돼 새로운 정권 창출의 이념을 제공하기도 했던 것이다. 조조는 풍수설을 믿고 천자를 핍박해 허창으로 도읍지를 옮겼을 정도다. 우리는 또 어떠한가.
　조선조 흥선군은 아버지 남연군 묘를 '황제가 나올 자리'인 충남 예산으로 옮겨 아들은 고종이 되고, 자신은 대원군이 됐다.
　김대중 전 대통령과 이회창 자유선진당 총재도 직계조상 묘를 이장한 바 있다. '한국 선거는 조상의 묘도 옮긴다'는 말이 괜히 나온 게 아니다. 하긴 어디 정치인뿐이랴. 일부 재벌 총수 등 기업인도 둘째가라면 서러워 할 참이다.

흔히 풍수를 좋은 땅 잘 골라 그 음덕 좀 보자는 술법 정도로 이해하고 있다. 그러나 우리의 자생적 풍수 사상 원류인 도선풍수는 그런 이기적인 지리학이 아니다. 그것은 땅에 대한 깊은 사랑이자 자연 친화다. 명당, 승지, 발복의 길지니 하는 따위는 본질에서 떨어진 개념들이다.

조선 중기 이후 묘지풍수가 풍수의 전부인 것처럼 인식됐지, 그 전에는 '자연과의 조화'를 추구했다. 산 사람의 거주지인 양택(陽宅), 죽은 사람의 안장지인 음택(陰宅)을 고르는 일에 고려할 일이다.

노블레스 오블리주

노블레스 오블리주. 권력과 돈, 명예를 지닌 높은 사회적 신분에 걸맞은 도덕적 의무를 뜻한다. 병역 등 공공의 일에 앞장선다. 사회 환원 차원에서 물질의 기부에도 적극적이다. 이웃과 나눔이다. 나눔은 세상을 빛나게 한다. 밤하늘의 별처럼.

"어둡다 어둡다 보니/ 빛이 그리운 세상// …/ 한 구석이라도 밝히고자/ 빛을 던지는 사람// …/ 내미는 나눔의 손 따뜻하여라."(이창범의 시 '나눔의 손' 중에서)

나눔엔 사람의 온기가 배어 있다. 실의에 빠진 이에게 용기를 북돋는다. 희망이다. 그런데 나눔은 역설적이다. 남에게 많이 나눠줄수록 자신도 많이 갖게 된다는 사실이다. 사업가에게는 더 많은 고객이 찾아와 일로 번창이다. 베풀면 바닥이 드러나지 않고 더 채워진다는 것이다. 덤도 적잖다. 마음의 평화와 행복, 주변과의 관계회복 등. 가진 게 많으면서 움켜만 쥐고 있는 이에게는 무거운 짐이지만, 나누면 기쁨이 커지고 마음의 빚은 작아진다는 진리를 깨달아야 할 것 같다.

우리 민족은 나눔의 전통을 지니고 있다. 두레나 계와 같은 사회부조 시스템을 통해 십시일반으로 서로를 도왔다. '사방 백 리 안에 굶어 죽는 사람이 없게 하라'는 원칙 아래 궁핍한 사람을 도운 경주 최부자 집의 선행, "돈을 쓸 줄 모르면 친척도 배반한다"며 '베풂'을 강조한 다산 정약용의 말은 궤를 같이 한다.

하지만 급격한 경제성장에 따른 정신문화의 지체현상 때문일까. 오늘날 우리의 기부 문화는 그다지 높은 성적표를 얻지 못하고 있다. 서양인의 기부는 하나의 생활문화로 정착된 데 비해 우리는 아직 연말연시 같은 특정시기에 동정적, 시혜적으로 집중되고 있다.

세계 1,2위 갑부 빌 게이츠와 워런 버핏, 대부호 가문 데이비드 록펠러 등 미국 최고 부호 10여 명이 기부 논의를 위해 지난 5일 '비밀 회동'을 한 게 뒤늦게 밝혀져 잔잔한 감동을 던져 주고 있다. 이들은 이미 1996년 이후 총 725억달러(90조2000여억원)의 거액을 기부금으로 내놓은 바 있다. 존경과 찬사를 받는 부자의 모습, 노블레스 오블리주의 전형인 듯싶다. 드러내지 않고 솔선수범하는 지도층, 미국의 힘이다.

의사소통

말은 중요하다. 의사소통의 주요 수단이 말이기에 그렇다. 말 한마디가 상대에게 기쁨을 주기도 하고, 절망감을 안기기도 한다. 하지만 말을 아무리 잘해도 그 혀끝에 독이 묻어 있으면 위험하다. 폭력보다 더 무서운 게 말일 수도 있다. 그래서 말은 인격이자 생명으로 평가되기도 한다. 좋은 말, 서로 마음을 알아주는 따뜻한 말, 우정과 사랑이 담긴 말, 사람을 살리는 말을 하도록 해야 한다. 문제는 인내심에 한계를 느끼는 일이 일어날 때다.

웬만큼 수양이 없이는 독한 말을 하지 않을 수 없다. 욕이라도 한 바가지 퍼부어야 속병이 없을 텐데. 어떻게 해야 할까. 중국이 낳은 문호 루쉰은 충고한다. "말로써는 충분한 분노를 표현할 수 없다. 침묵만이 최고의 경멸이다." 침묵, 곧 무언(無言)이다. 부딪치고 원한의 골을 깊이 파는 것에 견줄 수 없을 만큼 좋은 방법이다. 더 좋은 대안도 있다. 누군가를 미워하지 않도록 자기 마음 그릇의 크기를 키우는 일이다. 경청이다. 이야기를 들어준다는 것은 받아들인다는 뜻이다. 유교의 인(仁)이자, 서구의 관용 정신이다. 불가에서 욕심·화냄·어리석음의 이른바 삼독(三毒)을 경계하라는 것도 맥을 같이하고 있다.

인간에게는 근본적으로 자신을 표현하고 소통하고자 하는 커뮤니케이션 욕구가 있다. 그렇다고 아무 말이나 할 수는 없는 노릇이다. 소통은 자신이 일방적으로 말하기 위한 게 아니다. 상대방의 말을 제대로 들으면서 서로 이해하고 신뢰를 쌓아가는 과정이다. 사람들은 자신이 진정으로 이해받을 때 가장 행복하다고 느끼기 때문이다.

그러나 현대의 인간관계에서 소통은 언제나 안개 속에 있다. 가족끼리도 대화가 제대로 안 되는 경우가 적잖다. 하물며 복잡다기한 오늘날의 사회생활에 있어서랴. 소통의 문제는 우리 사회의 인류학적 문제를 고스란히 담고 있다고 할 수 있을 것이다.

고임금 종사자는 의사소통에 뛰어나다는 한국고용정보원의 분석 자료가 나왔다. 좋은 직업을 갖고 능력을 발휘하기 위해선 언행에 신뢰가 있어야 한다는 의미다. 이런 인재가 모이면 회사도 발전할 것이다. '구변 좋고 믿음 주는 현대판 소진·장의를 찾습니다!'

체벌

"대영제국의 영광은 공립학교 회초리 끝에서 시작됐다." 낭만파 시인 조지 바이런의 말이다. 학교 내 체벌(體罰)의 당위성을 담고 있다. 미국 보스턴 거버너 더머 아카데미. 한국인 최초의 미 유학생인 유길준이 공부했던 학교다. 지금도 1800년대 체벌실을 보존하고 있다. 교육목표를 달성하기 위해선 필요악이라고 보고 체벌을 용인하고 있음을 뜻한다.

성경도 체벌을 옹호하고 있다. 잠언 13장 24절에 "초달(楚撻·때리는 행위)을 차마 못하는 자는 그 자식을 미워함이라. 자식을 사랑하는 자는 근실히 징계하느니라"고 강조하고 있다. 반론이 만만찮다.

학생이 교사의 체벌이 두려워 방어책으로 하는 표면적인 복종을 체벌 효과로 보는 것은 착각이라는 것이다. 방어적 풍토의 교실은 지배·복종의 인간관계로 되고 불신과 두려움 가득한 학교 환경이 조성된다는 지적이다. 좋은 목적을 위해서라면 좋지 않은 수단도 허용한다는 주장은 허용돼서는 안 될 비교육적 논리라는 비판을 받고 있다. 이지메 등 학교 폭력의 원인(遠因)으로까지 지목되고 있다.

그렇다고 체벌을 안 하자니 답답한 일이 벌어지곤 한다. 거친 학생들이 교사를 놀리거나, 수업을 흐리게 해도 속만 끓이고 있는 선생님이 적잖다. 어쩌다 혼쭐내려고 하면 동료 교사가 손사래 치며 말리는 현실이다. 요즘엔 아예 애들 몸에 손댈 생각조차 안 한다고 한다. 자칫 성추행이나 폭력교사로 아이들 휴대전화에 촬영당하거나 심지어 학부모나 학생에게 구타를 당하기도 한다.

그럼, 학생지도를 어떻게 해야 할까. 꾸준한 관심을 갖고 훈육할 일이다. 체벌과 꾸지람이 우선 당장은 통할 수 있다. 하지만 마음을 움직이지 못하는 체벌은 분노와 증오를 낳을 뿐이다. 아동문학가 정채봉은 '사랑을 묻는 당신에게'서 말했다.

"사랑은 한 계단씩 차근차근 밟고 오르는 탑/ …/ 사랑은 밥 짓는 것과 같아요. 쌀을 씻고 안치고 뜸을 들이고/ 속성의 밥은 문제가 있어요."

그렇다. 교육은 사랑의 실천이다. 초등학교 2학년 학생을 나무막대기로 80여대나 때려 전치 3주의 상처를 입힌 여교사에게 법원이 이례적으로 징역형을 선고했다. 지나친 '사랑의 매'가 부른 비극이다.

재일교포

질곡의 세월. 60만 재일교포들의 삶을 상징한다. 재일교포들은 일본, 일본인의 차별과 냉대를 온몸으로 이겨내며 지금에 서 있다. 1세대들은 일본에 건너가 세상 고생이란 고생은 몽땅 겪었다. 2, 3세대도 배는 고프고 먹을 것은 없고 모진 풍파를 맞으면서 자랐다. 이제는 일본 사회에 당당하게 자리 잡았다.

첨단 운행 기법과 질 좋은 서비스로 택시업계를 '평정'한 MK택시 유봉식 회장, 재일교포 3세로서 '21세기 디지털 세계의 승부사'라는 별칭으로 유명한 일본의 최고 갑부 손정의 소프트방크 회장 등 성공한 재일교포들이 줄을 잇는다. 기업가뿐이랴. 작가와 운동선수도 나오고 있다.

고난에 맞선 극기가 오늘을 있게 했다. 재일 한국인이라는 꼬리표는 내내 자신을 괴롭혔다. 하지만 차별은 도전정신을 키우게 했다. 일본 주류사회에 발을 붙이기 어려운 배타적인 환경에서 일등이 돼야 차별의 벽을 넘을 수 있었던 것이다.

자조(自助)를 위해 그들은 뭉쳐야 했다. 재일본대한민국민단(민단)

은 든든한 울타리다. 35만 명쯤 된다. 일본의 외국인등록법 지문날인제를 폐지시키는 등 차별을 막아 교포 권익 보호에 힘쓰고 있다. 최대 현안은 1994년부터 추진한 지방참정권의 획득이다.

교포 사회의 또 한 축은 재일본조선인총연합회(조총련)이다. 10만 명 안팎의 친북 성향이다. 65년 한·일 국교 정상화 이후 일본에 건너간 '뉴 커머(New Comer)'들도 있다. 무역업과 연예계 등 다양한 업종에서 일한다.

민단이 한국어 사용운동에 나섰다. 날로 희박해지는 재일교포의 민족 정체성을 강화하기 위해서다. '동포 1세를 제외하고는 한국어보다는 일본어 사용이 익숙해 있다'는 설명을 듣노라면 그 시급성을 절감케 한다. 한민족 동질성 회복 차원에서 조총련도 동참했으면 좋겠다.

무명 술집 악사서 역경을 딛고 인기 가수로 발돋움한 재일교포 2세 블루스 가수 박영일(일본명 아라이 에이치)은 '청하로 가는 길'에서 노래하고 있다.

"… 지나간 슬픈 시대를 잊을 수야 없겠지만/ …/ 내일을 향해 사는 것이 사랑의 길이라는 것을 깨달았다오/ …아리랑 고개를 나는 간다."

대한민국 임시정부

고난과 초극. 한민족 반만년의 역사를 담는 상징어이다. 우리만큼 이민족의 침략에 시달린 민족도 드물 것이다. '아리랑'을 비롯한 대부분 민요는 가락이 구슬프다. 그러면서 체념하지 않고 경쾌한 분위기도 적잖다. 이별과 사랑의 정한을 담은 정선 아리랑이 전자라면, "날 좀 보소 날 좀 보소 …."로 시작하는 밀양아리랑은 후자다.

진도아리랑은 중간쯤 된다고 할까. 민족 수난사 중 처참함으로 치면 36년간 일제 식민통치를 꼽을 수 있다. 악착스러운 이리가 양을 물고 놓아주지 않으려고 했던 시기였다. 그 이빨은 우리 몸 안 깊숙이, 발톱은 등뼈 마디마디에 박혔었다. 수탈에 이어 급기야 성(姓)을 갈고 말과 글을 없애려 했잖은가. 민족혼의 말살 시도였다. 그랬기에 한때 지사라던 사람도 "일제 통치가 영원할 줄 알았다"며 친일로 돌아섰다. 심지어 종교지도자 중엔 "천황을 섬기는 게 하느님의 뜻"이라며 궤변을 서슴지 않았다.

어두운 동천(冬天)의 장막은 걷혔다. 줄기찬 독립운동의 결과다. 외세의 덕분이라는 주장도 만만찮지만 독립운동의 힘을 과소평가해서는 안 된다.

사실 우리 민족은 1894년 청일전쟁부터는 반식민지로, 1904년 러일전쟁 이후는 준 식민지로 일본에 편입됐다. 1910년 나라가 망하자 중국 러시아 미주 등 해외 독립운동의 기지 개척이 확대됐다. 그 뜻 위에 3·1운동의 꽃을 피울 수 있었다. 민족대단결이었다.

그 열기가 상하이 대한민국 임시정부 수립으로 이어졌다. 이국땅에서의 풍찬노숙, 고통이 컸다. 그러나 조국광복의 단심(丹心)은 갈수록 빛을 발했다. 선열들의 피눈물 나는 희생이 있었기에 오늘 우리는 '국력 10위권'의 삶을 누리고 있다.

상하이 임정 수립의 중요한 의미는 헌법인 '대한민국임시헌장'을 제정·공포한 것이다. 그런데 몇 년 전부터 임정 수립 기념일 지정과 관련해 학계를 중심으로 논란이 끊이지 않는다. 임정 수립일이 현행 4월 13일이 아니라 이틀 전인 11일 즉 오늘이라는 것이다. 기준이 헌장 제정일이냐, 선포일이냐의 견해차다. 광복회 등은 임정 선포일인 13일로 기울고 있다. 중요한 건 공의(公義)의 길을 걸은 순국선열의 정신을 어떻게 계승·발전시키느냐일 터이다.

나무

'로하스(LOHAS) 시대'. 개인 건강과 복지를 꿈꾸는 현대인의 인생관을 뜻한다. 공해에 찌든 도시의 삶을 벗어나 환경 친화적인 웰빙을 바라는 이들이 많아지고 있는 데 따른 현상이다. 깨끗한 물과 맑은 공기, 그림 같은 집을 그리워한다. 여건이 허락되지 않아 도시 근교로 거주지를 옮기지 못하는 이들은 아파트 베란다에라도 작은 정원을 꾸민다. 자연의 축소다.

로하스 시대는 숲이 보고다. 숲은 수자원 보호와 공기 정화 효과 등이 뛰어나다. 숲의 공익 기능이다. 숲은 그 나라의 문화적 수준을 나타내는 지표이기도 하다. 독일 흑림지대에 줄지어 쭉쭉 뻗은 나무들은 질서 있는 국민성을, 캐나다의 단풍나무는 풍요한 산림자원을 느끼게 한다. 반면 아프리카의 메마른 산야는 헐벗고 굶주린 국민상을 떠올리게 한다.

국민 한 사람이 일생 쓰는 목재는 55m^3에 이르는데, 이를 생산하기 위해 필요한 나무는 500그루나 된다고 한다. 태어나자마자 사용하는 종이 기저귀부터 죽어 관에 들어가 묻힐 때까지 나무에 평생 빚을 지고 사는 게 인간이다. 우리 국토는 지난 세기 최악의 황폐에서 벗어나 성공적인 녹화를 이루었다. 지게에 묘목을 짊어지고 몇 십리 산길을 헤매며 벌거숭이산에 나무를 심어 울창한 숲을 가꾼 것이다. 하지만 목재의 자급자족엔 턱없이 부족하다. 더구나 사막화·온난화로 지구환경 문제는 세계적 이슈가 되고 있다.

2005년 발효된 교토의정서에 따라 우리나라는 현재 온실가스 감축 의무대상국에선 제외돼 있지만 탄소배출권을 확보해야 할 상황이다. 해외의 땅을 빌려서라도 나무 심기로 해결해야 한다.

내일은 청명·한식이면서 식목일이다. "청명 절기에 빗발 흩뿌리니/ 길 가는 행인은 정신이 아뜩하다/ 술집이 어디에 있느냐 물었더니/ 목동이 저 멀리 살구마을 가리키네(淸明時節雨紛紛 路上行人欲斷魂 借問酒家何處有 牧童遙指杏花村)."

시성 두보의 시 '청명'이다. 생명이 움트는 봄, 내가 쓴 만큼의 나무는 심어 놓고 떠나야 한다. 그래야만, 두보의 시처럼 후손도 복숭아꽃 살구꽃 아기 진달래 핀 꽃 대궐에서 음풍농월의 로하스 시대를 살 게 아닌가. 그런데도 손바닥만 한 그린벨트조차 훼손해 집을 지으려고 난리다.

유유상종

'닮은 것은 닮은 것을 기쁘게 한다.' 라틴어 격언이다. 단체사진 한 장을 놓고도 자신부터 보고 나서 가족, 친지, 제3의 얼굴 순으로 찾아본다. 인지상정이다. 격세유전 법칙에 따라 자신을 쏙 빼닮은 손자손녀 모습에서 무한한 기쁨을 느끼는 할아버지와 할머니의 표정은 인간의 자연스러운 본능일 터이다. 하지만 닮음도 나름이다.

개방성이 강한 무리짓기는 발전의 활력소가 된다. 소질과 꿈이 비슷한 이들이 모여 의기투합하면 엄청난 시너지 효과를 낸다. 반면 사기꾼과 사기꾼, 독재자와 독재자가 죽이 맞으면 고통을 안긴다. '가족'을 뜻하는 영어 '패밀리'가 '조폭'이라는 부정적인 의미도 지니고 있지 않은가. 유유상종(類類相從)의 부작용은 경계해야 한다. '우리'를 지나치게 강조하면 자정 능력을 잃고 곪기 마련이기에 그렇다.

일사불란은 자칫 파시즘의 병폐로 이어질 수 있다. 피아 구분은 내부 결속을 다지는 효과가 있지만, 금세 전선을 만든다. 그 모임에 끼지 못하는 이들은 대뜸 서늘함을 느낀다. 감당해야 할 후유증이 적잖다. 중간지대가 실종된다. 이분법 논리가 강해져 결론도 쉽게 나지 않는다.

이쪽 진지를 튼튼히 구축하고 상대쪽으로 총질만 해대니 어느 한쪽이 쓰러지기 전엔 해결책이 없다.

무리짓기는 생존에 필요한 전술이지만 집단적 배타성을 강하게 띨 때 패거리주의로 비난받는다. 한국 사회처럼 집단갈등 해결 시스템이 미약한 사회에서는 무리짓기의 병폐가 크게 나타난다. 우리 사회의 집단갈등이 더 많은 걸 얻기 위해 '더 징징대며 우는' 모습으로 드러나고 있는 게 상징적이다. '코드'의 심화 현상이다. 특정 패거리를 강조하는 쪽으로 기울게 된다. "끼리끼리 잘 먹고 잘살라"는 다수의 비아냥을 받으면서!

각 지방자치단체가 상호 발전을 꾀하기 위해 유유상종의 모임을 활성화하고 있다. 원자력발전소가 소재한 도시들의 행정협의회, 도시 이름에 주(州)자가 들어 있는 도시 교류협의회, 학과 소나무를 사랑하는 지자체장들의 모임까지 다양하다.

지역이기주의는 경계하고 공익적 활동을 하길 바란다. 아름다운 파트너십은 진실성에 성패가 달려 있다.

고추

긴 겨울, 우리 몸은 지쳐 있다. 입춘·우수도 지났다. 고추장을 풀어 끓인 쑥국 등 봄나물 국은 몸의 회복을 도와준다. 고추는 비타민C가 사과보다 무려 20배나 많기에 스트레스, 술과 담배에 찌든 몸을 추스르는 데 제격인 것으로 밝혀진 바 있다. 매운맛을 내는 성분인 캡사이신은 소화 작용을 돕고 항암 효과도 뛰어나다고 한다.

김치와 고추장이 없으면 속이 개운치 않은 한국인의 식습관은 '21세기 웰빙형'이라고 하겠다. 고추의 재발견이다. 고추의 쓰임새가 그만큼 많다는 뜻이다. 수십 종에 이르는 김치는 물론 양념치킨·불닭, 떡볶이, 매운맛 피자 등. 비빔밥을 빼놓을 수 없다. 한국음식 중 외국인 선호도에서 앞서는 것은 익히 알려진 사실이다. 국적기의 대표적인 기내식으로까지 자리 잡았을 정도다. 비빔밥 안의 고추장은 이질적인 재료들을 끈끈하게 맺어주면서 눈부터 즐겁게 하는 역할을 한다.

고추를 가까이해서일까. 우리나라 사람들은 화끈한 걸 좋아한다. 매운 고추 같은 치열함과 투쟁적 의지가 없었다면 지금의 번영이 없었을지도 모른다. 요샛말로 쿨한 게 나쁠 건 없다.

하지만 조급한 성격은 자칫 예상치 못한 우를 범할 수 있다. 쏠림, 극단, 냄비, 격변은 큰 후유증을 동반하는 법이다. 공자의 삼사일언(三思一言)처럼 세 번 생각한 뒤 말하는 깊은 사려가 요청된다. 남의 말 하기 좋아하는 요즘 세태에선 더욱 그렇다.

"아버지는 나귀 타고 장에 가시고/ 할머니는 건넛마을 아저씨 댁에/ 고추 먹고 맴맴 달래 먹고 맴맴 …." 아이들이 매운 고추와 달래를 먹고 제자리에서 뺑뺑 매암을 돌 때 부르는 동요처럼 어른들도 순수한 마음을 지닌 세상이라면 몰라도!

그럼 고추는 우리나라에서 언제부터 사용됐을까. 임진왜란 때 일본으로부터 들어왔다는 게 통설이다. 그러나 고추가 조선 초에도 식용으로 쓰였다는 한국식품연구원의 연구 결과가 나왔다. 상식의 오류가 고추뿐이랴.

얼마 전에는 삼국유사의 '서동요'가 허구라는 사실이 밝혀져 많은 이의 가슴이 허전했다. 그러나 이번 고추의 진실 발견은 가슴이 후련하다. 담배 등 일본을 통해 외래문물이 많이 들어와 가슴 아픈 것이 이참에 다소나마 해소된 것 같다. 고추가 반갑다.

삼다도

 제주도의 노래는 경쾌하다. 민요 '이어도사나'를 보자.
 "… 우리 어멍(어머니) 날 낳을 적에 어느 바당(바다) 미역국 먹엉 / (후렴) / 우리 배는 소낭(소나무)배요 남의 배는 쑥대낭(쑥대나무)배 라…."
 남의 배는 쑥대나무배로 낮추고 자신은 튼튼한 소나무 배를 타고 미역 등 해산물을 더 많이 따오겠다는 힘찬 삶의 의지가 묻어난다. 하지만 섬 생활이 즐거울 수만은 없을 터이다.
 '삼다도(三多島)'라는 별칭이 말해 주듯 바닷가의 거센 바람과 화산섬 특유의 많은 돌이 박힌 척박한 농토, 특히 고기잡이 나갔다 돌아오지 않은 남자들로 인해 제주 여인의 삶은 질곡 그 자체였다. 한데 노래는 왜 이렇게 흥겨울까.
 현실 타개를 위한 의지의 반영이라고 하겠다. 물질을 하는 해녀의 삶도 토속적 아름다움 이전에 여자에게는 힘겨운 밥벌이다. 그런데도 이를 역동적인 노동요로 승화시킨 저력이 놀랍다.
 그 힘의 근원은 어디일까. 자연에서 찾을 수 있을 것이다. 한라산이다. '은하수를 손으로 잡아당길 수 있을 정도로 높은 산'이라는 뜻의 한라산은 남한 최고봉(해발 1950m)을 넘어 영산으로 받들어진다.

백록담이 품고 있는 360여개의 오름 곳곳은 기도처이고, 영실의 오백나한은 '신의 산'으로 자리매김 되는데 부족함이 없도록 뒷받침하고 있다. 봉래·방장·영주산에 근거한 '삼신산 불사약'이 바로 금강산의 녹용, 지리산의 산삼, 한라산의 지초(芝草)라고 일컬어지기도 하지 않는가.

제주 섬 중앙에 우뚝 솟은 한라산의 자태는 자애로우면서도 강인하다. 제주도 사람들은 바로 이 한라산을 닮았다. 억척스러우면서도 넉넉하다. '한라산에 머리를 베고 누우면 발이 비양도까지 닿았다'고 하는 제주도의 거녀(巨女) '설문대 할망' 설화도 뜬금없어 보이지 않는다. 그런 제주도가 더는 '여자가 많은 섬'으로 불릴 수 없게 됐다. 지난해부터 남자가 여자보다 300여 명 더 많아졌기 때문이다.

"삼다도라 제주에는 아가씨도 많은데 / 바닷물에 씻은 살결 옥같이 귀엽구나 / ⋯ / 비바리 하소연이 물결 속에 꺼져가네 ⋯"라고 황금심이 부른 가요 '삼다도 소식'도 이젠 가사를 바꿔야 할지 모르겠다.

= 제2부 =

꿈 없는 돈은 허사, 돈 없는 꿈은 무력

까마귀

옛날엔 까마귀가 참 많았다. 요즘 같은 겨울에 눈이 내린 뒤 설원은 까마귀 떼로 온통 시커멓게 덮였다. 어린 시절, 돌팔매라도 치면 떼 지어 허공에 날아오르는 모습은 장관이었다. 그때마다 어른들은 "부정 탄다. 가까이 가지 마라"고 말리곤 했다. 까마귀는 음침한 울음소리와 검은 색깔로 인해 '까마귀밥이 되었다'고 하면 곧 죽음을 의미한다.

기억력이 나쁜 사람을 비웃는 말인 "까마귀고기를 먹었나"도 비슷한 사례라고 하겠다. 서양에서도 불길한 새로 터부시되고 있다.

네덜란드 출신 화가 빈센트 판 고흐는 파리 북쪽 오베르의 들판에서 자살로 삶을 마감한다. 한 발의 총성과 함께 까마귀 떼의 울음소리가 밀밭에 파문을 그린다.

까마귀는 이처럼 인간과 상종할 수 없는 새일까. 그도 아닌 것 같다. 인간이 본받아야 할 습성도 있다. 효성이다. '본초강목'에 까마귀는 부화한 후 60일 동안은 어미가 새끼에게 먹이를 물어다주고, 새끼가 다 자라면 먹이사냥에 힘이 부친 어미를 먹여 살린다고 소개돼 있다. 효도를 뜻하는 '반포(反哺)'의 유래다.

우리 민족은 본래 까마귀를 하늘 신과 인간을 연결해주는 신령한 새로 생각했다. 삼족오(三足烏) 숭배도 그런 의미의 하나이다. 성서에도 하느님은 선지자 엘리야에게 까마귀를 통해 떡과 고기를 아침저녁으로 공급했다고 기록하고 있다. 일본에서도 까마귀는 길조로 여긴다.

이런 까마귀가 언제부터인가 인간에게 천덕꾸러기로 전락했다. 반면 까치는 좋은 소식을 가져오는 길조로 인식된다. 정말 그럴까.

꺼림칙한 이미지의 까마귀는 신선한 음식을 먼저 먹지만, 까치는 쓰레기통을 뒤져 부패한 음식물을 먹는다. 게다가 까치는 과수농사도 망치곤 한다. 두 새를 놓고 길조와 흉조로 나눔은 희고 검은 색깔로 구분해서인 것 같다. 매사 겉모습으로 판단해선 안 될 일이다.

노무현 전 대통령의 친형 건평씨가 정대근 전 농협중앙회장에게 세종증권 인수 청탁을 하면서 "같은 까마귀(동향 사람을 일컫는 말)니까 잘 봐 달라"고 말한 것으로 공판 과정에서 드러났다. 지연(地緣)에 매달리는 부정적 상징으로 까마귀를 빗댔으니, 까마귀들 서운하겠다.

박사

"죽을힘을 다해 살라."(철학자 바루흐 스피노자의 저서 '도덕' 중).

사람들은 흔히 말한다. 어려울수록 '죽을 각오로 노력하라'고. 그러면 '꿈'을 이룰 수 있다는 격려다. 공부도 마찬가지다.

엉덩이를 들썩이지 말고 깊고 폭넓게 연구하면 박사학위를 따고 독보적인 학자의 길을 걸을 수 있다. 그래서 생존 시 '영화'는 물론 죽어서도 묘비명 등에 평범한 '학생부군신위'가 아닌 '국회의원·장관 XX 박사 ○○○ 신위' 등이 적힐 수 있다. 학문적 성취를 바탕으로 폴리페서식 입신출세 의식이 강한 우리 사회에서는 더욱 그렇다.

1600여 년 전 일본에 '천자문'과 '논어'를 전하고 일본 문화의 시조로 숭앙받는 왕인 박사나, 예수 그리스도가 태어난 날 별이 인도하는 대로 베들레헴에 가서 아기 예수의 탄생을 확인하고 경배를 드렸다는 3인의 동방박사 얘기는 '박사' 권위의 상징처럼 받아들여진다.

우리나라에서도 박사는 1980년대 이전만 해도 대단하게 여겼다. 어떤 직함보다 박사학위가 있으면 'XX 박사'로 호칭되곤 했지만 지금은 박사가 넘쳐난다. 1975년에는 전체 박사학위자 수가 994명으로 인구 1

만 명당 0.3명에 그쳤다. 그러던 것이 30여년 뒤인 2008년에는 10배가 늘어 1만 명을 넘어섰다. 높은 학력이 취업에 오히려 방해가 되는 '학력의 역설(paradox of schooling)'이 제기될 정도다. 현실이 이런데도 '박사'를 향한 행렬은 끊이지 않고 있다. 적절한 공부를 마친 뒤 취업과 결혼을 하길 바라는 가족의 기대를 뒤로하고 공부만 계속하겠다는 자녀를 둔 부모의 애환도 적잖다.

박사도 나름이다. 국내외 유명 대학과 기업체 등지에서 스카우트하려고 진땀깨나 흘리게 하는 박사가 있는가 하면 눈길도 주지 않는 이도 없지 않다. 서울의 한 구청 환경미화원 모집에 박사학위 소지자까지 응시했다고 한다.

환경미화원에 대졸자들이 응시해 화제가 됐는데 이젠 박사학위자라니 씁쓸한 소식이다. 학력 인플레와 청년실업의 위기를 여실히 보여준다. 고학력이 천형(天刑)이 되지 않도록 교육과 취업 정책의 일대 개혁이 요청된다.

유언

유언. 세상에서 가장 아름다운 진실이라고 한다. 죽음 앞에 마지막 티끌까지 털어내는 순수와 의연함이 배어 있기 때문이다. 그렇다. 자신이 살아온 삶의 명예를 걸고 가족과 세상, 역사 앞에 고백하는데 '허언(虛言)'이 있을 수는 없을 터이다. 그래서 '새가 죽을 때 내는 소리는 가장 아름답고 사람이 숨질 때 말하는 유언은 착하다'는 말이 있지 않은가.

유언도 갖가지다. 당부와 삶의 회한 등이 담기곤 한다. 인류 역사상 '해가 지지 않는 첫 번째 제국'을 건설한 이는 칭기즈칸이다. 그가 정복한 세계는 알렉산더, 나폴레옹, 히틀러의 것보다 더 넓다. 그런 칭기즈칸은 '성(城)을 쌓지 말라'는 유언을 남겼다. 넓은 세상을 보지 못하고 스스로의 한계에 갇히게 됨을 경계한 말이다.

명 태조 주원장의 유언은 '우위적심(憂危積心·위험을 걱정하는 마음만 쌓인다)'이었다. 언제든지 정적에 의해 축출되거나 암살될 가능성이 있으니 후대 황제는 상황에 잘 대비하라는 경책이 담겨 있다.

우리 민족혼의 상징 안중근 의사의 유언엔 애국의 진한 단심(丹心)

이 담겨 있다. "역사는 조국을 사랑하는 사람만이 이끌어간다. 이를 계승해 가자"고 권면했다. 오는 10월26일 하얼빈 의거 100주년을 맞는다. 가슴을 찡하게 하는 유언도 있다.

한 유명 문필가는 "인세는 어린이로부터 얻어졌으니 그들에게 돌려줘야 하고, 5평짜리 흙담집은 헐어 자연으로 돌리며, 나를 기념하는 일은 일절 하지 말라"고 일렀다. 이들은 모두 비범한 이들이고 소시민의 유언은 때에 따라서는 분란을 빚기도 한다. 특히 재산분배 문제에서는 다툼이 빈번하다.

본인의 주소와 날인이 빠진 유언장은 효력이 없다는 헌법재판소의 결정이 나왔다. 유언장의 엄격주의 적용이 재확인된 것이다. 소송까지 간 것을 보면 유언장의 내용에 따라 이해관계가 엇갈렸을 것 같다. 새삼 유언장은 죽음을 어떻게 맞이해야 하는지를 생각하게 한다.

마르쿠스 아우렐리우스(121~180)는 죽음을 이렇게 정의했다.

"살아 있는 동안 힘이 있을 때 선한 일을 해야 한다. 얼마 안 가서 당신도, 그 사람도 죽는다."

인생은 짧다. 잘 헤어짐이 만남보다 중요하다.

심모원려

"아, 이제와 생각하니 나를 위한 깊은 배려였어요."

부모와 스승 등의 은혜를 생각하면서 가끔 이런 말을 하곤 한다. 깊이 생각하고 멀리 내다보며 도와준 것을 뒤늦게 깨달은 것이다. 심모원려(深謀遠慮)다. 그렇다. 멋대로 날뛰면 자칫 혼란과 패가망신을 초래할 수 있다. 깨어 있는 사람은 10년, 그 이후를 준비해야 한다. 그래야 당장은 손해 보는 것 같지만 장기적으론 자신의 이익으로 돌아오는 법이다. 이자까지 쳐서.

국제정치에도 적용되는 '불변의 법칙'이라고 하겠다. "가장 높이 나는 갈매기가 가장 멀리 본다." 리처드 버크의 소설 '갈매기의 꿈'에 나오는 구절이다. 사람도 마찬가지다.

용기와 희망을 가진 이가 멀리 보고 태산 같은 고난을 헤쳐 성취의 보람을 맛본다. 오해와 질시를 받기도 할 것이다. '유전법칙'으로 유명한 멘델이 오죽했으면 '언젠가 내 세상이 온다'고 스스로 위로하며 연구에 몰두했을까. 그는 유전법칙을 여러 번 학회에 보고했지만 세상의 인정을 받지 못했다. 실의 속에 세상을 떠났다. 사후 여러 학자의 실험

결과 멘델의 법칙은 과학적 진리로 인정받는다. 시인 롱펠로가 '인생찬가'에서 노래했듯 내일을 준비하는 이가 지혜 있고 행복한 것이다.

미래를 위한 새로운 일을 시작하더라도 '사족'은 없애는 게 좋다. 채근담에 "한 가지 일이 생기면 한 가지 문제도 생긴다"라는 말이 있다. 무엇인가 일을 벌이면 예상치 못한 문제가 수반된다는 것이다. 개인이든 기업이든 정부든 새로운 일을 벌이기에 앞서 걸림돌들을 과감히 제거해야 한다. 중국인들이 '웨이위처우머우'(未雨綢繆: 비가 오기 전에 창문을 고침)라는 말을 좋아하는 이유도 바로 여기에 있다.

안중근 의사의 '인무원려필유근우'(人無遠慮必有近憂: 사람이 멀리 생각하지 않으면 반드시 가까운 장래에 근심이 있다)라는 붓글씨가 엊그제 국내 미술품 경매에서 5억5000만원에 낙찰됐다. '민족혼의 표상'다운 우국정신이 진하게 묻어나는 유묵이다. 오늘 우리에게는 원려를 느끼게 하는 장기적인 비전이 있는가. 혹여 자신의 이익만을 위해 연줄 찾기에 바쁜 건 아닌지 자문해본다.

창(窓)

'창(窓)'은 소통의 길이다. 그래서 창이 닫혀 있다 하면 단절을 뜻한다. 공기와 햇빛 통로 이상의 의미를 담고 있다. '마음의 창'을 넘어서면 깊은 신뢰를 느끼듯 말이다. 창은 건축 구조물로서의 기능뿐만 아니라 인간 정신세계까지 영향을 끼치고 있는 것이다. '깨진 유리창 이론'이 뒷받침하고 있다.

사회학자 제임스 윌슨과 조지 켈링이 내놓은 주장이다. 건물의 깨진 유리창 하나를 방치하면 불량배들이 다른 유리창을 잇달아 깬다는 것이다. 이어 페인트 낙서가 뒤덮이고 그 지역 전체가 우범지대로 변한다는 범죄발생 이론이다. 작지만 크게 보고 초기에 철저하게 대응해야 한다는 '톨레랑스 제로'(무관용주의) 정책이다.

보통사람들에게 '창' 하면 어떻게 비칠까. 창 안쪽은 훈훈하고 안락함으로 받아들여진다. 건물 안의 불빛은 실제보다 더 은은하게 느껴지며 안락의자는 현실을 초월한 아늑함을 발산한다. 반면 바깥쪽은 쓸쓸함과 고독이다. 조용필의 노래 '창밖의 여자'는 잘 보여주고 있다. 연인 사이 현실의 벽에는 차가운 한 줄기 바람이 불 뿐 만날 수 없기에 "차라리 나를 잠들게 하라"고 절규하고 있지 않은가.

창도 방향에 따라 다르다. 특히 남쪽으로 열린 창은 따뜻함과 안정, 행복의 상징이다. 김상용이 일제하인 1934년 2월 발표한 시 '남으로 창을 내겠소'는 동토의 땅에서 변절하지 않고 조국 광복을 꿈꾸는 농부의 마음을 잘 묘사하고 있다. "…괭이로 파고/ 호미론 풀을 매지요//구름이 꼬인다 갈 리 있소/ …/ 강냉이가 익걸랑/ 함께 와 자셔도 좋소// 왜 사냐건 웃지요."

창은 이처럼 세상을 담는 공간이기도 하다. 학창 시절 집에서 만들어 온 걸레로 높은 창틀에 올라가 유리창 닦으면서 미래 세상을 그렸고, 독도영유권 도발과 동북공정을 벌이는 주변국의 '창밖 동태'에선 조국의 지정학적 운명을 새삼 깨닫고 애국을 꿈꾼다.

집에 들어오는 도둑·강도의 절반(46%)은 창을 통해 침입하는데 집안 단속은 현관에 집중되는 것으로 한 보안업체 조사 결과 나타났다. 창문 단속을 잘 해야 하겠다. 그렇다고 세상을 보는 마음의 창을 닫고 현실에 안주해선 안 될 일이다.

어린이 타짜

"도박욕, 육욕, 허영이 나를 좀먹었다."

대문호 톨스토이가 82세로 생을 마감하기 전 쓴 일기 내용이다. 인류의 성자처럼 존경을 받은 톨스토이였지만 정작 그의 내면생활은 자신과의 끝없는 싸움이었던가 보다. 그의 말은 이어진다.

"나는 성자가 아니다. 도박 등 나쁜 습관을 가진 아주 약한 인간일 뿐이다."

그의 회한처럼 톨스토이는 젊어서부터 도박을 대단히 좋아했다고 한다. 그는 강조했다. "유혹을 뿌리쳐야 삶이 빛난다"고. 정신과의사가 싫어하는 병 가운데 하나가 도박 중독이라고 한다. 치료가 쉽지 않기 때문이다. '손가락을 끊으면 발가락으로 한다'는 말이 있을 정도다.

정신의학에서는 도박 중독을 '충동조절 장애'로 분류한다. 끓어오르는 도박 유혹을 도저히 스스로 조절할 수 없다는 뜻이다. 처음에는 심심풀이나 호기심으로 시작하지만 시간이 갈수록 내성이 생겨 횟수나 판돈의 양이 늘어나게 된다. 돈을 잃고 그만두려고 해도 금단증상으로 인해 쉽지 않다.

돈의 가치에 대한 인식을 바꿔야겠다. '돌고 도는 게 돈'이라며 수단 방법 가리지 않고 잡으려 말고 정직한 땀을 흘려 벌어야 한다. 부당한 방법으로 번 돈은 사회적 악폐를 낳게 마련이다. '작두' '짝귀' 등의 섬뜩한 용어도 도박판에서 나왔다.

사기도박꾼들이 도박을 할 때 실력을 뜻하는 '실화'가 아닌 속임수인 '구라'로 치다가 걸려서 작두나 칼로 손가락이나 한쪽 귀 등을 자르거나 잘린 데서 나온 말이다. 당한 쪽에서는 원수를 갚겠다고 살인까지 하고 있지 않은가.

도박으로 인한 파산·실직·이혼은 물론 자살도 흔하다. 경제가 어려워지면서 일확천금을 노려 사행성 오락이나 도박에 손을 대는 이들이 늘고 있다고 한다. 심각한 것은 어린이들까지 도박 분위기에 휩쓸리고 있다는 사실이다. '타짜' 등 도박 영화에 이어 드라마 등의 영향으로 요즘 학교 교실에서 초등생까지 화투판을 벌이고 있다고 한다. 학교가 '어린이 타짜 양성소'라는 비난을 살까 두렵다.

어린이들이 노름판 용어인 '운칠기삼(運七技三)'만을 배울까 두렵다. 땀의 가치보다 요행과 폭력을 배우는 어린이, 생각만 해도 아찔하다. 어른들의 책임이 크다.

회식(會食)

"식사하셨어요?"

우리나라 사람들은 상대방의 '끼니 걱정'을 하면서 이런 인사를 나눈다. 꼭 '밥'을 먹었느냐는 물음이라기보다 안부를 묻는 일상적인 인사법이다. 이처럼 '먹는 것'으로 서로의 안녕을 확인할 정도로 한국인은 '식(食)'에 대한 애착이 있다. '금강산도 식후경'이라는 속담이 있을 정도다. 하긴 중국 춘추시대 관중도 '창고에 먹을 것이 차야 예절을 알고, 의식이 족해야 영욕을 안다'고 말했다.

민식위본(民食爲本), 백성은 먹는 것(경제)을 근본으로 삼는다는 뜻이리라. '밥'을 이토록 중시하니 우리는 같이 모여서 식사하는 회식(會食)에 각별한 의미를 부여한다.

회식은 단체나 직장 동료 간에 유대감 형성 등 긍정적으로 작용한다. 군 입대 후 신참 시절 부대 생활에 어느 정도 익숙해질 무렵 회식때 경직된 분위기를 누그러뜨리는 청량제 같은 전우들의 즐거운 몸짓은 세월이 흘러도 어젯일 같다.

사회 직장에서도 마찬가지다. 음주가무와 풍류를 즐기는 한민족의

'끼'는 부서나 동창회·친목회 등에서 회식 뒤 노래방까지 섭렵하고도 아쉬움을 남기고 헤어진다. 집에 늦게 들어가 아침에 밥 달라는 남편을 지칭해 '간 큰 남자'라는 우스갯소리도 있지만.

회식 자리의 풍경은 엇비슷하다. 대개 끼리끼리 모여 가벼운 대화를 나누고 있으면 누군가가 헛기침을 하면서 눈길을 모은 뒤 본론을 꺼낸다. 얼마 뒤 '삼겹살에 소주' 공세가 시작된다. 물론 요즘엔 여성이 다수를 차지하는 직장에선 와인을 곁들인 가벼운 식사 뒤 '단체 영화 관람' 등도 있다. 직장인에게 복부 비만의 주범은 밤늦은 시간 술과 고기와 밥을 함께 먹고 운동 부족에서 오는 게 많다고 하는데 어찌 보면 바람직한 변화라고 할 수도 있겠다. 술로 인한 실수도 줄일 수 있을 것 같다.

사장이 돌아간 뒤 동료끼리 가진 2차 회식에서 술에 취한 근로자가 사고를 당해 숨져도 업무상 재해에 해당한다는 대법원 판결이 나왔다. 일의 연장선상에 놓여 있는 우리 사회의 회식문화에서 근로자들을 더 보호해야 한다는 취지로 풀이된다. 모이면 술 마시고, 마시면 반드시 망가질 때까지 취해야 직성이 풀리는 회식문화도 뒷방차지 시대가 왔나 보다.

차(茶)

"차를 아는 민족은 흥하고, 차를 모르는 민족은 망한다."

다산 정약용의 말이다. 그는 왜 200여 년 전 유배살이를 하면서 굳이 이런 말을 했을까. 유학자로서 실사구시적 학문에 눈을 뜬 다산은 초의선사로 상징되는 불교계 인사들과 교유하면서 다도(茶道)에 심취한다. 그러면서 차는 생각을 깊게 하고, 관계의 미학인 배려를 가르치며, 생명존중을 깨우치게 하는 침묵의 스승이라는 결론을 얻는다. 이는 이해관계에 따라 죽기 살기로 편을 갈라 당쟁을 일삼는 당시 정치인들의 각박한 생존 방식을 그렇게 꾸짖은 것으로 보인다.

초의선사는 우리나라 다도를 정립해 '다성(茶聖)'이라고 불리는 이다. 그는 아무리 신령스런 달빛과 이슬을 먹고 자란 차나무에서 채취한 찻잎으로 차를 우려 마시더라도 청정한 마음가짐이 있어야 도를 이룰 수 있다고 설파했다. 공직자의 청렴을 강조한 다산 사상이 초의를 만나 더욱 깊어진 연원을 알 것 같다.

녹차 등 전통차를 마실 때 다기를 들어 고루 우러난 찻물을 분배하고 눈빛과 말로써 담소하면 서로 깊은 믿음이 생겨남을 알 수 있다. 혼자 차를 마실 때도 자신을 돌아보는 시간이 주어진다. 몸이 고단해 그냥 녹차 잎에 물을 부어놓고 찻잎이 하나씩 풀어지는 걸 후후 불어가며 마시다 보면 실수가 보이기도 하고, 피로가 금세 사라지며 새로운 영감을 얻기도 하지 않는가.

녹차는 오래전부터 한국, 중국, 일본뿐 아니라 서양에서도 큰 호응을 얻고 있다. 나라에 따라 제조 과정과 마시는 법이 다르지만, 식생활 서구화에 따른 암 등 각종 현대인의 병을 예방하는 데 효과가 큰 것으로 알려져 있다. 일상적인 6~7잔 정도의 녹차를 섭취하면 혈당 상승 억제와 체내 지방의 축적을 막아 다이어트에도 좋다는 보고가 있다. 멜라민 파동으로 녹차가 반사이익을 누리고 있다.

한 리서치 업체의 조사에 따르면 우리 국민 60%가 커피를 줄이고 대용품으로 44%가 녹차를 선택한 것으로 나타났다. 이번 기회에 색깔, 향, 맛을 모두 갖춘 한국의 차와 다례(茶禮)를 세계화시키는 데 힘썼으면 한다. 메마른 현실에서 깊은 생각에 잠겨 마시는 차 한 잔, 그 여유가 그립다.

로또

돈이 앞선다. 19세기 영국령 남아프리카의 총리를 지낸 세실 로즈는 "꿈만 있어도 안 된다. 돈이 있어 이를 결합하는 것, 이게 나의 철학이다"고 말했다.

꿈만 갖고는 큰일을 할 수가 없기에, 꿈의 실현 매체로 돈의 필요성을 강조한 것이다. 그러나 돈이 아무리 많아도 꿈이 없는 자는 아무 일도 할 수 없다. 세상엔 많은 돈을 갖고도 변변한 일 하나 못하는 이가 허다하다. 꿈 없는 돈은 호사에 그칠 뿐이요, 돈 없는 꿈은 무력하다.

문제는 돈을 인생의 최고 가치로 추구하는 데서 별의별 뒤탈이 난다는 사실이다. 톨스토이도 한탄했지 않는가. "아아, 돈! 돈! 돈 때문에 얼마나 많은 슬픈 일이 이 세상에 일어나는지 모른다"고.

돈은 어느 정도 있어야 할까. 다다익선, 곧 많을수록 좋은 것일까. 성서 잠언은 이렇게 '한계'를 긋는다. "나로 하여금 가난하게도 마옵시고 부하게도 마옵시고/ …/ 내가 배불러서 여호와가 누구냐 할까 하오며, 혹 내가 가난하여 도둑질하고 내 하느님의 이름을 욕되게 할까 두려워함이니라."

돈과 관련한 인사말이 유행한 지도 오래됐다. '로또 당첨되세요'라고 아예 구체적으로 지칭하기도 한다. 당첨 확률이 814만분의 1이라는 로또 구입자들은 광고카피처럼 '인생역전'을 꿈꿀 것이다.

그런데 로또를 둘러싸고 말이 많다. 당첨 조작 의혹까지 제기되고 있다. "오늘도 꽝이네" 하고 사정없이 찢어 버렸던 구입자들이 억울해 하지 않도록 로또 관련 당국이 명쾌하게 해명해야 한다. 그리고 요행수를 통한 행운 잡기보다 능력과 성실함이 빛을 발하는 사회가 돼야 하겠다.

바둑 격언에 '묘수를 세 번 두면 진다'는 말도 있잖은가.

인연(因緣)

"세상의 인연 다 번뇌라며 어느 절로 들어가다가, 버스 안에서 군인 옆자리에 앉게 돼 두 달 만에 결혼한 애가 있다."(은희경의 소설 '행복한 사람은 시계를 보지 않는다'에서)

이처럼 '인연(因緣)'은 참으로 오묘하다. 자신의 뜻과는 무관한 인연도 허다하다. 맺고 끊음이 마음대로 되지 않는 게 인연인 것이다.

인연은 불교 용어다. 불교에서는 모든 존재와 만남, 사건이 수많은 인연의 결과라고 본다. 모든 것은 분리된 게 아니라 서로 연결돼 있다는 것이다. 이른바 '연기(緣起)'다. 이것이 있으므로 저것이 있고 '이것'이 씨앗이라면 '저것'은 열매가 된다. '이것'을 인(因), '저것'을 과(果)라고도 한다.

사실 배우자나 자녀를 보면서 '어떤 인연으로, 얼마나 긴 시간을 건너 만나게 됐을까'라고 생각하면 말 한마디도 조심스러워진다. "바닷가의 모래알처럼 수많은 사람 중에 만난 그 사람 …."으로 시작하는 키보이스가 부른 가요 '바닷가의 추억'처럼 사람끼리의 인연은 더없이 소중한 것이다.

사실 우리 주위엔 숱한 인연들이 꽉 차 있다. 하루만 해도 수십 아니 수백 명과 연을 갖기도 한다. 너와 내가 둘이 아니라는 '불이정신'을 갖는다면 무심히 버려도 좋을 관계란 세상에 없단 얘기다. 이는 종교나 신앙의 대상이 다르다고 달라질 진리는 아닐 터이다.

일제 때 국학자 이능화는 '백교회통(百教會通)'에서 "원래 한 가지 둥근 원이 나누어져 백 가지의 길이 이뤄졌을 뿐인데, 세상 사람들이 그것을 모르고 자기 종교만 주장한다"고 갈파한 바 있다.

어느 꽃이나 고유한 아름다움이 있듯, 어느 종교든 자신의 구원에 도움이 된다면 가치가 있고 자신과 인연이 맞는 종교라고 봐야 한다는 뜻이다.

조계종 총무원장 지관 스님이 '불교 폄훼'에 대해 사과하러 온 어청수 경찰청장과의 지난 시절 인연을 회상하며 "악연도 인연"이라고 말했다. 인연은 어쩔 수 없이 짓는다. 사랑하는 이와 헤어지고, 미운 사람을 만나야 하는 괴로움을 벗는 길은 대 자유를 얻는 해탈의 길밖에 없을 듯싶다.

한가위다. 부모 형제와 친지 등을 만나거든 좋은 인연을 넓혀 복 짓는 덕을 베풀기를!

싱글족

"가족에 매이고 싶지 않다", "독신이 더 행복하다"고 외치는 사람이 늘어간다. 그들은 각종 동호회 등을 통해 나름대로 인생을 즐기고 있다. 이른바 '싱글족'이다.

통상 결혼 상대가 없어도 아쉬워할 이유가 없고 경제력까지 갖춘 미혼남녀를 뜻한다. 고소득 전문직 종사자로서 30~40대 미혼 여성을 말하는 '골드 미스'는 전통적인 의미의 싱글족이 진화했다고 할 수 있다.

쇼핑과 해외여행 등 감성 만족을 위한 소비를 즐기기에 이들만을 대상으로 한 맞춤 마케팅이 성행하기도 한다. 어원은 노처녀를 뜻하는 한국어식 영어 올드미스다. 영어권에서는 '알파 걸', 일본에선 '하나코상'이란 유행어로 통하기도 한다. 근래엔 싱글족에 이어 '딩크족(Double Income, No Kids)'이 늘고 있다. 출산과 육아 등의 어려움을 의식해 결혼은 하되 아이를 갖지 않으려는 부부를 일컫는다.

맞벌이로 '가계 수입은 두 배, 아이는 없는' 부부다. 이들에게 부모 세대처럼 '가문의 번영'이나 '모정의 숭고함'을 요구하거나 강조해봐야 통하지 않는다. 전통적 가족관·부부관을 권유해도 '씨'가 안 먹힌다.

그래서 이들을 일컬어 '신인류'라고도 한다.

가정과 학교, 지역사회, 정부는 여성 인적자원의 활용과 출산이 장래 국가발전에 중대한 의제임을 간과해선 안 된다. 남성과 여성이 조화로운 만남을 통해 가정을 이루라는 게 꼭 경제 사회적 의미만 있는 건 아니다. 자녀와 더불어 효제 충신 등 심정의 세계를 체휼하며 행복을 가꿔가는 게 아니겠는가.

르네상스의 3대 예술가인 미켈란젤로가 89세까지 미혼으로 살다 간 것처럼 문화예술 등 특정 분야를 천착하기에 결혼하지 않는 이도 있다. 하지만 우주는 홀로 존재하지 않는다. 모든 게 짝이 있어 함께 만들고 더불어 살아가고 있다. 하물며 '사람 사이(人間)'에 함께 어울려 살라는 호모 사피엔스가 아닌가.

정부가 최근 마련한 세제 개편안에 따르면 부양가족 없이 혼자서 사는 싱글족의 경우 4인가족 가구에 비해 소득세를 연간 많게는 120만 원 정도 더 내게 된다고 한다. 혼자 살지 말고 가정을 꾸리라는 무언의 '압력'이다. 싱글족이 외치고 나설지 모르겠다.

"우리 결혼해요!"

세월

　세월의 빠름을 일컫는 말이 적지 않다. '흐르는 물', '달리는 말을 문틈으로 보는 격' 같은 표현을 꼽을 수 있다. 가는 청춘은 아쉬움을 남기기 마련이다. 고려 말 문신 우탁의 시 '백발가'는 이를 잘 나타내고 있다.
　"한 손에 막대 잡고 또 한 손에 가시 쥐고/ 늙는 길 가시로 막고 오는 백발 막대로 치려터니/ 백발이 제 먼저 알고 지름길로 오더라."
　특히 요즘처럼 계절이 바뀌는 시기에 세월의 흐름을 실감한다. 과거는 추억으로 남는다. 박인환의 시 '세월이 가면'은 이를 멋스럽게 표현했다.
　"지금 그 사람의 이름은 잊었지만/ 그의 눈동자 입술은 내 가슴에 있어/ 사랑은 가고 과거는 남는 것/ 여름날의 호숫가 가을의 공원…."
　대중가요도 빼놓을 수 없다. "아~, 으악새 슬피우니 가을인가요. 지나친 그 세월이 나를 울립니다~"라고 노래한 고복수의 '짝사랑'이 대표적이다. 이뤄놓은 건 별로 없고 세월만 흐르는 인생무상의 회한이 담겨 있다.

옛 사람들은 그렇다고 무작정 염세에 빠지진 않았다. 시간을 아껴 쓰자는 교훈을 남겼다. 요즘 말로 하면 '시(時)테크'다.

송나라의 주자는 '소년은 늙기 쉽고 학문은 이루기 어려우니 한 치의 시간도 허비하지 마라. 집 뜰의 봄풀은 꿈도 깨지 않았는데 오동나무 잎에서는 벌써 가을소리가 나는구나'라며 학문에 힘쓸 것을 강조하지 않았는가.

세월은 사람에게 변화를 가져다준다. 겉모습이 바뀐다. 피부엔 검버섯이 생겨나고 눈꺼풀이 처져 눈이 감긴다. 기력이 달리는 건 물론이다. 노화현상이다. 성격도 부드러워진다. 공자의 말처럼 이순(耳順), 곧 귀가 순해진다. 매사 여유 있게 받아들인다. 삶의 관조다. 일본 방송 작가 에이 로쿠스케의 수필집 '대왕생'의 한 구절이 생각난다. "아이를 나무라지 마라. 지나온 길인데. 노인을 비웃지 마라. 가야 할 길인데."

20세기를 빛냈던 유명 인사들이 세상을 떠나고 있다. 또한 알츠하이머 등으로 투병 중이라고 한다. "100% 강철 같아 병도 안 들 줄 알았다"고 평을 받던 이들도 세월은 비켜 가지 못하는가 보다.

가슴 벅찬 성공도, 쓰라린 실패도 흘러가는 세월에 실려서 지나가는 것을, 왜 사람들은 모를까.

광복군가

"우리는 한국독립군 조국을 찾는 용사로다/ 나가! 나가! / … / 등잔 밑에 우는 형제가 있다/ 원수한테 밟힌 꽃포기 있다/ 동포는 기다린다 어서 가자 조국에." 2004학년부터 초등학교 4학년 음악 책에 실린 광복군가 '압록강 행진곡'이다.

박영만의 가사에 한형석(중국명 한유한·1910~1996)이 곡을 붙인 이 광복군가는 빼앗긴 조국을 반드시 되찾겠다는 광복군의 기상이 진하게 배어 있다. 요즘도 광복군 출신 백발노인들이 광복군가를 부를 때 울음을 삼키며 절규하는 모습에서 새삼 오랜 질곡의 세월을 뛰어넘는 의연함이 읽혀진다.

광복군가 부르기는 미래 세대인 어린이들의 애국심을 키우는 좋은 방법이라고 할 수 있다. 사실 국군 훈련소에서도 독립군가와 광복군가를 불렀으면 한다. 헌법 전문에 '대한민국은 3·1운동으로 세운 대한민국 임시정부의 법통을 이어 받는다'고 되어 있다. 또 국군은 만주 벌판에서 일제 침략군과 맞서 싸우던 독립군과 임시정부가 창설한 광복군의 정신을 어엿이 계승하고 있지 않은가. 세계 여러 나라는 독립투쟁이나 혁명 때 불렀던 노래를 군가는 물론이고 국가로 삼는 경우가 적지 않다. 그리스의 국가 '예리한 칼날에', 미국의 '성조기여 영원하라', 터키의 '독립 행진곡' 등이 그렇다.

광복군가는 1940년 9월 17일 임시정부가 중국 충칭에서 한국광복군을 창설하면서 불리기 시작했다. 광복군 안에는 전문 작곡가들이 있었기에 곡도 새로 지어졌다. 이미 알려진 노래 선율을 차용해 불렀던 이전의 독립군가와는 달랐다.

물론 독립군가나 광복군가 모두 풍찬노숙하면서도 조국독립에 몸 바치려는 단심(丹心)을 표현했다. 일제의 잔학한 총칼 아래 나라 잃은 굴욕을 씻기 위한 선열들의 자주독립 정신은 이제 제2의 광복인 조국의 평화통일을 우리에게 과제로 안기고 있다.

광복 후 처음 편찬된 것으로 추정되는 광복군 군가집이 발견됐다. 신나라레코드사가 엊그제 공개한 '광복군가집'에는 한효선씨가 편찬한 '광복군행진곡' 등 80여 곡의 악보나 가사가 수록돼 있다. 광복 63돌·정부 수립 60돌, 조국광복의 의미를 되새기기 위한 '광복군가 다시 부르기' 운동을 펴야 하겠다.

성 감별

　인간의 존엄성과 인명 존중 사상은 성인현자들의 오랜 화두였다. 순자(荀子)는 이렇게 말했다. "불과 물은 기는 있으나 생명이 없고, 초목은 생명은 있으나 지각이 없으며, 금수는 지각은 있으나 옳고 그름을 분별하지 못한다. 인간은 기와 지각, 생명도 있을 뿐 아니라 옳고 그름의 분별도 있으니 천하에 제일 귀한 게 인간이다." 천도교로 발전한 구한말 동학은 '사람 섬기기를 하늘과 같이 하라(事人如天)'고 강조했다.
　인간을 소우주라고 하는 주역도 같은 맥락이다. 서양의 시각도 비슷하다. 고대 그리스 철학자 프로타고라스는 '인간을 만물의 척도'라고 규정했다. 슈바이처 같은 이는 "생명 존중은 선, 생명 파괴는 악"이라고 생명에의 외경을 강조하며 양극단을 대비하기도 했다.
　동서고금을 통해 인간은 이처럼 존엄하고 고귀한 존재로 여겨져 왔지만 현실은 너무나 참혹하다. 상상을 초월하는 인간 경시풍조가 횡행하고 있다. 세계 도처에서 벌어지는 테러, 무고한 인명 살상과 자살 등. 정치적 광신이나 물신주의에 젖어 생명의 가치를 망각한 데서 이런 행태가 빚어지고 있는 것이다.

인간 생명의 출발 시점은 어디일까. 종교계에서는 잉태 순간부터 사람으로 간주한다. 우리의 민법과 형법, 그리고 생명윤리법은 그 기준을 각각 달리 규정하고 있다. 민법에서는 태아가 산모로부터 몸 전체가 나왔을 때, 곧 '전부노출설'을 채택한다. 이 세상에 나왔을 때 비로소 상속·증여 등 자연인으로서의 권리가 발생한다는 것이다. 형법은 분만 전 진통설을 기준으로, 생명윤리법은 대개 정자와 난자의 수정 후 14일에서 8주까지를 지칭하는 '배아' 이후를 사람으로 분류한다.

헌법재판소는 어제 태아 성(性) 감별 고지를 금지한 의료법 조항에 대해 헌법 불합치 결정을 내렸다. 태아의 성 감별 고지를 무조건 금지한 조항은 시대에 맞지 않는다는 취지다. 하긴 지금도 적지 않은 산부인과 의사들은 "엄마를 닮았다(딸이다)", "파란색 옷을 준비해야겠다(아들이다)"는 등 우회적인 표현으로 태아 성별을 알려주고 있다.

헌재의 결정은 존중해야겠지만, 남아선호 풍조가 아직 남아 있어 자칫 낙태 등 생명 경시 바람이 거세지지 않을까 걱정이 앞선다.

흥인지문(興仁之門)

늘 깨어 있는 사람들. 바로 동대문 상인들이다. 전국 각지에서 의류와 침구류 등을 도매로 사기 위해 동대문 시장으로 몰려든다. 그런 동대문 시장이 변화를 꿈꾸고 있다. 디자인 플라자&파크(DDP) 조성 계획으로 서울의 브랜드 가치를 높이는 첨병을 자임하고 나섰다. 물류·디자인이 복합된 하드웨어와 소프트웨어의 중추적 역할을 수행한다는 것이다. 동대문 일대가 거듭나고 있음이다.

사실 동대문은 진작 본래 이름에 걸맞는 '명예'를 되찾았어야 했다. 1392년 개국한 조선은 유교를 건국이념으로 삼았다. 인의예지신(仁義禮智信)의 다섯 가지 덕, 오상(五常)이 기본 정신이다. 이에 따라 사방에 흥인지문(興仁之門)·돈의문·숭례문·숙청문(숙지문의 변용)이, 중심에는 보신각이 지어졌다.

문제는 일제가 신작로를 낸다는 명목으로 1907년 흥인지문과 숭례문의 좌우 성첩을 파괴해 흥인지문의 미려한 모습이 사라졌다는 사실이다. 흥인지문에서 홍릉까지 조성됐던 국내 최초의 가로수 백양목들도 1933년 도로확장 과정에서 베어졌다. 산업화 과정에서도 흥인지문은 상처를 입었다. 대중교통 수단들이 스칠 듯 가깝게 지나가면서 진동 등으로 보존에 어려움이 적지 않다는 지적도 나온다.

프랑스는 문화관광으로 엄청난 수익을 올리지만 문화재 보수·유지에 크게 신경을 쓴다. 고도(古都) 투르에는 지하철이 없다. 지하철 공사 중 매장문화재가 많이 나와 지하철 건설을 포기하는 데 시민들이 동의했다. 남쪽의 님이나 몽펠리에도 마찬가지다.

보물 1호 흥인지문이 시민 곁으로 다가온다. 도로에 둘러싸여 섬처럼 고립돼 있는 흥인지문 주변에 올 10월말까지 녹지 광장을 조성한다고 서울시가 밝혔다. 반가운 일이다. 하지만 국보 1호 숭례문 소실에서 보듯 화재 등에 대비한 보존 대책을 철저히 세워야겠다. 그래서 이 땅에 어짐이 흥해 평화가 강물처럼 번져가면 좋겠다.

임진왜란 10여 년 전 세도가 김효원의 집이 서울의 동쪽인 건천동(지금의 동대문 근처)에 있어 동인, 정적 심의겸의 집이 서쪽에 있다 하여 서인으로 불리면서 망국의 붕당정치가 시작됐다. '둘이 하나 된다'는 뜻의 한자 인(仁)의 정신으로 문화대국의 꿈을 가꿔야 할 때다.

기차

"막차는 좀처럼 오지 않았다/ 대합실 밖에는 밤새 송이눈이 쌓이고/ …/ 단풍잎 같은 몇 잎의 차창을 달고/ 밤 열차는 또 어디로 흘러가는지….".(곽재구의 시 '사평역에서' 중)

누구에게나 이처럼 기차에 얽힌 추억이 있으리라. 특히 역마다 쉬어 가는 완행열차의 난간을 붙들고 고향을 떠나온 이들에게는. 기차는 고단했던 젊은 시절과 도회지를 향한 동경 등의 기억을 되살리곤 한다. 멀어져 가는 차창에 기대어 눈물 흘리고, 낯선 역에서 우동을 먹기 위해 잠깐 내렸던 추억들. 몇은 졸고 몇은 밤새 얘기꽃을 피우던 느린 열차 칸에 꿈까지도 내맡겼던 아스라한 기억들.

기차는 세월이 흐른 지금도 출향하던 날의 두근거리던 추억을 실어 나른다. 그래서일 것이다. 나훈아가 부른 '고향역'은 중년들에게 여전히 인기다. "코스모스 피어 있는 정든 고향역/ 이쁜이 곱분이 모두 나와 반겨주겠지/ …/ 흰 머리 날리면서 달려온 어머님을 ….". 하긴 기차에 관한 아련한 추억이 어디 시골 출신뿐이겠는가. 도시에서 자란 이들에게도 교련복에 통기타를 메고 해수욕장 등지를 찾아가던 추억과 잇

닿아 있는 것이다. 열차 통로에 신문지 깔고 앉아 이웃의 시큼한 발냄새 쯤은 너끈히 참으면서 박장대소 웃음꽃을 피웠던 첫사랑 같은 정서가 배어 있다.

기차 종류도 참 많이 바뀌었다. 완행열차 비둘기호에 이어 1955년 통일의 염원을 안고 철길을 달린 통일호는 2004년 3월18일 고속철도(KTX)가 개통되면서 기적소리를 멈췄다. '속도전'에서 밀린 것이다.

기존 철도에는 무궁화호와 새마을호가 주종이다. '빠름'은 시대에 따라 상대적이다. 19세기 증기기관차 속도는 시속 20~25㎞. 이 정도 속도인데도 독일 시인 하이네는 "철도에 의해 공간은 살해당했다"고 놀라워하지 않았던가.

초고유가·고환율로 비행기와 자동차 이용이 주춤하면서 세계적으로 '기차 열풍'이 불고 있다고 한다. 우리나라도 마찬가지다. 경제성·쾌적성·안전성에다 길이 막히지 않고, KTX의 경우 신속성도 갖추고 있어 승객이 몰리고 있다. 차량과 차량을 연결해 달리는 '열차(列車)의 부활'이 손에 손잡고 여행지로, 아니면 고향역으로 내닫는 마음의 끈을 두루두루 이어줬으면 좋겠다.

화(禍)

"작은 것에 만족할 줄 아는 사람은 걱정하지 않아요. 지금은 비록 어리석게 보여도 그 작은 기쁨들로 곧 행복한 이야기를 만들어 낼 테니까요."(정용철의 수필 '마음이 쉬는 의자' 중)

자족하지 않고 발을 동동 구른다고, 자기가 탄 인생열차가 더 빨리 달리는 것도 아니다. 안달할 게 아니라 그 시간에 실력을 쌓고 수양으로 내공을 다질 일이다. 한데 제 성질 이기지 못해 불평의 험담을 일삼으면 화(禍)를 부르고 몸만 축난다. 그래서 중국 후한시대 정치가 풍도는 '입은 화를 부르는 문이요 혀는 몸을 베는 칼'이라고 하지 않았는가. 함부로 입을 열어 막말을 하면 패가망신할 수 있으니 조심하라는 경책이다.

과욕을 부리면 화를 부른다는 것은 동서고금의 진리다. 욕심이 잉태해서 죄가 되고 죄가 커서 죽음에 이른다고 성서는 가르치고 있다. 불교에서도 깨달음에 장애가 되는 세 가지 번뇌인 '삼독(三毒)'으로 탐욕과 성냄, 어리석음을 꼽고 있다. 화를 잘 다스리기 위해서는 그것의 본질이 무엇인지 알아보는 것이 필요할 듯하다. 심리학자 폴 에크먼은 화는 인간의 원초적인 감정 중 하나로 위기의 순간마다 행동할 타이밍을 알리는 역할을 하며, 화를 부정적이고 폭력적인 감정으로만 치부하며 감추면 화의 악순환은 계속 반복된다고 했다. 화를 외면하고 억누르기보다는 적절히 표현하는 것이 신체적·심리적 그리고 인간관계에 긍정적인 영향을 미칠 수 있다고 회자되는 이유일 것이다.

그러나 화의 표출이 폭력적이어서는 안 된다. 폭력은 문제를 해결하기보다는 더 악화시키거나 장기화시키는 경우가 많기 때문이다. 그래서 성인들은 욕심이 아닌 베풂, 성냄이 아닌 인내와 용서, 코앞 이익만 보는 단견의 어리석음이 아닌 배려와 사랑과 자비를 설파했던 것이다. 공자도 즐겨 인용한 '선을 쌓는 집안에 경사가 있다'는 내용이나, '하늘의 그물은 넓고 성깃성깃하지만 빠져 나갈 수 없다'는 노자의 말도 동의어이다. 뿌린 대로 거둔다는 인과응보를 강조한 것이다.

'온몸으로, 그리고 진실하게' 일을 하고 이웃을 대할 때 자신의 마음이 기쁘고 공동체는 화평해질 수 있음을 일깨운다. 오랜 세월이 지나도 국경을 초월해 사랑받는 지도자들은 공통점이 있다. 생존 시 그 말과 글, 행동에 숨김이 없고 진솔했다. 진정성을 보여준 것이다.

태양

'태양은 다시 떠오른다.' 미국이 낳은 대문호 어니스트 헤밍웨이의 소설이다. 참고 견디면 꿈을 이룰 수 있다는 인내의 미학을 강조한다. 삶에 대한 인간 의지를 잘 표현해 1954년 노벨문학상을 받은 소설 '노인과 바다'도 같은 정신이다.

인간은 이처럼 현실을 이겨내고 보다 높은 곳을 향한 도약을 꿈꾼다. 그런 연유로 인류의 조상은 상승과 승화의 역동적인 상징들을 탄생시켰다. 이른바 태양숭배 신앙이다.

사람들은 태양의 움직임에 따라 길흉화복을 점쳤다. 태양의 뜨고 짐에 따라 동서남북이 정해진 것이 대표적 사례다.

지중해 지방 고대 문물의 문양에 만(卍)자 기호가 많이 나타나는 것은 태양숭배와 관련돼 있다. 그리스에서 卍자는 태양신 제우스의 상징이었다. 卍자는 뻗쳐 나가는 태양 빛의 회전을 나타내고 있다. 중미의 아스텍·마야 신앙에선 십(十)자 기호가 태양신을 의미했다. 기독교의 상징이 된 십자가 문양도 본래 태양을 나타냈다.

우리나라 중국의 고대사회에서도 태양신 숭배는 예외가 아니었다. 십삼경의 하나인 의례(儀禮)에 '천자는 아침에 동문 밖으로 나가 태양을 향해 절한다'고 기록돼 있다. 임금이 정사를 보는 곳이라는 '조정(朝廷)'의 원래 뜻이 아침에 태양을 맞이한다는 데서 파생됐음을 알 수 있다. 중세까지만 해도 이처럼 태양은 경배의 대상이었다. 어느 누구도 태양을 가질 수 없었다. 태양까지 가려다 밀랍 날개가 타버려 죽은 그리스 신화 이카루스가 이를 뒷받침하고 있지 않은가.

'신앙의 대상' 태양이 이젠 인류의 미래를 밝혀 줄 대체에너지로 각광받고 있다. 지구에 쏟아지는 태양 에너지의 1만분의 1만 붙잡아도 에너지 수요를 100% 충족시킬 수 있다는 미국 공학한림원(NAE)의 보고서도 있다.

국내 최대 규모 태양광 발전은 전남 신안 태양광 발전단지다. 연간 4만9000가구(4인 가구 기준)가 사용 가능한 전력이 생산되고 있다. 고유가 시대에 인류의 어둔 그늘을 벗겨주는 새 희망의 빛이었으면 좋겠다.

"해야 솟아라/ … / 산 넘어서 밤새도록 어둠을 살라 먹고, 이글이글 앳된 얼굴 고운 해야 솟아라."(박두진의 시 '해' 중)

택시

'친절의 대명사' '일본에서 가장 성공한 한국 기업인 중 한 명'. 미국 시사 주간지 타임이 세계 1위 서비스기업으로 선정한 바 있는 일본 MK그룹 유봉식 회장을 두고 흔히 일컫는 말이다. 그는 16세 때인 1943년 일본으로 건너가 1960년 교토에서 택시회사를 설립했다.

1977년 MK택시로 회사 이름을 바꾼 뒤 현재 교토를 비롯해 도쿄, 오사카 등 주요 도시에서 택시만 4000여대, 직원 1300여 명을 둔 탄탄한 기업으로 성장했다. 검은색 차량 색깔과 운전기사 제복을 통일하고 서비스 수준을 향상시킨 결과다. 시민들은 "한밤중에도 부인과 딸을 MK택시에 맡기면 안심"이라고 말할 정도다.

고객 감동의 친절, '콜'을 하면 손님의 휴대전화나 일반전화로 차량번호를 알려주고 이들 정보는 회사 컴퓨터에 자동 입력되는 첨단 시스템, 그리고 택시에 두고 내린 물건은 바로 돌려주는 신뢰의 삼박자가 빚어낸 성과다.

우리는 어떠한가. 조금 나아졌다고 하지만 아직 개선해야 할 과제가 적지 않다. 일부 기사들의 승차 거부, 요금 과다 청구, 총알택시의 두려움, 여성 승객의 경우 기사 눈치를 살펴야 하는 불편한 현실 등을 꼽을 수 있다. 그 배경에는 사납금제와 월급제가 교묘하게 섞여 있어 택시 근로자들에게 '중노동'을 강요하는 운행제도의 문제가 없지 않다. 택시 사업이 공익사업으로 자리매김하도록 법인과 개인택시 제도의 개선이 요청된다.

택시는 도시의 얼굴이다. 특히 세계화 시대 한국을 찾는 여행객의 첫 느낌을 좌우하기도 한다. 시민에게 택시는 '달리는 사랑방' 같은 곳이다. 그래서 '택시 여론'이라는 말이 있지 않은가. 세상이 뒤숭숭할수록 정치·사회상을 놓고 소설이나 드라마의 이야기 구조를 풀어가듯 승객과 기사, 또는 승객끼리 토론을 벌이기도 한다. 간혹 '코드'가 안 맞아 서로 얼굴을 붉히기도 하지만.

서울의 택시에 고유의 색인 꽃담황색과 디자인이 입혀졌다. 미국 뉴욕의 명물인 노란색 택시인 '옐로 캡'이나 영국 런던의 검은 택시 '블랙 캡'처럼 도시를 대표하는 명물로 만들기 위해서다. 자기 빛깔을 가진 택시, '관광 서울'을 향한 무형의 재산이 아니겠는가.

항구

'바다를 지배하는 자 세상을 지배한다.' 1588년 여름 스페인의 무적함대를 물리친 영국은 300여 년 간 세계 곳곳에 유니온 잭을 휘날리는 등 역사의 황금시대를 열었다. 대영제국의 시발점은 항구다. 식민지 주요 항구를 교두보로 내륙 주요 도시를 잇는 간선축을 형성해 전 국토를 장악했다. 점-선-면으로의 확산이었다.

사람의 왕래와 물류가 활발한 항구는 대부분 국가의 중심지가 된다. 변혁기에는 혁명 기지로 등장하기도 한다. 이탈리아 통일전쟁 때의 사르데냐, 미국 독립혁명 때의 보스턴, 프랑스대혁명 때의 마르세유 등을 꼽을 수 있다. 우리 역사에서도 '바다 정치'가 있었다. 장보고는 동북아시아 해상왕국을 건설했고, 왕륭은 바다를 경략한 후 호족으로 성장해 아들 왕건이 고려를 건국하는 기초를 닦았다.

항구는 물산이 풍부하고 문화예술이 번성한다. '세계 3대 미항'이라는 호주의 시드니, 이탈리아의 나폴리, 브라질의 리우데자네이루는 이름에 걸맞게 빼어난 풍광과 문화자산이 넉넉함을 볼 수 있다. 천연적 조건도 좋지만, 그것을 기본 토대로 널리 사람의 삶을 위한 공간을 구축해온 역사의 소산이라 하지 않을 수 없다. 물론 우리나라도 세계 어느 미항에 못잖은 항구가 적지 않다. '한국의 나폴리'라는 통영, 호수 같은 다도해상의 이름도 고운 여수를 비롯해 동·서·남해안에는 비경을 간직한 항구가 줄지어 있지 않은가.

항구하면 우리에겐 만남과 이별의 정서가 진하게 배어 있다. "저 푸른 물결 외치는 거센 바다로 떠나는 배/ 내 영원히 잊지 못할 님 실은 저 배는 야속하리 …"(양중해의 시 '떠나가는 배') 같은 가곡은 물론 "미스 김도 잘 있어요 미스 리도 안녕히/ 온다는 기약이야 잊으랴마는 기다리는 순정만은 버리지 마라 …"('잘 있거라 부산항'), "항구의 일번지 부기우기 일번지/ 그라스를 채워다오 부기우기 아가씨/ 고동이 슬피 울면 이별이란다 …"('마도로스 부기') 같은 대중가요의 소재가 됐다.

화물연대가 파업을 철회하면서 주요 항구마다 컨테이너 등 화물을 실어 나르는 차량들로 활기를 되찾고 있다.

으랏차차! 초고유가 시대 한국경제를 살리는 지혜와 힘을 모으자.

간호사

"나는 일생을 의롭게 살며/ …/ 나의 간호를 받는 사람들의 안녕을 위해 헌신할 것을 선서합니다."

간호사로서 첫발을 내딛기 위해선 엄숙한 가관식(加冠式)을 거치게 된다. 여학생들은 머리에 캡을 쓰고 남학생들은 가슴에 배지를 달고서 왼손에 촛불을 든 채 이 같은 '나이팅게일의 서약'을 하게 된다.

나이팅게일이 1854년 크림전쟁의 참상을 접한 뒤 야전 병원의 부상병들을 간호하기 위해 밤중에 왼손에 촛불을 들고 병상을 돌면서 헌신적 봉사를 한 데서 유래한다.

환자와 간호사. 일생을 살면서 우리는 종종 간호사와 만난다. 태어날 때, 성인이 돼 건강진단을 받을 때도 그렇다. 어디 이뿐이랴. 입원했을 경우, 환자가 의사를 볼 수 있는 시간이 하루에 몇 분일뿐이라면 간호사는 수시로 만나게 된다. 간호사는 몸이 고단해도 웃음을 잃지 않고 환자를 대해야만 한다. 그래서 '백의의 천사'라 하지 않는가.

하지만 간호사에게도 애증이 있다. 의사에겐 굽실거리면서 간호사에게는 함부로 대하는 환자, 아직 실력이 모자라는 인턴에게서 '오더'

를 받을 때에는 간호사의 숙명에 대해 비관도 한다고 말한다.

우리나라는 1908년 11월 5일 서양식 교육 시스템에 의해 첫 졸업생 2명이 배출됐다. 명칭도 몇 번 바뀌었다. 처음에는 '간호부', 광복 이후엔 '간호원', 1987년부터 '간호사'라고 부르고 있다. 여성을 뜻하는 '부(婦)'를 '원(員)'으로 바꾸면서 남녀의 성(性)을 허물었고 다시 '선생'이란 뜻을 넣어 '사(師)'가 됐다.

지방과 수도권 중소병원에서 간호사가 크게 부족해 병원들이 발을 구르고 있다. 수도권 대형 병원의 새 병원 신축 및 병상 증설에 따라 무더기로 이동한 게 주 원인이다. 한 세대 전 우리는 이국 땅 독일로 간호사 1만여 명을 내보냈다. 우리네 딸들은 '눈물 젖은 빵'을 먹으면서도 꿋꿋하게 살며 조국에 송금을 하는 등 산업 발전에 크게 기여했다. 이젠 외국 간호사들을 맞아야 할 때가 오는가 보다. 세상 참 많이 변했다.

호국영령

"듣노라! 그대가 주고 간 마지막 말을/ ···/ 나는 자랑스런 내 어머니 조국을 위해 싸웠고 여기 이름 모를 골짜기에 누웠노라/ ···/ 바람이여! / 고생하는 내 나라의 동포를 만나거든 부디 일러 다오/ 나를 위해 울지 말고 조국을 위해 울어 달라고."(모윤숙의 시 '국군은 죽어서 말한다'에서)

6·25 전쟁은 이토록 슬픈 시와 노래로 승화돼 우리 곁을 맴돌고 있다. 그렇다. 지금도 강원도 '철의 삼각지'와 경북 칠곡 다부동 등 전투가 치열했던 우리 땅 곳곳은 전쟁의 가슴 아픈 상흔들로 점철돼 있다. 백척간두에 놓인 조국의 자유와 평화를 지키기 위한 충정은 녹슨 철모와 소총, 수통, 수저 등만을 남겨 놓았다. 유골은 산화돼 있다.

1953년 7월 27일 휴전이 된 지 반세기가 훨씬 지났건만 산하에 묻혀 있는 호국영령들은 아직도 가족 품에 안기지 못하고 있는 것이다. 그들의 원념(願念)은 먼 고향 초동 친구 두고 온 하늘이 그리워 이끼 되어 맺히고, 추억은 애달파 서러움 알알이 돌이 되어 쌓여 있다. 가곡 '비목'의 노랫말, 그대로.

'가거라 삼팔선' '전선야곡' '굳세어라 금순아' 등 6·25전쟁과 관련된 대중가요들도 나름의 울림이 있지만, '가고파' '그리운 금강산'과 함께 3대 애창가곡으로 꼽히는 '비목'을 듣노라면 유독 가슴이 뭉클해진다. 젊은 생명의 고귀한 희생을 담고 있기 때문일 것이다.

사실 동서고금을 막론하고 조국을 위해 목숨을 아낌없이 내놓는 일은 가장 고귀한 인간의 행동으로 칭송돼 왔다. 안중근 의사도 친필 휘호로 즐겨 썼던 공자의 말인 '견리사의 견위수명(見利思義 見危授命)'도 같은 뜻이다. 자신에게 이롭다고 해도 옳은 것인지 생각하고, 조국의 위태로움을 보거든 목숨을 바쳐 구해야 바른 삶이라는 게 아닌가.

어둡고 차가운 땅에 묻혀 있는 6·25 전사자들을 되도록 빨리 따뜻한 양지로 모실 날이 기대되고 있다. 꽃다운 청춘을 바친 영웅들을 가족 품에 안기게 함은 조국이 할 일이다.

반상회

평화의 세계를 원하거든 네 적을 포함해 모든 것을 사랑하라. 우주는 함께 만들어 가는 것이지 않은가." (존 브룸필드 저 '지식의 다른 길' 중).

그렇다. 우주는 홀로 존재하지 않는다. 더구나 사람도 혼자서는 살지 못한다. 함께 만들고 더불어 살아가는 것이다. 진실한 꿈, 원수까지 포용하는 참된 사랑, 이런 마음이 나와 우리 안에 있을 때 사람도 세상도 더욱 아름다워질 수 있다.

다른 사람과 보다 쉽게 사귀어 유무상통의 교류를 하기 위해서는 어떻게 해야 할까. 순서가 있다. 정신분석학자 에리히 프롬은 이렇게 권면한다. "자기 자신에게 집중할 수 있는 능력은 다른 사람에게 주의를 쏟을 수 있는 능력에 앞서 꼭 필요한 조건"이라고. 그는 또 자기 자신을 편안하게 느끼는 게 다른 사람과 사귀기 위한 필수조건임을 환기시킨다. 이웃에게 인정받으려면 제 자신부터 사람이 되라는 뜻이기도 하다.

반구저기(反求諸己), 곧 요순시대를 이은 우 임금의 아들 백계(伯

啓)가 어떤 일이 잘못되었을 때 남의 탓을 하지 않고 그 일이 잘못된 원인을 자기 자신에게서 찾아 고쳐 나갔다는 고사를 떠올리게 한다. 남과 화목하되 자신의 개성은 지키라는 공자의 화이부동(和而不同) 정신도 일맥상통한다.

사실 여러 사람이 모여 의견을 일정한 방향으로 모은다는 것은 쉬운 일이 아니다. 이웃 간 공동 과제를 해결하기 위해 반상회를 여는 것도 대화의 자리를 갖기 위해서다. 아파트 관리, 아동 보호와 범죄 피의자 신고 요령, 불우이웃 돕기, 마을잔치에 이르기까지 논의 사항도 다양하다. 원활한 반상회를 위해선 상대방의 말을 경청한 뒤 자신의 말을 하는 에티켓이 필요하다.

물론 진정성이 담겨야 한다. 한국 행정 단위의 가장 밑에 있는 조직인 반을 구성하는 사람들이 매월 정기적으로 모이는 반상회는 1917년 일제가 조선인을 통제하기 위한 방편으로 시작했다. 태생이 썩 유쾌한 것은 아니다. 반상회도 디지털시대에 맞게 새롭게 변해야 할 것 같다. 제행무상이다.

따오기

'엄마야 누나야', '오빠 생각', '섬집 아기', '고향의 봄'…. 듣기만 해도 정겨운 동요들이다. 참, '따오기'도 있다. "보일 듯이 보일 듯이 보이지 않는/ 따옥따옥 따옥 소리 처량한 소리/ 떠나가면 가는 곳이 어디메이뇨/ 내 어머니 가신 나라 해돋는 나라."

어릴 적 무척 즐겨 불렀다. 잔잔하게 흐르는 전주만 들어도 애틋하다. 어른이 된 지금도 조용히 읊조리면 눈물샘이 자극된다.

'따오기'는 한정동의 가사에 동요 '반달'을 작사·작곡한 윤극영이 일본 식민지 시기인 1925년에 곡을 붙여 발표한 창작동요다. 일제는 신음하는 민족감정을 표현한 것으로 간주해 이 노래를 금지시켰다. 그러나 조국광복과 함께 부활했다.

'영원한 오빠'인 조용필이 가요로 편곡해서 대중화에 불을 댕겼고 양희은과 한영애도 개성 넘치는 목소리로 리메이크업해서 노래할 정도로 나이와 시대를 뛰어넘어 불리는 국민 애창 동요다.

정든 고향을 뒤로하고 만주와 북간도, 하와이 등지로 쫓기듯 떠나갔던 실향의 이민 1세대가 먼 이국땅에서 찢기고 차이고 멍든 가슴을 부여안고 사무치는 그리움으로, 소리 없는 절규처럼 불렀던 노래 가운데 하나다.

노래는 아직도 우리 곁에 남아 있는데 정작 주인공 따오기는 이 땅에서 사라진 지 오래다. 1977년 국제두루미재단 조지 애치볼드 박사가 비무장지대인 판문점 앞 습지에서 따오기 두 마리를 사진으로 기록한 이후 관찰된 적이 없다. 문화재청도 1968년 천연기념물 제198호로 지정해 놓고 두 손을 놓고 있다.

'따오기'로 상징되는 아득한 유년의 추억이, 아니 그 전설이 이제 마음속에서마저 사라지려 한다.

중국에서 기증 받은 따오기 암수 2마리가 경남 창녕 우포늪에 방사됐다. 흰색 깃털에 가벼운 주홍색을 띤 몸이어서 한자어로 주로(朱鷺) 또는 홍학(紅鶴)으로 불리는 따오기는 국제적으로 매우 희귀한 새다.

실제 중국은 1981년 야생 따오기 일곱 마리를 잡아 1000여 마리로 인공번식 시켰고 일본도 1999년 중국으로부터 한 쌍을 기증받아 늘렸다. 따오기가 한·중·일 3국이 이웃사촌임을 재확인시켜주고 있다.

상징 색

색(色)은 상징이다. 눈에 보이는 평면적 요소만이 아니라 담고 있는 뜻이 또 있다. 흰색 하면 순결, 검정은 어둠을 나타내는 식이다. 특히 나이에 따라서 받아들이는 게 다르다. 예컨대 붉은빛 하면 어린이는 '해'나 '불', 청년은 '정열', 장년은 '불안한 상황'을 연상하곤 한다. 세계 청소년들의 우상인 방탄소년단(BTS)의 고유색은 보라색, '내일은 미스터트롯' 초대 진(眞) 우승자로서 중장년 여성들의 '우상' 가수 임영웅의 팬덤 고유색은 하늘색이다.

색은 또 문화권이나 나라마다 의미가 독특하다. 중국인은 힘을 상징하는 붉은색을, 일본인은 깜깜함을 나타내는 검은색을, 우리 민족은 밝은 흰색을 좋아했다.

중국 베이징의 자금성을 보자. 참으로 넓고도 아름다운 궁궐이 온통 붉은색이다. 붉은색은 세상의 중심인물인 천자(天子), 곧 황제를 뜻한다고 생각했다. 황제만이 붉은색으로 서명했다. 반면 동양의 일반 서민층에서는 붉은색으로 이름을 쓰면 단명한다고 믿었다. 하지만 서구에서는 이름을 적는 데 빨간 펜을 거리낌 없이 사용한다. 물론 그래도 단명한 일이 거의 없다.

　서구에서도 색을 엄격하게 구분해 사용하고 있다. 역사적 유래가 있는 국기에 잘 나타나 있다. 프랑스 국기는 파랑·하양·빨강의 3색을 시각적으로 같은 크기로 보이게 했다. 1789년 프랑스 대혁명의 정신인 자유·평등·박애의 뜻을 담고 있다.

　하나의 색깔이 동시에 정반대의 상징성을 갖는 예도 있다. 2002년 한일 월드컵대회부터는 응원단의 붉은 티셔츠가 한국인들의 레드 콤플렉스를 없애 주었다는 분석이 적지 않았다. 녹색을 보자. 많은 나라 군대가 군복의 기본색으로 녹색을 애용하고 있다. 주변의 흙색, 나무색과 쉽게 구분되지 않아 잠복이나 위장에 유리하기 때문이다. 한데 녹색은 자연과 생명을 뜻하기도 한다. 전쟁과는 대척점에 있다. 매사 사람의 선택에 달려 있는 것이다.

　서울시는 시를 상징하는 색으로 전통 건축물 등에서 주로 쓰이는 '단청빨간색' 등 10가지 색을 쓰고 있다. 단청빨간색은 예로부터 나쁜 일을 막아주는 색으로 통했고 600년간 왕의 공간으로 사용된 '궁(宮)'의 색이다. 어떤 형식이든 서울의 도시브랜드를 높였으면 한다.

위작(僞作) 시비

'짜가', 곧 진짜 같은 가짜가 판치는 세상이다. 그것도 갖가지다. 어린이 완구제품에서 최고의 지성을 자랑하는 박사학위 논문까지. 여러 가짜 중에서도 미술품 진위 감정은 어려운 분야다. 직접 그린 화가마저 쉽게 구분하지 못할 정도로 교묘하게 위작(僞作)을 그려낸다.

그뿐인가. 고색창연한 모습까지 담아내는 첨단 모방 기술을 활용한 위작이 워낙 많아 고미술품의 절반 가까이는 가짜라는 지적도 있다. 그러다 보니 웃지 못 할 일이 벌어지기도 한다.

'마지막 개성상인'이라는 인천의 한 원로 기업가가 단원 김홍도의 신선도와 오원 장승업의 화조도 등 50여 년간 모은 수백억 원대의 미술품 8450점을 인천시에 기증한 바 있다. 하지만, 감정 결과 절반가량이 진품이 아닌 것으로 판명되기도 했다. 위조 그림의 범람을 막으려면 과학적인 미술품 감정 시스템 마련이 급선무다.

20세기 최대의 거장으로 평가받는 파블로 피카소는 생전에 이렇게 말했다. "미술품에 엄청난 돈을 쓰는 까닭은 소장가들이 노련한 사업꾼이기 때문이다." 일부 화랑과 수집가들이 돈을 벌고자 무리한 방법을 쓰고 있음을 에둘러 지적한 것이다. 동서양을 막론하고 '짜가'가 나와 서식하기 좋은 풍토다.

겸재 정선의 '계상정거도(溪上靜居圖)'를 비롯한 보물급 서화 작품 다수가 위작이라는 주장이 제기됐다. 국내 첫 서화 감정 전문학자인 이동천 박사는 신간 저서 '진상(眞相)-미술품 진위감정의 비밀'을 통해 위작 서화의 실태와 근거를 낱낱이 공개했다.

이 박사가 대표적 위작으로 꼽은 '계상정거도'(보물 제585호·개인 소장)는 1000원권 지폐 뒷면에도 실렸다. 겸재가 1746년에 그린 이 작품은 1000원권 발행 당시 그림 속 정자가 도산서당이냐 계상서당이냐를 놓고 이미 논란이 빚어진 바 있다.

한데 이번 주장은 정자의 명칭을 넘어 작품의 진실성 자체를 부정한 것이어서 파장이 훨씬 크다. 감정 대립이나 법의 판단에만 맡기기보다 이번 기회에 작가별 화풍, 위작 실태 및 감정법 등에 대한 심층 연구의 계기로 삼으면 어떨까 한다. 사실 어느 분야건 가짜의 생명력은 끈질기다. 하지만 허상은 사라지는 게 순리다.

나무와 숲

"세상의 어떤 생명체도 나무처럼 나이 들수록 더 아름다워지는 건 없다/ …/ 해를 넘길수록 더 울창해지는 나무들을 바라보며, 어떻게 나 또한 더 아름다워질 수 있는가를 생각한다."(문정희의 시 '나무 학교' 중)

나무는 깊은 사랑의 선물을 우리에게 안겨준다. 봄의 화사한 꽃, 여름의 그늘, 가을의 열매, 겨울날의 바람막이 등. 묵묵히 제자리를 지키면서 이웃에 이로움을 더해주는 나무는 인간의 삶에도 깊은 통찰을 일깨우는 것 같다.

김하인의 소설 '국화꽃 향기'는 나무 같은 사람을 이상형으로 설정하고 있다. "나무는 한번 자리를 정하면 절대로 움직이지 않아. 나도 그런 나무가 되고 싶어. 당신과 함께하는 사랑을 위해." 인내와 포용의 아름다움이다. 나무의 미덕은 또 있다. 끊임없는 변화와 발전이다. 힘없이 바람에 흔들리고 모진 눈비에 흠뻑 젖으면서도 철따라 고운 옷 갈아입고, 환희에 찬 생명의 열매를 맺는 것이다.

나무는 모여 숲을 이룬다. 물론 산은 숲이 있어야 가치가 있다. 당나라 학자 유우석은 "산은 높아서 좋은 게 아니고 나무가 있어 좋은 것이다"라고 했지 않는가. 이를 빗대 그는 "사람은 몸이 비대하다고 귀한 게 아니라 밝고 올곧은 지혜가 있어야 귀하다"고 강조하기도 했다.

그래서일까. 일찍부터 공자는 어진 사람은 산을 좋아하고 지혜로운 이는 물을 좋아한다고 했다. 산은 암석처럼 기백이 있되 숲처럼 넉넉하게 품는다. 물은 아래로 흐르면서 생명수가 되는 겸손의 미덕이 있으니 어질고 지혜로운 모습이 아닌가.

남북 간 비정치적 분야에서의 교류협력이 긴요하다. 예컨대 북한에 나무 심기 운동을 벌인 남측 '겨레의 숲'이 평양 인근에 '통일 양묘장'을 세운 사례 등을 되살렸으면 한다. 우리의 30년 산림녹화 경험을 전수해 북녘 산하를 푸르게 가꾸길 바란다. 숲은 홍수 조절은 물론 임산물 소득의 원천이다.

세계에서 숲을 가장 잘 가꿔 온 나라로 독일이 손꼽힌다. 제2차 세계대전에서 패망했지만 '육림정신'으로 부국을 일궈냈다. 한 그루의 나무 심기는 미래의 희망을 심는 일이기도 하다. 평양 양묘장의 묘목들이 한민족 공동 번영의 거목으로 자라나길 기원한다.

아! 숲 속의 깨끗한 아침 공기와 맑은 옹달샘이 그립다.

콤플렉스

　밝은 미래를 여는 힘이 자신감에서 비롯되는 것만은 아니다. 자신의 약점, 곧 열등 콤플렉스를 성공의 디딤돌로 삼은 위인이 적지 않다. 알렉산드로스 대왕은 출생 콤플렉스에 시달렸다. 순수 혈통을 강조했던 고대 그리스시대에 그의 어머니는 이민족 출신이었다. 그는 자신이 열등한 혈통이 아님을 보이려고 불같은 야망으로 대제국 건설의 꿈을 펼쳤다.
　에이브러햄 링컨은 오랫동안 가난과 학력 콤플렉스를 고뇌했다. 그러나 그의 열등 콤플렉스는 약자를 위한 아름다운 정치 리더십으로 승화됐다. 사마천은 누명을 쓰고 남성이 잘리는 궁형(宮刑)을 당하고도 역사서의 모범 '사기'를 편찬했다. 이순신 장군은 지조 있는 선비 집안으로 아부와는 거리가 멀어 출사가 늦었다. 하지만 민초와 함께한 삶으로써 구국의 표상으로 우뚝 섰다.
　정도의 차이는 있을지언정 사람은 누구나 열등감을 지니고 있다. 다만 인간의 진정한 가치는 열등 콤플렉스를 자기 계발의 동력으로 전환할 때 빛이 난다. 19세기 말 청나라의 리중우(李宗吾)가 펴낸 교양서

'후흑학(厚黑學)'은 "세상은 당당한 마음과 검은 마음을 지닌 자를 두려워한다"고 강조한다. 검은 마음이란 나쁘다는 뜻이 아니라 가늠할 수 없을 만큼의 깊은 마음을 의미한다. 어려움을 딛고 실력과 인품이 성숙한 이라야 지도자 자격이 있다는 것이다.

콤플렉스는 라틴어 'com(함께)'과 'plectere(짜기)'를 합성해 생긴 말이다. 무의식중에 인간 행동을 좌우하는 복잡하게 엉킨 에너지를 뜻한다. 간결하게 '마음속 응어리'라고도 정의한다. 콤플렉스 종류는 수없이 많다. 외모 콤플렉스는 물론 난제들을 단칼에 해결해 주기를 바라는 메시아 콤플렉스에 이르기까지.

대통령이 콤플렉스가 심하면 인사가 감성적 배타성을 띠고 오만과 독선에 빠진다고 한다. 고려대 김호진 명예교수가 출간한 저서 '한국의 대통령과 리더십'에서 지적한 내용이다. 철학자 파스칼은 수상록 '팡세'에서 "좋은 평가를 받으려면 말하지 말라. 온몸으로 진실하게 일하면 된다"고 말했다. 지도자는 감성을 다스려야 한다. 그리고 콤플렉스를 창조적 에너지로 발휘하는 지혜를 얻는 데 힘써야 한다.

유머

유머는 긴장감을 풀어준다. '유머 감각이 부족한 사람치고 의식구조가 썩 잘 되어 있는 사람은 드물다'는 말이 있을 정도다.

영국 총리를 지낸 윈스턴 처칠의 촌철살인적 유머는 압권이다. 처칠이 의회에 30분 늦게 도착하자 야당 의원들이 잘 걸렸다는 듯이 "게으르다"고 질타했다. 처칠은 만면에 웃음을 띤 채 "예쁜 부인과 살면 일찍 일어날 수가 없다"고 말했다. 이내 폭소가 터지고 의사일정은 순탄하게 진행됐다. 정색하고 변명할 줄 알았는데 그게 아니었던 것이다.

또 있다. 화장실에서 구석진 변기를 골라서 소피를 보는 처칠에게 야당 대표가 '왜냐'고 묻자 "나의 큰 물건을 보면, 다들 떼어가고 싶어 하니까"라고 말해 웃음을 자아냈고 야당과의 관계를 원활히 하는 계기를 만들기도 했다.

미국에는 대통령 연설문에 '유머'를 넣어주는 비서가 따로 있을 정도다. 에이브러햄 링컨 대통령은 이중인격자라는 비판을 받자 "얼굴이 두 개였다면 왜 이런 중요한 자리에 하필이면 이 얼굴을 갖고 나왔겠느냐"고 받아넘겼다.

한자문화권인 우리는 '농담'을 유머와 비슷한 뜻으로 쓰고 있다. 그러나 분위기를 잘 파악해야 한다. 자칫 '지금이 농담할 때냐'고 핀잔을 듣기 일쑤다. '과묵이 미덕'인 전통적 기준에서 입 가벼운 사람으로 오해받기 십상이다. 물론 이제는 많이 바뀌었다. 웃음은 숨 막히는 인생에 넉넉함을 안겨주기에 웃기에 힘써야 한다. 임어당(林語堂)도 말했지 않은가. "유머는 문화 수준을 높이는 변화의 중요한 요소"라고.

1세대 인권 변호사 한승헌(韓勝憲·1934~2022) 선생의 유머집이 그 전범(典範)이다. 폭소보다는 미소를 자아내는, 그리고 여운을 남기는 내용들이 많다. 씁쓸하고 우울한 시대상이 담긴 것도 여럿이다.

70~80년대 권위주의 정권 시절 두 번 옥고를 치른 한 변호사는 변호사 자격 박탈 8년 만에 복권해 시국사건 변호사 활동을 재개했다. 그러면서도 유머에 관한 책들은 베스트셀러에 오르기도 했다. 한 변호사의 유머는 삶 속에서 배어 나온 실제 상황이다.

"자넨 이름부터 반체제여. 한국의 헌법을 이기겠다니 문제가 아닐 수 없지." "승리라는 승勝자 대신 승복한다는 승承으로 바꾸면 무사할 거여." 자신의 거센 팔자를 이름풀이를 가지고 규명하려는 객담에 대한 소개는 포복 졸도케 한다.

웃는다는 것은 즐겁다는 뜻이다. 엔도르핀이 돌아 즐거우면 하는 일에 보다 많은 애정을 쏟게 되고 고객 등 이웃에도 전파돼 생산성이 높아지게 마련이다. 삭막한 현실에서 윤활유 구실을 하는 농담과 조크를 적절히 구사하는 지도자를 보고 싶다.

빚

'외상이면 소도 잡아먹는다.' 상환 능력은 따져보지 않고 무분별하게 빚을 내 생활하는 행태를 꼬집는 우리 속담이다. 남의 돈 무서운 줄 알고 분수껏 살라는 뜻이다. 그렇다. '카드 돌려막기' 등을 하다 끝내 파산해 채무불이행자가 되는 불운한 사태는 미리 막아야 한다. 높은 이자의 사채 상환에 시달리다 못해 '일가족 자살'이란 극한의 선택을 한 가슴 아픈 사연도 가끔 접하지 않는가.

대출 세태도 참 많이 변했다. 이제는 유명 연예인을 모델로 TV와 인터넷, 대중교통 수단 등에서 대출을 홍보하고 있다. 바야흐로 '빚 권하는 사회'다. 문제는 돈을 빌리기는 쉽지만 그에 상응하는 원금과 많은 이자가 고스란히 남게 된다는 사실을 인식해야 한다. '그늘'의 농도와 길이를 볼 줄 아는 눈이 있어야 한다.

안방극장을 뜨겁게 달궜던 '쩐의 전쟁'은 사채를 쓴다는 게 얼마나 무서운 일이며, 빌린 사람이 어디까지 비참해지는지 새삼 일깨웠다. "돈은 깡으로 버는 것이다", "신체포기각서를 써라"는 따위의 대사는 피도 눈물도 없는 사채시장의 냉혹한 현실을 여실히 보여주었다. 채권

기관의 빚 독촉 유형은 '빚 안 갚으면 사기죄로 고소할 거요'라는 협박·폭언형, '직장에 찾아갈 테니 알아서 하세요'라는 생계위협형, '내일 압류 들어갑니다'라는 법원사칭형, 가짜 '경찰서 형사고발장' 발송 등 문서남발 형, '사람을 풀어 아이들이 학교 못 다니게 할 거야'라는 식의 가정파괴형 등 크게 5가지라고 한다.

도스토옙스키의 소설 '죄와 벌'에서 가난한 학생 라스콜니코프는 '이(蝨)'와 같은 고리대금업자 노파를 살해한다. 빌려준 돈에 대한 정당한 이자는 받아야 하지만 상식을 벗어난 이자놀이는 분노를 산다는 경고다.

빚 독촉은 인도인들이 제일 잘하기에 미국의 채권 추심 업체들은 인도인들을 앞 다퉈 채용하고 있다고 뉴욕 타임스가 최근 보도했다. 인도인들이 친절하고 영어를 잘하기 때문이라고 한다. 영국의 식민지 경험에 명상과 요가로 상징되는 배려와 부드러움의 동양정신이 빚 독촉에 특장으로 쓰여지는 것 같다. 노자도 '도덕경'에서 설파했지 않는가. '부드러움이 강함을 이긴다(柔能制剛)'고!

감자

"자주 꽃 핀 건 자주 감자/ 파 보나 마나 자주 감자// 하얀 꽃 핀 건 하얀 감자/ 파 보나 마나 하얀 감자." 권태응의 동시 '감자꽃'이다.

그렇다. 세상사 뿌린 대로 거두는 법이다. 감자도 마찬가지. 하긴 요즘엔 한 꽃송이에 여러 색이 혼합된 개량종도 있다. 게다가 줄기에는 토마토, 뿌리엔 감자가 열리는 '포메이토'까지 나올 정도로 유전공학이 발전했다.

아무튼 감자는 한국인들에게 애틋한 추억을 안겨준다. 붉게 타오를 것 같은 작약꽃이 지고 보리가 누렇게 패기 시작하는 5월 말이면 감자꽃이 핀다. 꽃이 지면 땅 속 줄기는 주먹만 한 감자들로 불룩해진다. 이걸 캐다가 삶아 먹는 맛이란!

하지 무렵에 수확하는 '하지 감자'는 보릿고개를 힘들게 넘긴 배고픈 농촌 사람들이 애타게 기다리던 주된 식품이었다. 어려운 살림살이였지만 심성은 맑았다. '당신을 따르겠습니다'라는 감자꽃의 꽃말처럼.

인간의 감자 재배는 8000여 년 전 남미 안데스 지역에서 시작됐다. 한반도에는 조선 순조 때인 19세기 초반에 전래된 것으로 기록돼 있다.

쌀, 밀, 옥수수와 함께 세계 4대 작물로 꼽히는 감자는 주로 저개발국에서 생산되고 있다. 감자는 사람들의 집단이주 역사와도 관련 깊다. 19세기 중반 감자 흉작으로 인구의 4분의 1이 사망하자 아일랜드 사람들이 신대륙 미국으로 대거 옮겨가는 계기가 될 정도였다.

세계 최고 수준의 우리나라의 씨감자 생산 기술이 아프리카에 전수된다고 한다. 농촌진흥청이 아프리카의 식량난을 덜어주려고 알제리 등 각국 연수생을 위한 현지 훈련 프로그램을 마련한 것이다.

영국의 총리를 지낸 벤저민 디즈레일리는 "애정 결핍과 가난이 고통의 근원"이라고 말했다. 맹자도 "먹을 양식 걱정은 안 해야 마음이 편해진다(恒産恒心)"고 설파했다. 보석처럼 빛나는 말들이다. 우리의 씨감자 생산 기술이 기아에 허덕이는 세계인들의 배고픈 설움을 덜어주는 '사랑의 원자탄'이 되길 바란다. 작은 씨 하나 되어 이웃을 이롭게 하는 게 진정한 행복일 것이다.

개인이나 나라나, 혼자만 잘 살면 무슨 재미가 있겠는가.

여보나도족

"죽음은 하나의 도전이다./ …/ 그것은 우리에게 지금 당장 '서로 사랑하라'고 가르친다."

열린 마음으로 상대를 위하는 삶을 살아야 행복해질 수 있음을 강조한 잭 캔필드·마크 한센의 책 '마음을 열어주는 101가지 이야기'에 나오는 한 구절이다. 인간관계의 중요성을 강조하는 내용이다. 하물며 천생연분이라는 부부 사이에는 더 말해 무엇하랴.

하지만 부부라고 해도 예쁘고 좋기만 한 고운 정과 귀찮지만 허물없게 여기는 미운 정이 공존한다. 그 비율은 사람에 따라 다를 것이다. 그런데 고운 정보다 미운 정이 훨씬 너그러운 감정이라는 게 오랜 세월을 함께 보낸 노부부들의 한결같은 말이다. 그렇게 정이 들면서 부부는 닮아간다. 전설 속 이야기처럼 꿈마저 똑같이 꾸는 진정한 '일심동체'를 향해.

물론 작은 갈등조차 극복하지 못한 채 갈라서는 부부가 적지 않다. 치약을 위쪽, 아니 아래쪽부터 짜야 한다고 사소한 일로 다투다가 감정의 골이 깊어져 이혼을 하기도 한다. 창문이 깨지거나 하수구가 막혔다고 집 전체를 부숴 버리는 꼴이다. 누구나 행복한 결혼생활을 꿈꾸며 남녀가 결합한다. 그러다 버거운 일상의 굴레가 '첫 마음'을 잃게 만들어 결혼생활이 고통으로 변한다. 평소 고칠 것은 고쳐 아끼며 사는 '부부 리모델링'이 필요하다.

요즘은 여성 시대다. 부부간에도 공동재산이란 말이 없어진 지 오래다. 나이가 들수록 경제권이 아내에게 넘어가면서 남편이 아내의 '눈치'를 보게 된다. '이사 갈 때 운전석 옆에 앉고, 곰국 끓여 놓고 외출하는 아내를 잘 살피라'는 뼈 있는 우스갯소리가 회자될 정도로 남편들의 위상이 추락했다.

일본에서 베이비붐 시기인 1947~50년에 태어난 단카이(團塊) 세대들이 퇴직한 후 남아도는 시간을 어찌할 줄 몰라 무조건 아내에게 기대는 증후군이 확산되고 있다고 한다. 고도성장의 주역이었지만 워낙 일밖에 모르던 사람들이었기 때문이다. 아내가 외출 준비를 할 때면 "여보, 나도 같이 갈게"라고 말하는 '와시모족(여보나도족)'이 급증한 것이다. 우리 사회도 예외는 아닐 것 같다. 조단호부부(造端乎夫婦)라는 말이 있다. 부부가 모든 일의 시작이라는 뜻이다.

부부들이여, 검은 머리 파뿌리 될 때까지 금실 좋게 사시라.

가케무샤(影武者)

16세기 중엽 일본. 무로마치 전국시대의 막바지로 군웅이 할거했다. 다케다 신켄이라는 한 장수가 도쿠가와 이에야스 등과 패권을 다투다 1573년 순시 중 저격을 당해 치명상을 입었다. 신켄은 유언으로 3년 동안 자신의 죽음을 비밀에 부치라고 말한 뒤 사망한다. 신켄 진영은 '가케무샤'(影武者) 곧 '그림자 전사'를 이용한다. 신켄을 빼닮은 좀도둑이 역할을 대신한 것이다. 신켄 진영은 위기를 벗어나지만 결국 가짜임이 탄로나면서 급속히 무너진다.

1980년 일본의 구로사와 아키라 감독이 제작한 영화 '가케무샤'는 실체와 허상의 모호함을 통해 인간 존재를 진지하게 성찰했다는 등의 호평을 받아 칸 영화제의 그랑프리인 황금종려상을 받았다.

대역(代役)의 역사는 오래됐다. 삼국지에서 제갈공명은 조조의 위(魏)를 치지만 뜻을 이루지 못하고 234년 사망한다. 당시 위의 장수는 사마중달. 그는 별자리 점을 통해 공명의 죽음을 직감하고 총공세를 폈다. 하지만 위나라 군사들은 공명이 수레에 앉아 지휘하고 있는 모습을 보고 기겁을 한 채 달아났다. 제갈량이 임종 직전 자신을 본뜬 목각 인형을 세워놓으라는 계책을 지시해 놓았던 것이다. "죽은 공명이 산 중 달을 쫓았다"는 고사다.

전설적 배우 찰턴 해스턴이 소피아 로렌과 열연한 영화 '엘시드'에도 가케무샤가 등장한다. 8~15세기 스페인의 고토 수복 운동 때 국민적 영웅인 로드리고 비바르가 아랍 세력과의 결전에서 가슴에 화살을 맞고 숨진다. 하지만 '살아 있는' 로드리고가 나타나면서 아랍 군대는 궤멸된다.

구소련 초대 공산당 서기장을 지낸 이오시프 스탈린이 생전에 자신의 안전을 위해 4명의 가케무샤를 두고 대중 연설은 물론 방문자 면담까지 대행시켰던 사실이 그를 대역했던 전직 배우의 증언으로 밝혀졌다. 대역자는 구소련은 물론 독재국가에서 흔히 써오던 수법으로 알려져 있다. 체제 불안을 막고 신변을 보호하려는 방편인 것이다. 문제는 대역자가 자신이 진짜 영주라고 착각한 결과 조직과 나라를 망치는 일이 없지 않다는 점이다.

권력자 주변의 측근들이 호가호위하는 것도 비슷한 결과를 빚는다. 대역자의 말로가 좋을 것 같지 않다.

유언

'새가 죽을 때 내는 소리는 가장 아름답고 사람이 숨질 때 말하는 유언은 착하다'고 한다. 그렇다. 사람은 죽음에 대비해 유언을 남긴다. 유언에는 가족과 주변에 대한 당부, 삶의 회한 등이 담기곤 한다. 그래서 '세상에서 가장 아름다운 진실'을 유언이라고도 일컫는다.

삼국지에 등장하는 조조는 보물을 노린 도굴꾼들이 자신의 무덤을 파헤칠 것을 염려해 "염습 때 평상복을 사용하고, 금은보화를 넣지 말라"고 유언했다. 가짜 무덤을 72개나 만들어 도굴을 당하지 않았다고 한다. 역시 조조다.

안중근 의사는 순국 직전 "독립된 조국 땅에 묻어달라"는 말을 남겼지만 후손들은 부끄럽게도 아직 이를 받들지 못하고 있다. 영화배우로서 세기의 연인이었던 오드리 헵번이 1993년 1월 숨을 거두기 전 아들에게 쓴 편지는 '길이 남겨질 유언'으로 회자되고 있다. "아름다운 입술을 갖고 싶으면, 친절한 말을 하라./ 사랑스런 눈을 갖고 싶으면, 좋은 점을 보아라./ …/ 기억하라! 한 손은 너 자신을, 다른 한 손은 다른 사람을 돕는 손이다."

유언 가운데 유산 처리 문제는 가장 민감한 일일 것이다. 대문호 셰익스피어는 재력가였으면서도 여덟 살 연상의 아내에게 가구 몇 점만 남긴다고 유언해 냉랭했던 부부 관계를 끝내 청산하지 못했다고 한다.

미국의 억만장자 하워드 휴스는 유언장을 남기지 않아 떠들썩한 유산 논란을 불러일으켰다. 다이너마이트 발명으로 큰돈을 번 알프레드 노벨은 재산을 사회에 돌린다는 유언장을 남겨 '노벨상'을 낳았다. 지도층의 사회적 책임 곧 노블레스 오블리주(noblesse oblige)의 실천이다. 유한양행 창업주 고 유일한 박사도 여기에 해당한다.

재산을 사회에 환원하기 위한 유언장 작성은 민법이 정한 엄격한 형식 요건을 갖추거나, 유언 공증 또는 유언대용신탁을 통해 법적 효력을 확보해야 한다. 물론 자녀나 배우자의 유류분을 침해하지 않도록 유의하고, 유언자의 사망 시 재산이 사회단체로 안전하게 이전되도록 공증 등을 통해 분쟁을 예방하는 것이 좋다고 한다.

인생 중후반을 넘어선 이들이라면, 삶의 끝을 아름답게 맺기 위해서 평소 '유언장'을 작성해 본다면, 보다 알찬 나날이 될 듯싶다.

식목일

"내가 아끼는 만병통치약은 숲 속의 아침 공기를 마시는 것이다. 아, 이 신선한 바람!"

자연과 조화를 이루는 삶, 소박한 생활만이 인간에게 진정한 행복을 가져다 줄 것이라는 미국의 시민운동가 헨리 데이비드 소로의 수필집 '월든'의 한 구절이다.

이 수필집은 소로가 2년 동안 홀로 월든 호숫가의 숲에서 지내며 쓴 보고서이다. 사실 누구나 한 번쯤, 특히 현대의 도시인들은 숲 속 생활을 그린다. 깨끗한 공기와 맑은 옹달샘을 마시며 심신을 흠뻑 적시기를 바란다. 하지만 현실이 따라주지 않아 꿈을 접곤 한다.

숲에는 나무와 물, 맑은 공기, 생명이 넘친다. 물론 나무가 주인공이다. 나무는 사시사철 옷을 갈아입는다. 힘없이 바람에 흔들리고 눈비에도 하염없이 젖는다. 그러나 처음 자리를 반드시 지킨다. 그렇게 인내하면서 성장해 사람과 동물들에게 온갖 이로움을 안겨준다. 여름날의 그늘, 겨울의 바람막이, 철 따라 건네주는 열매 등.

나무의 '교훈'이 적지 않기에 김하인의 장편소설 '국화꽃 향기'에는 이런 대목도 있다. "나무는 한 번 자리를 정하면 절대로 움직이지 않아. 차라리 말라죽을지라도. 나도 그런 나무가 되고 싶어. 이 사랑이 돌이킬 수 없는 것일지라도 …."

나무를 키우는 일은 시간을 필요로 한다. 하루아침에 되는 일이 아니다. 중국 춘추전국시대 명재상 관중도 말하지 않았던가. "곡식은 일년 계획이지만 나무는 십 년은 정성들여 키워야 한다(一年之計 莫如樹穀, 十年之計 莫如樹木)"고. 지구 온난화로 꽃이 피는 시기가 빨라지면서 3월 중순에 식목 행사를 하는 사례가 늘고 있다고 한다.

숲을 사랑하는 국민 의식을 높이고, 산지의 자원화를 위해 해마다 4월 5일을 식목일로 정해 나무 심기를 했는데 요즘은 보름 정도 빨라졌다. 식목일을 당초 이날로 정한 것은 24절기의 하나인 청명 무렵이 나무 심기에 적합하기 때문이다. 또 신라가 삼국통일을 이루고(음력 2월 25일), 조선 성종이 동대문 밖 선농단(先農壇)에서 직접 밭을 일군 날이 바로 이날이라는 것도 무관하지 않다.

한데 이제는 온실효과 등 인간의 개발 욕심으로 빚어진 급격한 환경 변화가 식목일까지 바꾸게 하고 있다. 인과응보가 따로 없다.

별

"별 하나에 추억과/ 별 하나에 사랑과/ …/ 이 많은 별빛이 나린 언덕 우에도/ 자랑처럼 풀이 무성할 거외다."

윤동주의 시 '별 헤는 밤'에는 진한 그리움이 배어 있다. 동요로 널리 불리는 윤극영의 '반달'은 "샛별이 등대란다 길을 찾아라"의 노랫말이 나타내듯 망국민의 희망가로 여겨지기도 했다. 별은 이처럼 꿈과 소망, 영광의 뜻을 담는다. 군을 비롯한 조직에서 '별을 달았다'고 하면 최고의 영예로 평가되지 않는가.

별은 오랜 옛날부터 인류의 삶에 많은 영향을 주었다. 별을 보며 하루와 한 달이라는 시간의 개념을 갖게 됐고, 계절이 변하는 시기와 농사지을 때를 알아냈다. 인생의 길흉화복을 점치는 수단이 되기도 했다.

별에 얽힌 신화와 전설은 동서양이 뚜렷하게 다르다. 서양에선 투쟁적인 내용이 많다. 정삼각형 2개를 겹쳐서 꼭짓점 6개의 별 모양으로 만든 유대인들의 상징인 '다윗의 별'은 순교의 표상이다. 이스라엘의 국기가 이 형상이다. 물론 생텍쥐페리의 소설 '어린왕자'처럼 순수함을 별의 세계로 표현하기도 한다. 이에 비해 동양의 별자리 전설은 월궁선녀 항아가 샛별 소년과 밤배 타고 은하수를 노니는 것처럼 가슴을 포근히 감싸 안는다. 특히 우리 민족의 별에 대한 해석은 가족적이고 따뜻하다.

　북두칠성을 보자. 홀어머니가 건넛마을로 마실 다니기 편하도록 일곱 아들이 개울에 다리를 놓아 드렸다고 한다. 다만 가운데 아들은 어머니의 마실을 못마땅하게 생각했기에 유독 흐려 보인다는 얘기다. 24절기마다 다른 별자리에는 각각의 별만큼이나 아름다운 우리 고유의 전설이 숨어 있음을 본다.

　별에 대한 관심이 깊었기에 우리에겐 첨성대가 있었다. 1395년 조선 태조 대에는 고구려 천문도를 연구 발전시켜 '천상열차분야지도'라는 천문도를 만들었다. 현존하는 세계에서 두 번째로 오래된 전천(全天) 석각 천문도다. 만 원권 지폐의 뒷면에 모습이 담겨 있다.

　우주센터 등이 있어 우주항공 중심지로 도약하는 전남 고흥군이 이색사업으로 추진하는 '별자리 분양'이 인기라고 한다. 한국인 최초의 우주인이 탄생할 정도로 우주의 별은 이제 우리와 친숙해졌다.

　땅만 보며 살지 말고 별 보러 가자.

벽

남을 설득하는 것은 쉬운 일이 아니다. 특히 자신에게 반감마저 갖고 있는 상대를 이해시킨다는 것은 훨씬 어려운 일이 아니겠는가. '설득의 귀재'라는 평을 듣는 사람들마저 "높은 벽을 느낀다"며 끝내 포기하고 돌아서는 일이 비일비재하다. 그뿐인가. 논쟁을 벌이다간 자칫 십중팔구 서로 감정이 상하고 말을 꺼내기 이전보다 더 마음의 거리가 생기기도 한다.

20세기 실존문학을 대표하는 프랑스 작가 장 폴 사르트르의 단편소설 '벽'을 상기해 보자. '방'과 '벽'으로 상징되는 폐쇄된 공간에서 가족과 성, 사회에 대한 젊은 시절의 고뇌와 방황을 푸는 열쇠는 어떤 현란한 이념이 아니었다. 오염되지 않은 진솔한 삶의 현장에 있었다. 자신의 세계와는 전혀 다른 시간과 상황이지만 먼저 바꾸고 새로운 정체성을 만들어갈 때 밝은 빛을 볼 수 있었다.

'스스로 불을 밝혀 세상을 밝게 하라(自燈明)'는 부처의 가르침과도 궤를 같이한다. 나와 네가 걸림 없이 유무상통해야 '벽'을 깰 수 있다는 뜻이다.

시인 조병화도 시 '나의 사랑하는 자에게'에서 이 같은 심정으로 노래했다. "너의 날은 내일에 있고/ 나의 날은 어제에 있다 해도/ 너는 내 생각 속에 산다./ …/ 너의 생각 밖에 내가 있다 해도/ 너는 내 생각 속에 산다."

아무리 '절벽'을 느끼게 하는 상대라도 마음을 주고 정성을 쏟아야 희망을 볼 수 있다는 풀이가 가능하다.

사실 우리는 이미 세계인을 향해 열린 마음을 한껏 과시한 바 있다. 88올림픽 주제가인 '손에 손잡고'는 "벽을 넘어서 ~"를 노래했지 않는가. 남녀노소, 계층, 학벌, 지역, 종교, 이념 등 인간이 스스로 씌운 굴레인 벽을 뛰어넘자고 선창했던 것이다. 차이를 차별로 여겨 상호 증오까지 부르는 그 벽을 무너뜨리자고!

최고경영자(CEO) 등 각계 지도급 인사들의 근무처가 안이 훤히 들여다보이는 유리방에서 일하도록 내부공사가 진행되곤 한다고 한다. 낮은 자세로 일하며 주변을 배려한다는 취지다. '소통'을 위해 벽을 없애는 의식의 리모델링도 우리 사회 곳곳에서 함께 이뤄졌으면 좋겠다.

점심

점심 한 끼가 대단한 일은 아니다. 여건이 되면 동료 등과 함께 점심 식사를 하는 게 자연스러운 일일 것이다. 밥 먹으면서 무슨 심오한 이데올로기 논쟁을 벌일 일도 아닐 터이다. 한데 그렇지가 않다. 같이 식사하는 것 자체가 동질성의 확인으로 받아들여지고 있다.

자연 '누가 누구하고 같이 밥 먹었다'가 사실 이상으로 확대 해석되는 세태이다. '밥의 이면'이라고 할 수 있다. 현실이 이렇다 보니 직장에서 점심시간이면 누구와 식사를 하는가를 결정하고 제의받는 것도 '큰 행사'다.

'미운 놈하고는 천국에도 안 간다'는 말이 있듯, 한 식탁에서 밥 먹기가 어디 쉬운 일이겠는가. 또 있다.

멤버를 정했다고 해도 혼자 먹는 게 아닌 만큼 모여서 뒤늦게 메뉴를 놓고 합의가 필요할 때도 있다. 숙취 해소용 국물이나 중국 음식을 좋아하는 이에서부터 채식주의자까지 배려할 일도 있다. 그래서 이도 저도 싫어 점심시간을 색다르게 이용하는 이도 있다. 어학, 서예, 음악 감상, 헬스클럽 등 다양하다.

여하튼 점심은 사람끼리의 원초적인 교제 기회이기에 잘 활용하는 게 좋겠다. 공적인 자리에서 말하기 부담스러운 내용을 식사 시간에 자연스럽게 꺼낼 수 있는 이점도 있다.

변화된 공간에서 포만감을 느끼기에 그만큼 상대에 대한 이해와 배려의 폭이 크고 넓어진다는 심리학적 분석이 뒷받침하고 있다. 1980년대 초반까지 교실 한가운데 난로에 올려 데워 먹던 네모 난 구릿빛 양철 도시락에서 학창 시절의 추억을 공유하는 친구들은 나이 들어서도 진한 우정을 나누고 있음은 이를 잘 말해 주고 있다.

직장인 10명 가운데 8명이 최근 물가 인상으로 점심 식비가 늘어나 보다 싼 메뉴를 찾는 등 점심 문화에 변화가 생겼다는 설문 결과가 나왔다. '나물 먹고 물마시니 대장부 살림살이 이만하면 족하도다'는 옛말처럼 부귀를 부러워하지 않는 탈속의 심정을 이해 못할 바 아니다. 그렇지만 먹는 게 중요하지 않을 수 없다.

'나라님은 백성을 하늘로 삼고 백성은 먹는 것을 하늘로 여긴다(君民而爲天 民食而爲天)'고 하지 않았던가.

선산(先山)

"현대인은 고향을 잃어버렸다." 독일의 실존철학자 하이데거의 말이다. '휴머니즘에 관해서'라는 작은 책자에서 그는 고향 상실이 세계인의 운명이 됐다고 개탄했다. 고향은 늘 그리운 곳이다. 우리의 심신을 포근하게 안아주는 정다운 공간이다. 하지만 삶에 쫓기어 도회지로 몰리고 나면 바쁜 일상을 핑계로 고향을 잊고 산다. 그렇게 부초처럼 떠돌다 인생의 황혼에 고향을 찾고, 묻히는 곳이 선산이다.

그마저 요즘엔 대도시 인근 공원묘지에 안치되기도 하지만, 선산에는 흔히 줄기가 곧은 아름드리 낙락장송보다는 이리저리 휘감긴 소나무들이 주류를 이루고 있다. 아마도 곧고 굵은 소나무는 부잣집 집짓기와 가구로 쓰기 위해 베어지고, 목재로서 가치가 떨어지는 등이 굽고 가는 소나무만이 남아 한자리에서 버텨온 탓일 게다.

'못생긴 나무가 선산을 지킨다'는 속담도 여기에서 유래된 듯하다. 그래도 요즘엔 '못생긴' 소나무가 분재와 정원수로 인기를 끌기도 한다. 뭇 생명체는 각기 존재의 가치가 있고, 모든 사물은 버릴 게 없다는 불가의 개유불성(皆有佛性)을 생각케 한다.

사실 산은 크고 높아서 귀한 게 아니다. 나무가 있기에 귀하다. 사람의 몸이 비대하다고 귀한 것이 아니라 슬기가 있기에 귀하듯 말이다.

식목일을 정하는 등 반세기 가깝게 산림녹화에 힘쓴 결과 우리의 산도 울창한 숲을 이루고 있다. 물론 아직도 경제림 조성 등 과제는 남아 있다. 더구나 '살아서 1000년 죽어서 1000년을 간다'는 말에서 알 수 있듯 궁궐을 짓거나 고궁 등을 복원하는 데 사용되는 금강송 군락지는 손꼽을 정도로 드물다.

일반 소나무와 달리 재질이 단단해 전통 한옥 건축에 쓰이는 일반 홍송(紅松)도 귀하긴 마찬가지다. 교육계 원로가 선산의 60년생 홍송 50여 그루를 문화재 복원에 써 달라며 기증했다. 시가로 봐도 10억 원에 상당하는 값어치다. 겨레의 얼을 빛내는 데 사용된다면 기증자의 조상도 기뻐하리라고 여겨진다.

선을 쌓는 집안에 기쁨이 넘친다(積善之家 必有餘慶)는 말도 있다. 선산의 그윽한 솔 향이 기증자의 아름다운 뜻과 함께 널리 퍼지기 바란다.

회사 인간

"한계를 극복하겠다는 마음으로 목표를 세우는 이들이 있다. 급하고 무리하게. 뒤탈을 부른다."(프랑스 작가 피에르 상소의 수필집 '느리게 산다는 것의 의미' 중)

뚜렷한 목표, 일에 대한 열정, 동료와의 매끄러운 협력은 사람을 지칠 줄 모르게 하는 힘의 원천이다. 물론 노력의 대가로 얻는 성취의 기쁨은 크다. 그런데 현대사회는 우리에게 더 빨리 보고, 더 많이 프로그램을 만들며, 더 쉽게 반응하기를 바란다. 문제는 그렇게 할수록 끝없는 노력을 강요받는다는 사실이다.

사람들은 스스로 이에 적응하기도 한다. 순치다. 그러다 얼마 못가 거품은 꺼진다. 앞뒤 가리지 않는 성장제일주의나 목표지상주의가 여기에 해당한다. 화석화된 일상과 제도, 조직이 갖는 병폐다.

파스칼의 말대로 휴식을 갖지 못한 인간은 불행한 존재 상태에 이르게 된다. 대안은 무엇일까. 그것은 허둥대는 생활에서 벗어나 한 번쯤은 나와 주변을 살펴볼 수 있는 여유가 필요함을 뜻한다. '그래, 우리 가끔은 하늘을 보자'는 말도 있잖은가.

산업화 시대의 낡은 가치 중에서도 가장 뒤떨어진 것으로 여겨지는 '느림'의 미학에 눈 돌려야 한다는 것이다. 느림은 부드럽고 아름다울 뿐 아니라 자아 성찰과 상대에 대한 배려 깊은 삶의 방식이기에 그렇다.

하지만 현실은 그렇지 못하다. 매사 경쟁을 부추기는 사회상이 이를 잘 말해 준다. 더욱이 외환위기를 겪은 이후 한국 사회는 가장들에게 생존경쟁에서 살아남으려면 '회사 인간'이 될 것을 강요하고 있다. 조금만 한눈을 팔아도 도태될 위기감을 안고 살아간다.

십 수 년 전만 해도 '누가 먼저 오르느냐'가 관심 대상이 됐을지언정 '누가 살아남느냐'의 문제는 아니었다. '돈 버는 기계'로 전락한 남편 또는 아빠들의 청춘은 회사에 묻히고 자녀는 엄마만의 아이가 돼가고 있다. 요즘 인기 병원 드라마 '뉴 하트'의 최강국 같은 모습이다. 수술과 연구에 묻혀 지내다 가족으로부터 버림받는 사람 말이다.

우리 사회 직장인 두 명 중 한 명꼴로 '퇴근 이후에도 업무 걱정을 많이 한다'는 한 설문조사 결과가 나왔다. 과도한 업무 스트레스를 받고 있다는 증거다. 생산성 향상과 휴식을 함께 아우르는 삶의 질 높은 세상이 그립다.

선물

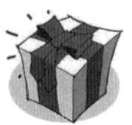

"'선물'이란 말처럼 가슴 설레게 하는 말도 드물다. 받는 행복도 있지만 남에게 베푼다는 기쁨이 더 크다."(최원현의 수필 '오렌지색 모자를 쓴 도시' 중)

그렇다. 고맙고 사랑하는 마음이 담긴, 어쩌면 세상에서 가장 아름다운 빛을 담는 게 선물일 것이다. 좋은 선물의 가치는 값에 있지 않다. 정성이다. 마음이 담긴 작은 선물 하나가 사람의 가슴을 뜨겁게 데워준다. 더 큰 사랑과 행복을 창조하는 씨앗이 된다.

하지만 감사의 마음을 물질로 표현하는 일에는 언제나 생각이 많아진다. '무엇'을 '어떻게' 할까의 문제는 항상 고민거리가 아닐 수 없다. 오죽하면 "안 주고 안 받으니 속이 편하다"는 말까지 있겠는가. 그래도 선물을 해야 할 곳에는 해야 한다. 가족의 생일과 결혼기념일, 자녀의 입학·졸업·취업 기념부터 스승과 집안 어른, 친지, 은혜를 베풀어 준 분에게 고마움을 표하는 것은 훈훈하고 정겹다.

선물 종류도 참 많이 변했다. 40년만 거슬러 올라가 우리 아버지와 어머니의 청춘으로 기억되는 그 시절에는 궁핍의 연대기를 상징하듯 선물이란 고작 계란 한 줄이거나 밀가루, 쌀처럼 허기를 채울 수 있는 먹을거리가 대종이었다. 초가집과 돌담, 좁은 골목길이 "새벽종이 울렸네 ~"로 시작하는 새마을운동 노랫소리에 사라져 가던 1970년대부터는 식용유와 비누·치약 세트로, 그리고 정육과 고급 청과세트를 넘어 이제는 웰빙 제품과 구미에 맞춰 구입하라는 각종 상품권이 인기다. 선물을 핑계로 뇌물성 '과일 상자 속 현찰'도 없지 않지만.

설 명절을 앞두고 선물을 들고 고향을 찾는 귀성객이 줄을 잇고 있다. 값비싼 선물보다, 가족과 함께 고향에서 정을 나누는 삶 자체가 더없이 소중하고 대단한 선물임을 깨달아야겠다.

여건이 되지 않아 섣달 그믐날 고향에 가지 못한 시인은 이렇게 노래하지 않았는가. "여관의 찬 등불 아래서 홀로 잠 못 이루고 나그네의 마음은 무슨 일로 이리 쓸쓸한가! 이 밤 고향에선 천리 밖 나를 생각하고 내 흰머리 내일이면 또 한 살을 더하겠네.(旅館寒燈獨不眠 客心何事轉悽然 故鄕今夜思千里 霜 明朝又一年)"(당나라 시인 고적의 '제야)

청렴

 베트남의 국부 호찌민(胡志明)은 '깨끗한 삶'으로 유명하다. 거처는 조그만 오두막이었고 빛바랜 작업복, 폐타이어를 잘라 만든 샌들을 끌고 다닐 정도로 검소했다. 특히 프랑스와의 전쟁에서 승리하고 베트남의 집권자가 된 이후 절대 고향 이야기는 꺼내지 않았다고 한다. 고향사람들로부터 청탁을 받지 않기 위해서였다. 죽음을 앞두고 출생지를 밝혔다. 친인척, 동문, 동향 등을 내세운 청탁과 비리가 숱하게 저질러지는 세태이기에 호찌민이 재조명되고 있다.
 호찌민의 사상과 생활 철학이 어디서 나왔을까가 관심거리였다. 그런데 놀랍게도 호찌민의 머리맡에 항상 다산의 '목민심서(牧民心書)'가 놓여 있었다고 한다. 베트남도 한국·중국·일본처럼 한자문화권인지라 그는 공직자의 바른 행실을 가르친 한문본 목민심서를 읽었던 것이다.
 호찌민은 저자인 다산 정약용을 너무도 존경해 다산의 기일에 제사까지 모셨다고 한다. 목민심서에서 다산은 '청렴은 모든 선의 근원이며 덕의 근본이다(廉者 萬善之源 諸德之根·염자 만선지원 제덕지근)"고 강조하고 있다. 그러면서 다산은 '술, 계집, 재물'을 멀리해야 청렴할 수 있다고 말했다. 요즘 시대에 계집이라는 단어는 어폐가 있고 '색(色)'이라고 해서 남녀 모두에 해당한다고 해석하면 무난할 듯싶다. 영어권에서는 청렴을 'integrity'라고 쓴다. 이 단어는 라틴어 'inte-gritas'에서 나온 것으로 '건전과 완벽'의 뜻이 있다. 요컨대 동서양 모두 청렴은 건전성에 바탕을 두고 있음을 알 수 있다.

대한민국의 국가 부패인식지수는 57점(180개국 중 45위)으로, 공무원 부패지수는 중상위권에 속한다. 공무원에 대한 금품·향응 제공 건수는 줄었지만 액수는 늘고 있는 것으로 나타났다. 부패의 관행화·은밀화 경향이 짙어지고 있다는 풀이다.

다산은 말했다. "법은 최측근부터 적용하라"고. 새 정부는 경제회복 등에 힘써야겠지만 청렴한 공직자상 구현을 가벼이 여겨선 안 된다. 능력과 청렴을 인사의 대원칙으로 삼아야 한다. 이 초심대로 끝까지 간다면 민심이 함께할 것이다. 동서고금을 막론하고 공직자의 청렴과 부패는 나라의 흥망을 결정짓는 요인의 하나였지 않은가.

= 제3부 =

편지는 '기다림의 대화'

편지

요즘 흔한 게 휴대전화이고 이메일인지라 웬만해선 편지를 쓰지 않는다. 초등학교 시절 국군 장병에게 썼던 '위문편지' 이후 편지를 쓸 기회가, 아니 의지가 점차 사라지고 있는 탓일 것이다.

문명의 이기가 아무리 편하다고 해도 혼과 정성이 담긴 글에 비하면 호소력은 떨어지지 않을까. 간혹 유명인들이 만년필로 휘갈겨 써내려간 빛바랜 편지지 등을 보면 글을 읽기도 전에 존경심이 솟아오르지 않는가. 편지를 주고받음은 사람 사이 '정'의 교환이다.

'나더러 둘이 머리 희어지도록 살다 함께 죽자 하시더니 어찌 나를 두고 자네 먼저 가시었소 ….'

1998년 경북 안동의 묘에서 412년 만에 햇빛을 본 고성 이씨 집안 부인의 한글 편지는 진한 부부의 정을 담고 있어 읽는 이의 가슴을 아리게 한다. 가곡으로도 유명한 박목월의 시 '사월의 노래'는 "목련꽃 그늘 아래서 베르테르의 편질 읽노라 …"로 시작하듯 편지는 중요한 시재(詩材)로 쓰였다.

1973년 어니언스가 부른 가요 '편지'는 30여년이 훨씬 지난 지금도 이른바 '7080세대'에게 잔잔한 감동을 준다. 풋풋한 옛사랑이 가슴 저리는 추억으로 다가온다. "말없이 건네주고 달아난 차가운 손 가슴속 울려주는 눈물 젖은 편지 …."

편지는 또 '기다림의 대화'라고 할 수 있다. 군에 간 아들이 보낸 군사우편, 외국에 나가 있는 가족으로부터 받는 편지에서부터 입학·입사 합격통지서 등이 그렇다. 다만 예전의 편지와 다른 것이 있다면 답장에 대한 기대가 전처럼 강하지 않다는 것이다.

기다림은 영혼을 키우는 자양분임을 깨달을 필요도 있는데. 편지가 제 구실을 하는 것은 우편집배원들의 노고가 있기에 가능하다. 물론 불법 정치자금 수수 중 일어나는 '배달 사고'도 있지만.

어느 지방자치단체장이 철거 대상에 오른 건물에서 자신의 어머니가 가게를 운영하고 있는 한 고교생으로부터 "생계대책을 세워 달라"는 호소의 편지를 받고 사업의 불가피성을 설명하며 학생을 위로하는 A4 4장 분량의 장문의 답장을 썼다. 이해를 구하며 용기를 잃지 말라는 당부의 글이다. '상처 입은 영혼'에 조용히 손을 내밀어 격려를 한 육필의 힘이다.

덕담

"복 많이 받으세요." "건강하십시오." 새해를 맞아 나누는 인사요 덕담(德談)이다. 덕담이란 상대에게 복을 빌어 주는 말이다. 남에게 좋은 말을 해주면 격려와 자기암시 효과로 그 사람에게 좋은 일이 많이 생길 수 있다고 보는 것이다. 말에 혼이 깃들어 있다는 원시종교의 언령관념적(言靈觀念的) 심리도 이와 무관치 않다. '말이 씨가 된다'는 뜻이다.

새해를 맞아 어른·친구·아랫사람에게 축원의 뜻을 나타내는 덕담은 우리의 좋은 풍습 중 하나이다. 새해가 새해다운 것은 덕담이 흘러넘치는 데 있다. 그래서 새해는 모두가 복 받은 느낌으로 한동안 들뜨게 마련이다. 하지만 격에 맞지 않는 인사도 있다.

듣는 이가 몸 둘 바를 모를 정도로 무심한 지적이나 지나친 '아부성' 인사는 눈살을 찌푸리게 한다. 혼기를 놓친 총각·처녀에게 "결혼해야지" 하는 등 '아픈 곳'을 찌르는 말은 덕담으로 들리지 않는다. '복 받으라'는 말에 "먹고살기도 힘든데 복은 무슨 복입니까"라며 퉁명스럽게 반응하는 서민도 있음을 알아야 한다. 덕담도 때와 장소에 맞아야 한다.

소박한 덕담은 듣는 이에게 안온함을 주기에 좋다. 자애와 사랑이 묻어 있기에 그렇다. 김용택은 시집 '사랑 그대로의 사랑'에서 이렇게 노래하고 있다. "내가 당신을 사랑하는 이유는/ 언제나 날 따뜻함으로 맞아주기 때문입니다./ … / 당신은 내가 그리워하는 것들을 모두 갖고 있기 때문입니다…."

이처럼 가족과 동료, 친지에게 건네는 따뜻한 말 한마디는 용기와 힘을 준다. 상대를 위한 배려와 희생이 배어 있다. 이는 물론 자신을 위하는 길이기도 하다. '적선지가 필유여경(積善之家 必有餘慶)'이라고, 착한 행실로 덕을 쌓은 집안에는 반드시 좋은 일이 넘쳐난다고 하지 않는가. 그런데 사람들은 제대로 실천하지 않는다. 투자 회수 기간이 길다고 생각해서 그럴까. 그러면서 눈앞의 이익을 좇아 앞서가는 이를 끌어내리려고 악담을 일삼기도 하는 세태다.

올해는 한국경제가 활성화돼 쥐구멍에도 볕이 들 정도로 나라가 태평하고 풍년이 드는 '시화연풍(時和年豊)'을 맞았으면 좋겠다.

"여러분, 복 많이 받으세요."

자원봉사

"내가 외로울 때 누가 나에게 손을 내민 것처럼/ 나 또한 나의 손을 내밀어 누군가의 손을 잡고 싶다./ … / 그대여, 이제 그만 아파하렴."
(이정하의 시 '조용히 손을 내밀어' 중)

누구든 상처 없는 이는 없다. 병고나 사업의 실패는 물론 갖가지 재난으로 절망 속에 하늘이 노랗게 보이는 아픔도 겪는다. 이때 내가 먼저 손을 내밀어 위로하고 힘을 보태 주면 거기서 새로운 역사가 시작된다. 기적을 만들기도 한다. 사랑의 기적!

그렇다. 모든 것은 하나로부터 시작된다. 한 번의 손길이 서로의 마음을 열게 하고, 한 자루의 촛불이 어둠을 몰아낸다. 한 번의 열린 가슴이 이웃의 용기를 북돋고 삶의 희망이 되는 것이다.

이처럼 하나가 있어야 둘, 셋이 있고 '우리'도 존재하는 법이다. 사랑은 실천이 중요하다. 대문호 톨스토이는 '사람은 무엇으로 사는가'라는 수상록에서 이렇게 강조했다.

"말과 혀로만 사랑하지 말고 오직 행함과 진실함으로 하자.…우리가 형제를 사랑함으로 사망에서 옮겨 생명으로 들어간 줄을 알거니와, 사랑하지 않는 자는 사망에 거하느니라."

 사물을 과학적으로 분석하고 공정하게 평가하려면 냉철한 머리가 필요하다. 하지만 따뜻한 심장도 있어야 한다. 기쁠 때 웃고, 슬플 때 울고, 이웃의 괴로움에 동정하고 악을 보면 분노할 줄도 알아야 한다.

 최근 이어진 폭우로 큰 피해가 발생한 지역 곳곳에서 자원봉사자들의 온정의 손길이 이어지고 있다. 전국에서 모인 자원봉사자들과 단체들은 수해 지역의 복구 작업에 동참하며, 성금과 구호 물품 기부도 활발히 이뤄지고 있다. 파도처럼 끝없이 밀려오는 자원봉사자의 온정에 주민들이 큰 힘을 얻고 있다니 다행이다.

 가사와 생업을 뒤로 하고 땀 흘리는 이들이야말로 위급한 지역주민과 자연을 지키는 '선한 사마리아인'의 전형이 아닌가.

 '어려움을 당하면 서로 돕는다'는 우리 선조들의 환난상휼(患難相恤) 정신이 되살아난 것이니 고난을 함께 나누는 아름다운 손길들이다.

잠

"지난 밤 꿈속에서 만났어요./ 지적이고, 잘생기고, 감성이 넘치고, 강인한 체력에 / … / 사랑으로 나를 압도할 것 같은 그런 사람을…."
(수잔 폴리스 슐츠의 시 '사랑을 두려워하지 마세요' 중)

이처럼 가슴 설레는 꿈을 꾸고 눈을 뜨면 얼마나 상쾌한가. 하루를 즐겁게 시작할 수 있다. 물론 길몽은 마음이 편한 숙면 상태에서 꿀 수 있다고 한다. 불안한 심리상태에서는 꿈자리마저 뒤숭숭해 이른바 '흉몽'의 빈도가 높다는 것이다. 자연 일이 손에 제대로 잡힐 리 없다.

한때 미국에서 제작되는 새 자동차가 출고된 후 계속 말썽을 부리면 사람들은 이렇게 말하곤 했다고 한다. "사생활이 반듯하지 못한 근로자가 월요일 오전에 조립한 차다." 주말 운동이나 여행이 도를 넘어 잠을 제대로 못잔 근로자가 얼렁뚱땅 자동차부품을 조립했다는 뜻이다.

그렇다. 모두에게 공평하게 적용되는 하루 24시간을 어떻게 잘 활용하느냐가 '성공'의 열쇠이다. 그런데 사람들은 흔히 잠을 줄이라고 권한다. 나폴레옹은 3시간의 수면과 틈틈이 즐기는 낮잠으로 하루를 보낼 수 있었다고도 한다. 하지만 아인슈타인은 9시간 이상 느긋하게 수면을 취하고도 위인 반열에 올랐다. 건강 상태 등 사람마다 처한 상황에 따라서 달라질 수밖에 없다.

현재 우리나라 인구의 30%가 불면증에 시달리고 있다. 오죽하면 지하철과 버스, 공공장소에서 앉기만 하면 자는 사람들이 적잖은 것을 보고 외국인들이 "한국 사람들은 왜 그렇게 많이 잡니까?"라고 묻는다지 않는가.

사실 한국인 대다수는 무척 피곤하다. 밤늦게까지 일하랴, 공부하랴, 친목을 다지랴, TV 시청하랴, 과도한 스트레스 해소하랴…. 문제는 수면 부족이 기억력 저하와 혈액순환 장애, 아토피, 성격 변화, 성기능 장애 등 다양한 질병을 낳는다는 사실이다.

잠이 부족한 아이들은 숙면을 취한 아이들에 비해 뚱보가 될 확률이 2배나 된다고 미국 미시간대 연구팀이 밝혀냈다. 잠을 적게 자면 음식 먹는 시간이 늘고, 피곤으로 인해 낮 시간 운동량이 줄기 때문이라고 한다. 어디 아이들뿐이랴. 어른들도 마찬가지다.

한국인들이여, 우리 잠을 더 많이 잡시다!

약

"엄마 손은 약손, 아기 배는 똥배." 아이들이 어머니 치마폭에 감기면서 "엄마, 배 아파"라고 칭얼댈 때 어머니는 아이의 배를 쓰다듬으면서 이렇게 말한다. 물론 아이의 배는 씻은 듯 낫는다. 위약(플라세보) 효과다. '어머니는 못하는 일이 없다'는 절대적 믿음이 현실로 나타난 것이다.

심리 치료의 일종이다. 약 모양으로 만든 비스킷을 복통에 듣는 영약으로 알고 먹은 사람이 아픔이 없어지는 일이 적잖다. 약이 실제적인 효과가 없어도 그 '약을 먹으면 나을 것이라는 신뢰' 때문에 고통이 사라지는 것이다. 하긴 배를 쓰다듬어 주면 자연히 내장이 자극돼 장운동이 활발해지고 배 아픔이 사라진다. 병이 났을 때 약부터 쓰지는 않았던 것이다.

동양의학에서는 약의 신중한 사용을 강조해 왔다. 조선 세조는 '팔의론(八醫論)'에서 최고 의원은 마음을 다스려 병을 고치는 '심의(心醫)'이고, 그다음은 음식으로 병을 고치는 '식의(食醫)'이며, 가장 아래 단계의 의원은 약으로 병을 고치는 '약의(藥醫)'라고 했던 것이다.

질병 치유에서 약보다 마음과 식생활의 중요성을 강조한 게 돋보인다. 그래서 의사들의 의료 파업 기간 중에 오히려 사망률이 감소한다는 보고서가 있을 정도다.

오늘날 질병이 대부분 생활 속에서 싹튼 것이라면, 생활만 바꿔도 다시 건강해질 수 있다는 말이기도 하다. "진정한 의사는 내 몸 안에 있다. 몸 안의 의사가 고치지 못하는 병은 어떤 명의도 고칠 수 없다. 의술이란 자연치유 기술을 흉내 내는 기술이다"라는 서양의학의 아버지 히포크라테스의 말이 이를 뒷받침하고 있다.

우리나라 환자들은 하나의 질병에 미국과 호주 등 선진국의 두 배 이상인 평균 네 가지 약을 처방받는 것으로 건강보험심사평가원 조사 결과 나타났다.

의약 합리화와 약품 남용 방지를 위한 의약분업제도가 2000년 도입 됐지만 아직도 항생제·소화제 등의 남용이 줄지 않고 있다. 일부 의사들이 돈벌이를 위해 '진료비 부풀리기'를 함으로써 건강보험 재정과 환자 양쪽 모두를 희생시키는 부도덕한 행위가 아닐 수 없다. 약화(藥禍)의 우려를 사는 도덕적 해이의 표본이다.

가훈

"할 일은 스스로 결정한다." 영국의 전 총리 마거릿 대처가 아버지에게서 어릴 적부터 들었다는 가훈이다. 1980년대 총리가 된 대처는 이 가훈을 '대처리즘'으로 발전시켰다. 개인에게 자유를 주는 만큼 철저히 책임을 물었고, 엄격한 도덕과 질서를 강조했다. 그 결과 만성적인 노사분규를 척결하고 긴축재정으로 경제를 살려 고질적인 '영국병'을 치유했다. '스스로 한다는 DIY(Do It Yourself) 정신' 곧 자율과 책임정신의 개가였다.

우리 사회도 가훈을 적어 가장 눈에 잘 띄는 곳에 걸어놓은 집이 많다. '근검', '인자무적(仁者無敵·어짊에는 적이 없다)', '믿음·소망·사랑' 등등. 바로 한 집안의 가치관을 요약한 것이다. 가족 구성원이 지키고자 하는 다짐이고 약속이다. 더러는 전시적이고 고리타분하다는 비판도 없지 않다. 하지만 자식들을 훈육하고 어른 또한 세상을 살아가는 처신의 근본으로 삼고자 하는 것이기에 북돋워야 할 일이지 결코 낭비적인 허례로 비판할 일은 아니다.

조선시대 12대에 걸쳐 만석꾼으로 이름 높았던 경주 최 부잣집 가훈은 눈길을 끈다. '재산은 만석 이상 모으지 마라, 과객을 후하게 대접하라, 사방 백 리 안쪽에 굶어 죽는 사람이 없게 하라' 등이다. 적선(積善)의 정신적 가치를 중시한 집안으로서 이미 봉건시대에 지도층의 사회적 책무를 솔선해 실천했던 것이다.

요즘엔 '보증서지 말자'에서부터 '삶의 방관자가 되지 말자, 너무 앞서거나 뒤서지 말자'까지 처세의 요령을 담은 가훈까지 등장하고 있다. 한 '조폭' 영화에 나왔던 '차카게 살자'도 괜찮을 것 같다. 착하지 않은 사람들이 많은 세상이니까.

가훈은 역대 미국 대통령들도 중시했다. 조지 워싱턴의 '책임을 완수하는 자가 성공한다', 에이브러햄 링컨의 '정의는 가장 위대한 힘이다', 로널드 레이건의 '자기 인생의 주인공이 되어라', 부시 W 부시 전 대통령의 '최고 능력을 발휘하라' 등이다.

최근 미국의 신흥 부호들이 자신의 성취정신을 후손들에게 전하고, 재산 다툼 예방책으로 가훈을 정하는 데 빠져 있다고 한다. 결실의 계절 가을, 한 집안의 삶의 지혜를 짤막한 글로 표현한 가훈 짓기에 나서 보자.

"위하여"

"한 잔 먹세 그려, 또 한 잔 먹세 그려/ 꽃 꺾어 셈하고, … / 이 몸 죽어 쌀쌀한 바람 불 때 뉘 한 잔 먹자 할꼬." 송강 정철의 '장진주사(將進酒辭)'다. 시에서 옛 선비들의 음주문화를 읽을 수 있다.

'꽃 꺾어 셈하고'에서 보듯, 술잔을 주거니 받거니 하는 대작을 즐겼고 한 잔씩 돌아가며 마시고 나면 한 '순배'라고 해서 꽃잎을 차곡차곡 따 놓았다. 낭만적이다.

요즘 우리의 '건배' 문화와는 뿌리가 다르다. 중국말로 '간바이'로 불리는 건배는 말 그대로 잔을 비우는 일이다. 영어의 건배사 '토스트 투(toast to~ !)'에도 굽거나 불에 쬐어 말린다는 뜻이 있다. 이런 정중한 건배사 대신에 쓰는 '바텀스 업(bottoms up)'은 말 그대로 잔이 거꾸로 될 때까지 쭉 들이켜자는 의미다. 어떤 용어를 쓰건 건배사에는 건강이나 행복을 축원하는 뜻이 담긴다.

건배 문화는 서구문명과 함께 들어오면서 우리의 주도와 섞여 행해지게 됐다. 최근 우리 주당들 사이에서 가장 많이 쓰이고 있는 건배의 말은 '위하여!'로 여겨진다. 이 밖에 '뭉치자'와 '브라보', '원샷'도 즐긴다. 건배 제의자가 먼저 '○○○'라고 학교나 회사 이름을 부르면 모두 '나가자!'라고 외치거나, '지화자' 하면 '좋다!', '곤드레' 하면 '만드레'라고 익살스러운 합창을 하기도 한다.

건배를 정치적으로 이용하는 역사도 적잖다. 2차 세계대전 전후 처리를 놓고, 1945년 2월 미국의 루스벨트 대통령과 회동한 소련의 스탈린은 하룻밤에 열두 번이나 건배를 강요하면서 자신은 물에 희석된 보드카를 마셔 동유럽의 지배권을 손에 넣었다는 일화도 있다.

즉석 건배 제의엔 "위하여"가 널리 쓰인다. 이밖에 많다. 계속 진화한다. 가벼운 모임에서 사용하기 좋은 건배사는 웃음 유발은 기본, 어색한 분위기를 날려버릴 수 있는 가벼운 멘트다.

오징어- 오늘을 징그럽게 어울리자!

고구마- 고맙고, 구수하고, 마음까지 따뜻한 우리!

삼행시- 삼자대면해서, 행운이 가득한, 시원한 인생 되시길!

만사형통- 만나는 사람마다 사랑받고, 사는 일마다 형통하자!

기승전술- 기분 좋게 시작해, 승리로 마무리하고, 전우애로 뭉쳐, 술로 마무리!

네박자- 사랑, 건강, 돈, 행복! 네 가지 다 잡자!

'두 사람의 술잔 오고 갈 때 꽃이 벙그네(兩人對酌山花開)'라고 읊었던 이태백의 시처럼, 꽃피는 한민족의 세기를 여는 건배가 되길 바란다.

노인의 날

"열무 삼십 단을 이고 시장에 간 우리 엄마/ 해는 시든 지 오래인데 안 오시네/ … /빈 방에 혼자 엎드려 훌쩍거리던, 내 유년(幼年)의 윗목." (기형도의 시 '엄마 걱정' 중)

춥고 어두워진 방에 남아, 엄마 발소리를 기다리는 어린 아들의 모습이 그림처럼 떠오른다. 엄마의 고달픈 삶도 진하게 묻어난다. 무거운 김칫거리 열무 삼십 단이나 머리에 이고서 대처 장터에 내다팔기 위해 길을 떠난 엄마는 또 얼마나 힘들었을까. 아이를 혼자 집에 놓아두고 밤늦게 종종걸음을 옮겨 귀가하는 엄마의 다급한 마음도 느낄 수 있다.

이처럼 어머니에 대한 추억은 대부분 눈물겹다. 김용택은 '그리운 것들은 다 산 뒤에 있다'는 시에서 "손이 터져 쓰리면 어머니에게 갔다. 그러면 어머니는 꼭 젖을 짜서 발라주었다. 금세 손이 보드라워졌다"며 어머니의 사랑을 코끝 시큰하게 표현했다. 어머니는 생명의 본향임을 되새기게 한다.

자식을 사랑하는 데 아버지가 자리한 크기는 어느 정도일까. 소설 '가시고기'에서 보듯 새끼 가시고기들을 끝까지 키우고 그들이 떠나면

돌에 머리를 박아 죽는 아빠 가시고기 같은 처지이다. 또 아버지는 뒷동산의 바위에 비유되곤 한다. 일희일비 표정은 없지만 자식들이 커가는 모습을 묵묵히 지켜보기에!

아들딸이 밤늦게 돌아오지 않을 때 어머니는 열 번 걱정하는 말을 하지만, 아버지는 열 번 현관을 쳐다본다고 하지 않는가. 아버지의 웃음은 어머니 웃음의 두 배쯤 농도가 진하고, 속으로 삼키는 울음은 열 배쯤 될 것이라는 말도 그래서 있는가 보다.

한데 노인이 된 부모들은 외롭고 쓸쓸하다. 도회지로 떠나간 자녀들, 추석과 설 등에 삐죽 한번 얼굴 내밀며 간간이 전화하고 용돈만 부쳐 오는 꼴이다. 그래도 이런 노인은 '행복한' 편이다. 삼백예순날 소식 한 자 없는 자식들이 적잖기 때문이다.

효(孝)는 아들이 늙은 어버이를 업고 있는 모양을 본뜬 글자다. 그래서 효는 인륜, 곧 백행의 근본이다. '노인의 날'이다. 백수(百壽)를 바라보는 고령화 사회에 오늘 우리의 삶이 있게 한 노인들의 복지를 위해 힘쓸 때다. 경로효친은 전승돼야 할 미덕이다.

언어

 히에로글리프(hieroglyph)란 기원전 3200년경부터 기원후 394년까지 3600여 년 동안 사용된 고대 이집트 문자로서 그리스어로 '거룩한 기록'을 뜻한다. 사물의 꼴을 본떠 만든 상형문자다.
 모래더미에 묻혀 사람들의 기억에서 증발된 이 글자의 의미를 해독한 이는 프랑스 출신 언어학자 장 프랑수아 샹폴리옹(1790~1832)이다. 10대 때 이미 라틴·그리스·히브리어를 익혔던 천재였다. 언어연구에 몰두한 그는 고대 이집트의 비문 로제타석의 내용을 해석했고 찬란했던 반만 년 이집트 문명사를 인류에게 소개했다.
 인간은 언어로 희로애락을 나타내고 문명 발전의 도구로 삼는다. 마르틴 루터는 중세교회의 타락을 비판한 것으로 유명하지만, 성경을 독일어로 처음 번역한 업적도 있다. 교회와 사제가 독점했던 성서 해석의 권위를 시민이 공유하게 함으로써 기독교를 심판과 율법을 강조하던 신앙에서 사랑과 자유를 드높이는 신앙으로 바꾼 것이다.
 언어는 세상을 보는 거울이면서 저울 역할도 담당한다. 오늘날은 영어가 세계어로서 탄탄한 입지를 자랑하지만 중세까지만 해도 최강의 언어는 라틴어였다. 지금은 기록에서 보는 문어(文語)로서의 가치가 클 뿐이다. 눈여겨볼 일은 중국어를 앞세운 중국의 해외문화 진출의 기세가 등등하다는 점이다.

중국의 국제적 위상이 높아지면서 중국어와 중국 문화를 배우려는 열기가 갈수록 뜨거워지고 있다. 이미 세계 3000여개 대학이 중국어과를 설치했거나 중국어 강좌를 운영하고 있다.

현재 전 세계에서 사용되는 언어는 7000여개. 그런데 이 가운데 절반가량이 금세기 말까지 사멸될 것으로 보인다고 내셔널지오그래픽이 최신호에서 보도했다. 소수민족이 쓰는 말 중심으로 약 2주일에 한 개씩 언어가 사라지고 있다는 것이다.

미국 인디언 언어 '실레츠 디 니'는 말할 줄 아는 이가 1명뿐이란다. 우리는 한국어가 생존할 뿐 아니라 풍요로워지는 방법을 놓고 심각하게 고민해야겠다. 세계 곳곳에서 한국어를 배우려는 이들로 장사진을 칠 수 있도록 말이다.

주시경 선생은 "말이 올라야 나라가 오른다"고 말했다. 겨레의 말은 곧 겨레의 얼이기에 그렇다.

달

달은 예나 지금이나 동서양을 막론하고 인간의 희로애락과 함께하며 구원의 이상이 돼 왔다. 달은 그리움을 더한다. 권력에 짓눌린 선각자 다산 정약용을 보자.

나이 사십에 시작된 귀양살이 18년간 그는 달을 빗대 고향을 그리워하고 옳은 정치를 바라는 시를 많이 지었다. "새벽에 뜬 조각달 /…/ 긴 강은 건널 힘이 없구나./ 집집이 다들 단잠 속인데/ 타향 나그네는 홀로 노래하네." '새벽에 일어나 앉아'라는 시다.

달은 친구이기도 하다. '달밤에 혼자 술 마신다(月下獨酌)'는 이태백의 시는 이렇게 시작한다. "꽃 사이에 앉아 혼자 술 마시니/ 달이 찾아와 내 그림자까지 셋이다/ 내가 노래하면 달도 하늘을 서성이고 …."

그리스인들은 달이 동쪽의 오케아노스 강에서 솟아올라 신들과 인간에게 빛을 던지며 하늘을 달린다고 생각했다. 해처럼 달은 인간에게 밝음을 주는 신앙의 대상이다. 영국 작가 윌리엄 서머싯 몸의 장편소설 '달과 6펜스'에서 달은 평범한 주식중개인이 돌연 그림 도매상이 되게 할 정도로 광기(狂氣)와도 같은 예술 창조의 용기를 북돋는 근원적 힘의 상징이다.

달은 신비에 쌓인 궁금증의 실체였다. '달 속의 토끼'는 굴원의 명문 '하늘에 묻는다(天問)'에 나와 있다. "달빛은 어떻게 얻어지며 이지러졌다가 또 자라나는가. 그 달이 좋은 게 무엇이기에 돌아보면 토끼가 한가운데 있는가." 달 속의 '토끼'가 유난히 또렷해지는 가을이다. 가을엔 써늘한 빛까지 도는 맑은 달이 뜬다. 장대로 치면 떨어질 것처럼 가깝다.

일본이 첫 달 탐사 무인위성 '가구야'를 성공적으로 발사해 본격적인 달 탐사에 나섰다. 미국·러시아·유럽에 이어 일본·중국·인도의 '달 따기' 탐사 경쟁의 막이 오른 것이다.

1969년 7월 20일 미국 유인 탐사선 아폴로 11호의 닐 암스트롱이 달에 인류 최초의 발걸음을 내디딘 지 38년이 지났다. 그동안 실용성 문제 등으로 고도 1000㎞ 이하 지구 저궤도 탐사에 집중됐지만 이제 이를 벗어나려는 기지개가 한창이다. 우리도 강점인 정보기술(IT) 등을 우주과학과 접목해 달 탐사에 적극 나서야 하겠다.

마애 여래입상

'절은 별처럼 총총, 탑은 기러기처럼 줄줄이!'

천년 왕국 신라의 옛 도읍 경주를 일컫는 말이다. 삼국유사를 지은 고려의 승 일연이 당시 경주 모습을 '사사성장 탑탑안행(寺寺星張 塔塔雁行)'이라고 기록한 데서 유래했다. 얼마나 절이 많았으면 하늘의 별에 빗대었고, 헤아릴 수 없을 만큼 탑이 널려 있었으면 날아가는 기러기 떼에 비유했을까. 그래서 경주는 도시 전체가 살아 있는 박물관이라 할 만하다.

경주에서도 가장 많은 유물이 있는 곳은 남산이다. 남북 8㎞ 동서 4㎞에 해발 468m의 그리 크거나 높지 않은 산으로 겉으로 보기에는 여느 산과 다를 바 없지만, 우리 선인들의 크나큰 꿈이 고스란히 서려 있는 성지이다. 한 구비 돌면 잔잔한 미소를 머금은 부처상이 맞이하고 골골이 남아 있는 수많은 절터와 석불·석탑은 아름답고 애틋한 전설도 지니고 있다.

정교한 불상이 많은 남산은 가시적으로 만들어 놓은 도솔천, 곧 극락세상이다. 누구든지 욕심과 성냄·어리석음의 3독(三毒)을 멀리하는 도를 닦아 깨닫고 자비를 베풀면 부처가 될 수 있다는 서원(誓願) 신앙을 펼쳐 놓은 곳이다. 부처의 형상을 새기고 불탑을 곳곳에 쌓은 것은 대단한 공덕이다. 부처를 닮기 위함이다.

도법 스님은 시 '내가 본 부처'에서 이렇게 읊고 있다. "우리의 꿈인 평화로운 사람, 그는 붓다이다./⋯/ 천 년 전 꿈이 바로 오늘의 꿈이다./ ⋯/ 싯다르타가 걸어간 길이 우리가 걸어가야 할 길이다."

세월을 뛰어넘어 오늘 이 시대에도 부처를 닮고자 하는 노력이 연면히 이어지고 있다. 신라시대나 지금이나 있는 이들은 번듯한 사찰과 탑을 세워 공덕을 쌓고, 가난한 사람들은 간절한 서원을 하거나 손수 망치와 끌을 갖고 정성을 다해 바위나 동굴 등에 자신의 미래 모습을 불상으로 조각했던 것이다. 마애불이다.

경주 남산 열암곡에서 8세기 후반에 조성된 것으로 보이는 국보급 마애 여래입상이 흙 속에 묻혀 있다 국립 경주문화재연구소 발굴팀에 의해 발견됐다. 완벽한 형태로 1300여 년 만에 잠에서 깨어난 부처이다. 한민족의 진운과 평화세계를 여는 부처님의 가피력이 나투시길 합장 재배한다.

꽃집

"소리 없이 고요한 향기로 먼저 말을 건네 오는 꽃처럼 살 수 있다면 / … / 향기를 전하며 한 세상을 아름답게 마무리할 수 있다면/ 얼마나 좋을까요?" (이해인의 시 '향기로 말을 거는 꽃처럼' 중)

맑게 세상을 살고 싶어 하는 시인의 바람이 시 속에 짙게 배어 있다. 꽃의 향기는 이처럼 인격, 나아가 이웃사랑을 실천하는 아름다운 삶으로도 비유된다. 꽃은 가식 없는 완벽한 미(美)와 깨끗함을 상징한다. 18세기 영국 시인 윌리엄 블레이크는 "한 송이의 들꽃에서 천국을 본다"고도 했다. 아름답고 향기로우면서도 인위적 꾸밈이 없기 때문이다.

여름에서 가을로 넘어가는 요즘 들과 산길을 걸어보자. 자신도 모르게 '아!' 하고 작은 탄성을 지를 수수하고 자태 고운 꽃이 지천으로 피어 있음을 볼 수 있다. 백합과의 나리꽃이 아직 많다. 참나리·중나리·땅나리·하늘나리, 원추리·각시 원추리·노란 원추리 등 서로 닮은 모습을 하고 있는 꽃, 꽃, 꽃들!

들국화도 군락을 이루며 가을 색을 진하게 하는 데 한 몫 하고 있다. 스스럼없이 "아～아～ 으악새 슬피 우니 가을인가요./…/ 들녘에 떨고 있는 임자 없는 들국화/ 바람도 살랑살랑 맴을 돕니다."라는 노랫말의 '짝사랑'을 부르게 한다.

꽃은 모양새에 따라 여러 꽃말을 낳았고 인간의 희로애락을 담고 있다. 애타게 스님을 기다리다 숨진 동자의 커다란 눈망울을 보는 듯한 동자꽃에 얽힌 슬픈 이야기는 듣는 이의 가슴을 아리게 한다. 신라 성덕왕 때 불렸다는 향가 '헌화가'는 절벽 위의 꽃을 따 선사하는 밝은 내용이다.

수천수만에 이르는 꽃들이 이제는 야생의 터전을 벗어나 화원에서 사람의 손길로 길러지고 있다. 이른바 '꽃집의 전성시대'다. 전국 꽃배달 서비스를 통해 웬만한 애·경사집에는 꽃들이 넘쳐나고 있다.

국가정보원과 검찰, 경찰, 기무부대 등 수사기관들이 팩스 번호를 잘못 입력해 인터넷 포털업체에 보내질 수사 협조 문건이 2년 동안 서울 여의도의 한 꽃집에 전송된 것으로 드러났다. 가요 '꽃집 아가씨'처럼 새빨간 장미보다 새하얀 백합보다 예쁘고 마음씨 고운 꽃집 주인이었기에 망정이지, 자칫 국가기밀이 통째로 외부에 유출돼 추한 꼴 볼 뻔했다.

비빔밥

약식동원(藥食同源). '약과 음식은 근원에서 같다'는 뜻이다. 물이 한 방울씩 모여 강을 이루듯 하루하루 어떤 식사를 했느냐에 따라 사람의 건강 상태가 결정된다는 것이다.

사실 한국 음식의 조리 과정은 약 짓는 것과 마찬가지로 모든 식품에 맛과 영양의 조화가 깃들어 있음을 볼 수 있다. 세심하게 재료를 고르고, 잔불·중불·센불을 가려 불을 지피며, '보기 좋은 떡이 맛도 있다'는 말처럼 정성을 다한 멋진 상차림까지 보여준 드라마 '대장금'이 음식의 한류 바람을 일으킬 만하다.

물론 우리 땅에서 나는 청정한 제철 식품을 먹는 게 식복(食福)의 기본이다. 신토불이다. 그럼 여기에 맞는 우리 음식은 무엇일까. 단연 비빔밥이 으뜸이다. 한국관광공사에서 외국인들에게 좋아하는 한국 음식을 물은 결과 선호도는 불고기-비빔밥-갈비·삼계탕 순이지만, '웰빙식'으로는 비빔밥을 꼽은 것이다. 항공기 기내식으로도 인기다.

비빔밥은 각기 다른 재료가 조화를 이뤄 독특한 맛을 낸다. 쌀과 보리, 콩나물, 고사리, 호박, 상추, 시금치, 김치 등 기본 재료의 맛이 살아 있으면서 본래 맛보다 진한 감칠맛을 자아낸다. 재료들이 적절히 버무려져 한결 맛을 더한다. 고추장은 또 어떠한가. 혼자 톡 쏘지 않고 이질적인 재료들을 끈끈하게 맺어주면서 눈부터 즐겁게 하는 역할에 충실하다. 또 있다. 참기름 한 방울이다. "바로 이 맛이야!"라고 탄성을 지르게 하는 결정타를 날린다.

요즘 우리 사회에 '비빔밥 인간형'을 찾는 목소리가 높다. 학교 현장에서는 단편적 지식의 암기가 아니라, 필요한 정보를 찾아내 씨줄과 날줄을 엮는 능력, 곧 '비빔밥 형' 젊은이가 요청된다고 한다.

정치권에서도 비빔밥 인기가 '짱'이다. 대선 경선 후보 진영 간 연일 '금도'를 넘나드는 비판이 오가는 가운데 최근 전북 전주에서 '화합의 비빔밥' 오찬 회동이 있었다. 반면 '그 밥에 그 나물식 비빔밥'이라는 지적도 있다. 비빔밥은 '새싹 비빔밥'처럼 신선한 재료가 생명이다. 상한 재료가 끼어들면 양푼 째 버려야 한다.

안락사

인도의 시성 타고르는 노벨 문학상 수상작인 '기탄잘리'에서 참된 삶을 이렇게 노래했다. 인생은 빈손으로 왔다가 빈손으로 가는 허망한 과정이 아님을 강조하고 있음이다. 생명 있는 모든 것은 나름대로 존재의 빛과 향기, 보람찬 제 역할이 있는 것이다.

아프리카 오지를 찾아 생명 외경을 실천한 철학자 슈바이처는 그의 명저 '문화와 윤리'에서 "생명을 유지하고 생명을 촉진하는 게 선이요, 생명을 파괴하고 저해하는 것은 악이다"고 설파했다. 그러면서 "나는 살고자 하는 생명에 둘러싸인, 살고자 하는 생명일 뿐"이라고 말했다. 그래서 기독교 신자인 그의 윤리관은 일체 생명에 대한 자비와 불살생을 강조한 불교철학을 연상시킨다는 평가를 받고 있다.

맞다. 전쟁과 생명 경시의 살벌한 시대에 타고르와 슈바이처의 인생관은 인류를 향한 일대 경종이면서 광명이다.

모든 생명체가 그렇지만, 특히 사람이 떠나고 나면 빈자리가 더 커 보인다. 박완서의 자전적 소설 '그 산이 정말 거기 있었을까'에는 이런 대목이 있다. "그를 보내고 나니까… 피가 통하고 말이 통하는 사람은 하나도 없는, 적막강산에 혼자 남겨진 것처럼 외롭고 쓸쓸했다." 세파에 부대끼며 사는 남남끼리도 정이 들면 이러할진대 하물며 혈육이랴!

근육이 위축되는 중증 근이영양증을 앓고 있는 두 아들 가운데 한 달 전 의식불명 상태에 빠진 큰아들의 인공호흡기를 떼고 집으로 데려와 숨지게 한 50대 아버지가 경찰에 붙잡히면서 우리 사회에 '안락사' 논쟁이 재연되고 있다.

말기 환자 130여 명의 자살을 도와 살인죄로 8년 복역을 마치고 지난 6월 출소한 미국의 케보키안 의사 같은 이는 회생 불가능한 환자가 존엄성을 지키며 삶을 마감하도록 돕는 일도 '사랑'이라고 주장한다. 어떤 경우라도 인위적 단축은 생명 경시라는 반론도 팽팽하다.

"차라리 돌아가시는 것이 본인이나 가족을 위해서 낫다"는 말과 "생에 대한 애착은 인간 본성이기에 하늘에 맡길 일이다"라는 두 갈래 논리의 대립이다. 한 번 왔다 가는 인생, 그 끝자락에서 고뇌가 크다.

목소리

"꽃들은 자주 향기로 말을 건네오곤 한다./ 좋은 냄새든, 역겨운 냄새든 사람들도 그 인품만큼의 향기를 풍긴다 …."(이해인의 시 '향기로 말을 거는 꽃처럼' 중)

꽃도 사람도 저마다 향기를 낸다. 그러나 거기에는 근본적 차이가 있다. 꽃의 향기는 타고나지만 사람의 향기는 자유의지에 따라 창조되기 때문이다. 얼굴 표정, 눈빛, 말씨, 걸음걸이, 영혼에서 풍겨 나오는 내면세계가 사람마다 향기를 다르게 하는 것이다. 생긋 웃는 얼굴은 꽃보다 아름답다. 새벽 공기처럼 상쾌하다. 가요 '사람이 꽃보다 아름다워'의 노랫말은 이를 잘 표현하고 있다. "강물 같은 노래를 품고 사는 사람 … 모든 외로움 이겨낸 바로 그 사람 … 바로 우리 참사랑".

사실 밝은 얼굴과 친절한 말씨가 복 받는 첩경임은 오래전부터 회자돼 왔다. 불교에 재물이 없어도 마음으로 남에게 베풀 수 있는 7가지 보시라는 의미의 '무재칠시(無財七施)'가 있다. 첫째는 화안시로서 밝은 얼굴을 하고 있으면 자신도 좋고 상대방도 기쁘다는 뜻이다. 둘째는 언사시로서 남에게 친절한 말로 대하면 그 사람은 사람대접을 받았다고 생각하기에 보시하는 것과 같다고 한다. 조선 중엽 율곡 이이가 지은 어린이 교육서인 '격몽요결'에도 고운 목소리를 내는 게 예절의 기본임을 일러주고 있다.

그러나 아무리 고운 목소리라도 무턱대고 말하는 게 옳은 일은 아니다. 13세기 페르시아의 유명한 문인 사디는 "말해야 할 때 침묵하고, 침묵해야 할 때 말하는 것은 지성인이 지닌 두 개의 수치다"라고 역설하지 않았던가! 물론 영화 '그놈 목소리'에서처럼 유괴범의 협박에는 끝까지 정의의 목소리를 낼 줄도 알아야 한다.

기부

"부유한 채로 죽는 일은 인간의 치욕이다."

돈을 가치 있게 쓴 대표적 인물이라고 할 수 있는 '철강왕' 앤드루 카네기의 말이다. 사실 남부럽지 않을 만큼 돈을 모은다는 것은 힘든 일이다. 그러나 더 어려운 것은 번 돈을 값지게 사용하는 일이다. 속담이 말하듯 '개처럼 벌어 정승처럼 써야' 하지만, 축재에 비해 용재(用財)가 더 어렵다는 뜻이다.

그렇다. 당대에 수억만금을 모은 사람은 많다. 하지만 먹을 것 제대로 안 먹고 입을 것 제대로 입지 않은 채 애써 모은 돈을 가난한 사람과 문화예술인, 그리고 인류를 위해 옳게 사용하는 이는 새벽하늘의 별처럼 흔치 않다.

실상이 이렇기에 "내가 모은 재산은 모두 여러 사람을 위하는 일에 쓰여야 한다"며 우리나라 기업인 가운데 최초로 자신의 모든 재산을 교육과 기부를 통해 사회에 되돌린 유한양행 창업주 고 유일한 박사의 삶은 더욱 빛난다. 이 나라에 지도층의 사회적 의무를 뜻하는 '노블레스 오블리주'의 기풍을 개척했기에 그의 유지를 따르는 후인들이 오늘에도 적잖다. 윤리경영에 바탕한 나눔 실천이야말로 기업이 소비자들로부터 사랑받아 발전이 촉진된다는 기본전제를 보여주는 것이다. 이는 개인에게도 마찬가지다.

세계적인 스테디셀러 작가 짐 스토벌은 저서 '최고의 유산 상속받기'에서 이렇게 밝히고 있다. "나눔은 참 역설적이다. 남에게 많이 줄수록 자신도 많이 가질 수 있다. 많이 나눠주다 보면 물질도 마음도 풍요로워지고 친구도 많이 생긴다." '덕은 외롭지 않고 반드시 이웃이 있다(德不孤必有隣)'는 공자의 말이 시대를 뛰어넘어 살아 있는 셈이다.

정부는 기부문화 활성화를 위해 기부금 공제 확대와 주식출연·보유 제한 규제를 대폭 완화할 방침이라고 한다. 사회적 통합과 직결되는 기업의 자발적 지출은 물론 개인의 기부금 규모 역시 국내총생산(GDP)의 0.05%에 지나지 않아 미국의 1.67%, 영국의 0.72% 등에 비해 매우 뒤떨어져 있다는 지적이다.

기부를 통한 나눔 실천은 넘치는 감사와 기쁨, 마음의 평화, 이미지 제고, 주변과의 교류 확대 등 소득이 이루 헤아릴 수 없다. '일석십조' 쯤 될 것 같다.

동면(冬眠)

"지금 돌이킬 수 없는 일을 해야 한다고 번민할 때, 시간을 내 기다려 보세요!"

노벨문학상 수상자인 일본작가 오에 겐자부로(大江健三郞)의 에세이 '나의 나무 아래서'에 나오는 한 구절이다. 자신의 어린 시절 경험을 살려 청소년을 위해 쓴 글로서 '기다림'이 기적을 만드는 힘의 원천이라고 강조하고 있다. 그러면서 '뜻'을 펴기 위해 준비하라는 충고도 곁들인다. 그의 권유가 아니더라도 '기다림의 미학'은 고금동서의 선각자들이 이미 증명한 진리이다.

강태공을 보자. 중국 고대 주 왕조 시대의 실존인물인 그는 때를 기다리며 평생 공부만 했다. 가난해서 아내가 떠나버릴 정도의 시련도 있었지만, 급기야 실질적으로 천하를 거머쥐며 준비된 경륜을 펼쳤던 것이다.

에이브러햄 링컨 등 구미의 숱한 지도자들도 고난 속에서 희망을 키우는 기간을 보냈다. 서부개척 시대가 끝나갈 무렵 미국인들의 강한 삶의 의지를 확인한 시인 월트 휘트먼은 "추위에 떤 사람일수록 태양의 따뜻함을 느낀다. 인생의 고뇌를 겪으면서 참고 기다릴 때 생명의 존귀함을 안다"고 노래했던 것이다.

사실 기다림의 유형은 많다. 짝사랑하는 이가 마음 주기를 기다리는 외로운 연인의 심정, 들판에 씨앗을 뿌려놓고 풍성한 결실을 기다리는 농부의 소망, 요즘 한창 뜨고 있는 주식시장에서 투자자들의 기다리는 마음 등이 그렇다.

그 반대의 유형도 다양하다. 참을 수 없는 가벼움과 경박함, 사소한 일에 대한 분노, 신경질, 불평불만…. 이 모두가 숙성되지 못하고 기다림을 모르는 생풀 같은 사고에서 비롯된다고 하겠다.

기다림은 비단 사람에게만 해당하는 게 아니다. 동면(冬眠)하는 동물들도 '찬란한 봄'을 기다리며 겨울잠을 자는 것이다. 동면은 허비하는 시간이 아니라 창조 과정인 셈이다.

곰 암컷은 동면 중에 새끼를 낳아 봄까지 먹지 않고 젖을 물리고 있다고 하지 않는가. 온 곰 가족이 햇살을 받으며 숲을 헤치고 다닐 그 봄을 그리며. 살아 있는 넙치(광어)를 수온을 낮춰 동면시키는 방법으로 물 없이 미국 로스앤젤레스까지 23시간 동안 운송하는 기술을 한국해양연구원 연구진이 개발했다. 동면을 이용한 생태친화적 연구 개가에 박수를 보낸다.

교황의 일성

"주여, 저를 평화의 도구로삼아 주소서. …"

중세 이탈리아의 성인 프란체스코의 기도다. 그는 인간과 신에 대한 절대적 사랑으로 이탈리아의 수호성인으로까지 추앙받았다. 그에 대한 가톨릭 신자들의 존경은 지금도 뜨겁다.

우리나라 주요 도시에서도 프란체스코 수도회·수녀회가 봉사활동 등을 펼치고 있다. 인간은 간절한 바람이 있을 때 기도하게 된다.

불교에서 기도라는 말 외에 발원(發願) 또는 서원(誓願)이라고 하듯 어떤 원을 일으키는 것이다. 프란체스코 성인의 기도는 보통사람의 경우처럼 '나'에 머물지 않고 '공동체 평화'를 바라는 내용이어서 더욱 빛이 난다.

평화는 고금동서 선각자들의 한결같은 화두였다. 천지는 하나의 꽃봉오리를 이루는 같은 꽃잎이라는 일화(一花)사상의 불교는 자비를 노래하고 있다. 개성을 살리되 남과 화목하게 살기를 바라는 공자의 화이부동(和而不同)의 정신도 이와 상통한다. 여타 종교들도 상생의 소중함을 설파하고 있다. 하나 되어 어우러짐이 조물주의 뜻이요, 인간 본성이라는 것이다.

그래서 독일의 이마누엘 칸트는 "인간을 음울하게 만드는 종교라면 그릇된 것"이라고 강조했다. 성서의 '화평케 하는 자 복이 있나니'라는 예수의 말도 같은 맥락이다.

교황 베네딕트 16세가 "가톨릭교회만이 진정한 그리스도의 교회"라는 교서를 발표해 개신교와 동방정교, 이슬람교 등이 '가톨릭 근본주의적 발언'이라고 반발하면서 종교 갈등 조짐이 일고 있다. 다른 종파·종교를 포용하던 전임 교황 요한 바오로 2세와는 다른 길을 걷고 있는 현 교황에 대한 세계인들의 시선에 우려가 가득하다.

인류는 탈냉전 시대를 맞았지만 이데올로기의 대립보다 뿌리가 깊고 무서운 종교 분쟁의 불길이 번질 가능성은 상존한다. 종교 분쟁은 초국가적인 문제로서 절대 신념체계에서 비롯되기에 배타적 우월주의를 앞세울 땐 해결하기도 힘들다.

교황은 2005년 4월 "주님 포도밭의 미천한 일꾼으로 나를 선출했다"는 즉위 일성처럼 몸을 낮춘 '평화의 사도'일 때, 한 종파의 수장이 아니라 세계인을 품는 영적 지도자로서 더욱 존경 받을 것이다. 세계를 평화롭게 하는 일이라면 타 종교에도 축하 메시지를 띄울 정도로 열린 모습이 그립다.

어린이 재테크교육

돈은 양날의 칼 같은 것이다. 숱한 화제를 남기고 최근 막을 내린 TV 드라마 '쩐의 전쟁'의 교훈이다. '개처럼 벌어 정승처럼 쓴다'는 말처럼, 고생해서 번 돈을 떳떳하게 쓸 때 돈은 사람을 살리고 공동체를 번성케 하는 효험이 있음을 보여 주었다. 그러나 벌고 쓰는 방법이 비정상적이면 돈의 비수에 목숨까지 빼앗긴다는 경책이다.

조PD의 가요 '돈아돈아'는 돈의 이중성을 잘 표현하고 있다. "… 자연스레 버는 돈은 하늘의 은혜야/ … 좀 더 모으고 보자는 너의 시도/ 부모마저 죽이고 … /종이만도 못한 돈이 있다는 걸 알아주길 …." 돈을 '하늘의 은혜'와 '패륜의 흉기'라는 두 얼굴을 가진 대상으로 묘사한 게 눈길을 끈다.

돈의 두 가지 상징은 유대인들의 탈무드에도 소개돼 있다. '재물이 많으면 걱정이 늘지만 돈이 없으면 근심거리가 더 많다'는 등으로.

문제는 돈에 대한 기본 인식이다. 이는 어릴 때부터 가르치기에 달렸다. 세 살 버릇 여든까지 가기에 그렇다. 미국의 '경제 대통령'으로 유명했던 앨런 그린스펀 전 연방준비제도이사회(FRB) 의장은 기회 있을 때마다 조기 경제교육의 필요성을 강조했다. 그만큼 미국 금융기관들은 아이들의 금융지식을 키워 주기 위한 상품 개발도 열심히 한다.

금융교육을 통해 미래 고객을 발굴한다는 장기적인 관점에서 접근하고 있다. 영국 정부가 11세 어린이부터 재테크를 정식 과목으로 학교에서 가르쳐 '금융 문맹' 퇴치에 나선다고 한다. 영국 성인 3분의 2가 기본적인 금융용어를 몰라 연간 손실액이 100억 파운드(약 18조5000억 원)에 이른다는 통계에서 영국인들이 자극받은 것이다.

한국의 현실은 어떨까. 몇 해 전 학부모와 초등학생을 대상으로 한 조사에서 '자녀가 인생을 살아가는 데 갖춰야 할 가장 중요한 능력'으로 '돈 관리'(30.9%)를 첫 번째로 꼽았다. 영어(29.2%)는 두 번째.

하지만 자녀에게 금융을 가르치는 가정은 9.4%에 불과한 것으로 나타났다. 우리도 돈은 땀 흘려 버는 것이고, 효과적으로 운영하며 가치 있게 쓰는 것이라는 '어린이 재테크' 교육에 힘써야겠다. '부자 나라 한국'을 위해!

악플

"'예' 하는 사람은 무한한 능력의 소유자이며, '아니요'에 얽매이는 이는 가지고 있는 능력도 쫓아버린다."(법상 스님의 '생활수행 이야기' 중).

긍정적 사고와 부정적 사고의 힘을 일깨우는 말이다. "예" 하는 사람은 표정부터 다르다. 밝다. 목소리도 맑다. 주위에 희망을 안겨 창조적이다. 동료에 일을 권할 때도 세심히 살핀다. 겸손하다. 반면 "안 돼요"에 익숙한 이는 좌절의 빛을 띤다. 그러면서 상대 흠집 내기에 핏대를 올린다. 물론 목소리도 쇳소리가 나며 분위기는 칙칙하다. 그래서 데일 카네기는 "성격이 밝은 사람은 타인에게 자신의 힘을 나눠 주는 온기가 있어 자신과 이웃의 삶을 함께 풍요롭게 가꾼다"고 말했다. 공동선을 구현하는 데 인성의 중요함을 말해주는 것이다.

개개인의 정신 자세도 그렇지만 사회와 국민 의식도 마찬가지다. 덴마크 국민들은 19세기 후반 독일과의 전쟁에서 패한 뒤 절망에 빠졌다. 그로 인해 사람들은 서로 다투며 혼란의 구덩이에서 헤어나지 못했다. 이들에게 희망의 등불을 비춘 이가 바로 선각자 그룬트비다. 그는 그

옛날 대서양을 휩쓸던 바이킹족의 물리력이 아닌, 배려와 사랑을 바탕으로 한 정신 개조를 역설했고 조국 부흥의 초석을 놓았다.

긍정을 앞세운 높은 차원의 비전 제시가 오늘날 '선진국 덴마크'라는 열매를 맺은 것이다. 이미 150년 전 제로 섬 게임(적대적 관계)의 한계와 포지티브 섬 게임(협력적 관계)의 가능성이 얼마나 현격한 결과를 가져오는지를 체험케 했다는 평가이다.

'추잡스러워' '냄새조차 역겨우니까'…. 인터넷상에서 상대방의 인격적 가치를 떨어뜨리는 이런 단어로 댓글을 달았다면 '모욕죄'에 해당한다는 대법원 판결이 나왔다. '악플'의 폐해에 대한 경종이다. 사실 익명성이 통용되는 온라인상에서는 대안보다는 면박 주기, 말꼬리 잡기 등 일방적으로 상처를 주는 악성 댓글들이 난무한다.

한 사람의 인생이 매장되는 것은 순간이다. 사이버 세계에서 늘 새로운 삶의 기쁨을 발견하려면 그에 걸맞은 윤리의식을 갖춰야 한다. 비판하되 애정 어린 품격이 요구된다. '뺄셈·나눗셈'이 아니라, '덧셈·곱셈'과 같은 상생적 비판 말이다.

표절 시비

한국화가 천경자씨의 '미인도'가 가짜냐 진짜냐로 한창 논란이 일던 1991년 화랑협회 감정위원회는 "진품"이라고 결론을 내렸다. 그런데 생존해 있는 작가 자신이 계속 위작이라고 주장한 점이 켕겨서인지 감정위는 "우리의 결론이 잘못되기를 바란다"는 코미디 같은 여운을 남겼다. 결론은 8년 뒤 싱겁게 끝났다. "미인도는 내가 그렸다"며 실토한 전문 위조범이 나타난 것이다. 진짜 같은 가짜를 일컫는 '짜가'는 이렇게 뉴밀레니엄 10년 전 요란하게 문을 열었다.

이뿐이 아니었다. 지금은 중국 등 제3세계 국가에서 한국 제품 디자인 등의 베끼기가 문제로 대두됐지만, 한국에서도 세계적 명품 상표 도용의 역사가 결코 짧지 않다. 학계에서는 가짜 학위 및 논문 표절 시비가 끊이지 않았다. 위작이든 표절이든 베꼈으면서도 창작인 것처럼 거짓말을 한다는 점에서 모두 '지적 사기(詐欺)'인 것이다. 문제는 '악화가 양화를 구축한다'는 그레셤의 말처럼 진짜가 가짜로 인해 해를 입게 된다는 사실이다. 횡행하는 가짜의 심각성이 반영되다 보니, 오죽하면 1990년대 중반 신신애씨의 "세상은 요지경 속이다/… 야 야 야들아 내

말 좀 들어라/ 여기도 짜가 저기도 짜가 짜가가 판친다…"라는 노랫말의 '세상은 요지경'이라는 대중가요가 즐겨 불렸겠는가.

한데 또다시 표절 시비가 일고 있다. 영어 교재 저술가로 유명한 조화유씨가 자신의 책을 표절했다며 출판사와 저자를 상대로 6억 원의 저작권 침해 손해배상 청구소송을 냈다. 또 어제 종영된 SBS 드라마 '내 남자의 여자'가 파격적인 불륜으로 시작하는 갈등구조 등 주요 사건전개가 기존 작품과 유사하다는 이유로 뒤늦게 표절 시비에 휘말렸다. 옳고 그름이야 밝혀지겠지만 이런 일이 잇따라 제기되니 안타까운 일이다.

프랑스의 철학자 베르그송은 "생존은 변화요 변화는 경험이며 경험은 창조의 과정"이라고 말했다. 새로운 창조를 위한 변화만이 생존의 길이라는 진리는 동양에서도 마찬가지였다.

'대학'은 '진실로 날로 새로워지고, 날마다 새로워지며 또 날로 새로워진다(苟日新日日新 又日新)'며 끊임없이 새로워지려는 노력을 당부하고 있음을 되새겨 봄 직하다.

손님 접대

누군가를 초대하고 또 초청받는다는 것은 서로 간의 신뢰가 있어야 가능한 일이다.

"빛나는 눈으로 인생을 사랑하는 당신을 초대한다./ …행복한 당신, 눈물짓는 당신을 또한 나는 초대한다."라는 신달자의 시 '겨울초대장'은 이를 잘 말해 주고 있다. 더욱이 상업성을 벗은, 사적 공간인 개인의 집에서 주인과 손님이 마주 보며 마시는 따뜻한 차 한 잔에는 사람의 온기마저 느껴지는 것이다.

미국을 방문하는 각국 국가지도자들 중 미 대통령의 개인 별장에 초대받은 사람은 특히 환대받은 축에 든다. 의전 예규에 따른 백악관에서의 정중한 회담보다 자연 속에서 속을 털어놓고 믿음을 확인하는 대화가 더 큰 결실을 맺을 수도 있을 것이다.

사실 인생은 '만남의 연속'이기에 좋은 인연을 맺을 수도 있을 것이다. 그러려면 서로 진솔해야 한다. 한 자락 까는 '복선 대화'는 백 번을 만나도 공허할 뿐이다. 고추잠자리가 된장잠자리와 꼬랑지 서로 달고 짝짓기 하지 못한 채 맴맴 허공만 돌듯!

그래서 독일의 실존철학자 카를 야스퍼스는 겉 사람과 겉 사람끼리의 피상적 만남이 아닌 인격과 인격, 곧 '영혼의 만남'을 강조했나 보다. 진실한 벗을 만나는 기쁨은 공자도 마찬가지였다. "벗이 있어 먼 곳으로부터 찾아오니 또한 즐겁지 아니한가?(有朋而自遠方來 不亦樂乎)"라고 했지 않는가. 여기서 벗은 뜻이 맞는 선한 인연을 말한다.

이처럼 마음에 기쁨과 즐거움, 곧 열락(悅樂)이 있는 만남의 자리에서는 소찬이라도 음식이 맛있다. 오히려 끼니를 잊을 정도로 밤늦게까지 나란히 팔을 베고 누워 열중하는 대화에 인생의 즐거움이 있을 것이다.

주한 외국인들이 우리나라에서 '문화 격차'를 가장 많이 느끼는 분야가 음식과 식사 초대인 것으로 나타났다. 한국에 사는 외국인들은 손님을 주로 집으로 초대(52%)하는 데 비해 한국인들은 90%가 고급식당에서 접대한다는 조사 결과다.

외국인들은 으리으리한 고급식당에서 술과 산해진미가 아닌, 그 집의 가풍과 한국적 가정문화를 보고 싶어 하는 것이다. 새삼 민족간 문화적 차이를 느끼게 된다.

빨래터

"외할머니가 이불 빨래하는 날은/ 뒷마당에서 잿물을 내렸다./ … 덮고 자던 유년의 얼룩들은 한없이 환해지면서/ 뒷마당 가득 흰 빨래로 펄럭였다 …./

최문자 시인의 시 '눈물'은 잿물빨래를 하느라 하루 종일 빨랫감과 씨름해야 했던 아낙네들의 고단한 삶을 잘 표현하고 있다. 요즘은 분말세제를 세탁기 물에 풀고 돌리면 건조까지 하는 기능이 있어 다림질만 하면 입을 수 있다. 그것마저 귀찮으면 세탁소에 맡기면 된다.

하지만 1970년대 초까지도 돌덩이 같은 빨랫비누마저 흔치 않았다. 쌀겨에 양잿물을 넣고 물에 풀어 가열한 다음 삽으로 뒤적이고 장화 신은 발로 짓이겨서 만든 비누를 사용했다. 물론 웬만한 가정에서는 이러한 비누조차 구하기 힘들어 시골에서는 잿물 빨래를 하는 일이 흔했다.

김정한의 소설 '인간단지'를 보면, 시어머니가 나환자인 시할아버지 수발하는 며느리 시집살이시키는 대목이 있다. "시어머니는 노상 빨랫비누를 숨겨놓고 혼자서만 쓰기 때문에 아무리 바쁘더라도 복돌이는 잿물을 받아서 빨아야만 했다. 그런 날은 속이 메스꺼워 밥도 잘 먹히지 않았다. … 어느덧 십 년이 가까웠다. 그래도 남편은 돌아오지 않고 자기만 문둥병이 오르고 말았다."

빨래는 이처럼 여인들의 고난 어린 삶을 상징하고 있다. 손이 틀 정도로 추운 겨울날의 빨래는 더욱 아픈 추억을 담고 있다. 그러면서도 빨래터는 동네 여인들의 '정보 교류의 장'이었다. 여성들의 '노천카페'인 셈이다. 특히 여름밤 빨래터는 여인들의 목욕터이기도 했다. 어린 시절 밤늦게 쏘다니다 집에 돌아가는 길에 아슴푸레한 달빛 아래 목욕하는 여인들을 보고 키득거리는 악동들도 있었다.

故 박수근 화백의 1950년대 후반 작품으로 추정되는 유화 '빨래터'가 45억2000만 원에 낙찰돼 국내 미술품 경매 사상 최고가를 기록했다. 다채로운 색상의 저고리를 입은 여인 여섯이 냇가에 나란히 앉아 빨래하는 옆모습을 그린 작품이다. 향수 어린 작품세계를 보여준 작가가 사후에 제대로 인정받고 있다는 반가움과 함께 미술품을 부의 축적 수단으로 삼는 '아트테크' 바람을 강하게 느끼게 하는 소식이다.

베트남 주간

"어머니의 월남치마 속처럼 편안한 낮 한때/ 풀밭에 누워 맑은 하늘을 보며 나른해졌던 기억…."(정미선 씨의 시 '월남치마' 중).

시인의 시상(詩想) 주제로 쓰일 정도로 1960~70년대 중반 우리 사회에는 베트남, 곧 '월남풍'이 불었다. 여성들은 일제 말기부터 입었던 뭉툭한 '몸뻬'보다는 몸매가 잘 드러나는 월남치마를 즐겨 입곤 했다. 남성들은 하얀 아오자이를 입고서 자전거를 타거나 나풀거리며 걷는 '꽁까이'(아가씨)들을 화제로 삼기도 했다. 또 마을에선 건설 근로자 등으로 갔다가 귀국 길에 월남에서 사왔다는 일제 카메라나 라디오를 보면서 신기해하는 사람들이 적잖았다.

1965년 3월 10일, 비둘기 부대 파병으로 막을 연 한국의 베트남전 참전 영향이었다. 미국의 요청이 있었지만 6·25 때 자유 우방에 진 빚을 갚고 아시아의 공산화를 막는다는 명분과 한국군 장비 현대화, 한국 경제의 활로를 찾는 실리 추구의 목적도 있었다.

이런 이유로 우리 젊은이들이 참전 차 떠나고 귀국하는 부산항은 이별의 한과 상봉의 기쁨이 교차하는 곳이었다.

"자유통일 위해서 조국을 지키시다/ 조국의 이름으로 님들은 뽑혔으니/ 그 이름 맹호부대 맹호부대 용사들아/ 가시는 곳 월남땅 하늘은 멀더라도/ 한결같은 겨레마음 님의 뒤를 따르리라"는 맹호부대 군가 '맹호는 간다'와 "월남에서 돌아온 새까만 김상사…"로 시작하는 가수 김추자의 '돌아온 김 상사'는 여러 사람의 애창곡이기도 했다.

하지만 한국군은 73년 완전 철수할 때까지 연 31만여 명의 대규모 병력을 파병했고, 이 과정에서 전사자 5000여 명, 부상자 2만여 명이라는 큰 희생을 치러야 했다. 고엽제 환자 등 월남전 참전 군인들의 아픔은 아직도 계속되고 있다.

이처럼 서로 총부리를 겨눴던 사이지만 베트남의 '도이머이'(쇄신) 정책 등에 힘입어 한국·베트남 양국은 1992년 말 국교 수립을 한 이래 다방면에 걸쳐 비약적 교류를 하고 있다. 더구나 베트남이 처음으로 한국에서 대규모 '베트남 주간행사'를 갖는다. 두 나라 사이에 친선과 경제협력의 큰 결실이 있길 기대한다.

종갓집

"소박한 흔적만 남은 종가를 지키고 있는 종손의 꼿꼿한 풍모와 종부의 강인함에서 숙연함을 느낀다."(이연자 저 '명문 종가 사람들' 중)

단순한 '고택(古宅) 지킴이'가 아닌, 여전히 우리 곁에 남아 선인들의 숭고한 가르침을 전해주는 종손·종부의 자긍심은 감동마저 준다. 그리고 종갓집 사람들에게 면면히 내려오는 정신은 바로 '노블레스 오블리주', 곧 높은 사회적 신분에 맞는 도덕적 의무를 다하는 일이었다.

세상 풍파와 잇속에 흔들리지 않고 올곧은 선비정신을 계승해온 종손은 각별하게 반듯한 삶을 살아야 했다. 두 칸짜리 초가도 넉넉히 여겼던 오리 정승의 370년 전 유언에 따라 종택을 박물관으로 꾸민 이원익 종가, 안채 대청마루에 애지중지 모아두었던 유물 1만여 점을 소수박물관에 기증한 연안 김씨 만취당과 괴헌 종가, 공직자의 녹봉은 백성의 혈세이니만큼 검소해야 한다는 황희 정승의 청백리 정신을 가풍으로 여기며 종가를 지키는 종손의 모습은 꼿꼿하다.

종가에 시집온 종부들의 삶 또한 고단했다. 적장자를 출산해 종손의 대가 끊기지 않게 하는 '최우선의 임무' 외에, 제사와 손님 접대 등 종가의 대·소사를 두루 챙겨야 했다. 나이가 들고 종가의 웃어른이 세상을 떠난 뒤에는 종가 살림을 도맡는 등 문중 내 역할도 컸다. 이 때문에 여성들 사이에서는 종부가 되기를 꺼리는 경향도 강하다. 그러면서도 이웃에 덕을 베풀고, 종가의 '맛'을 지키는 데 힘썼다.

'재물·사람·문장을 빌리지 말고, 높은 벼슬을 하지 말라'는 조상의 뜻을 거스르지 않으면서 종가 음식을 계승하고 있는 창녕 조씨 집안의 7첩 반상, 조선조 대제학만 7명을 배출할 정도로 학풍을 자랑하는 광산 김씨 종가의 정갈한 맛은 오늘에도 이어져오고 있다.

대하소설 '혼불'. 구한말 몰락해 가는 양반가를 지키려는 종갓집 며느리 3대의 애환을 그린 故 최명희씨의 소설이다. 안타깝게도 소설의 배경인 전북 남원의 삭령 최씨 폄재공파 종택 일부가 소실되면서 12세 종부로서 소설 속 효원아씨의 실제 모델인 박증순 씨가 화재로 숨졌다. 혼불은 '정신의 불'이다. 종부의 혼불은 꺼지지 않을 것이다.

경조비

'기쁨은 나누면 두 배, 슬픔은 나누면 절반.' 관혼상제에는 우리 조상의 이러한 삶의 지혜가 녹아 있다. 오늘날의 성인식과 같은 15~20세 사이 남자아이가 관을 쓰고 여자아이가 쪽을 찌는 관례나 혼사가 있는 날은 온 마을이 잔칫집이었다.

초상이 나거나 기제삿날에는 마을 사람들이 슬픔을 함께하면서 삶의 의지를 북돋웠다. 경사든 흉사든 당사자에게는 인생의 각 과정을 기리면서 삶의 새 전기로 삼게 하고, 이웃과 친지들이 참여하면서 공동체에는 일체감도 생겼다.

대소사에 사람들은 쌀과 보리며 옷감 등 현물을 들고 와 십시일반으로 도왔다. 현물이든 현금이든, 그도 저도 없어 몸으로 대소사를 도와주든 모두 상부상조 정신이자 품앗이였다. 정성스러운 경조금을 주고받는 데 대해 중국인이나 일본인들이 몹시 부러워했다고 한다.

청나라 사상가 캉유웨이(康有爲)는 '조선인이 갖고 있는 뜨거운 마음의 표시'라 했고 일본의 개화사상가 후쿠자와 유키치는 '조선인의 주고받는 인심이 곧 그들의 친선과 국력이 되었다'고 평가했을 정도다.

산업화와 더불어 부조의 모습은 크게 바뀌었다. 특히 결혼식과 장례식은 종종 품위의 척도이자 '가문의 위세 과시'로 전락했다는 비판도 적지 않다. 모양 갖추기 혼사를 치르다보니 호화예식도 비일비재하다.

'혼벌(婚閥)'이라는 말이 생겨날 정도로 내로라하는 집안끼리의 결혼식장은 하객들로 문전성시를 이룬다. 장례식장은 또 어떠한가. 끝 간 데 모를 정도로 줄잇는 조화며 조문객 수로 상주의 위상을 평가하는 세태이기도 하다. 일부 정치인들과 부의 축적 과정이 도덕적이지 못한 졸부들은 더욱 극성스럽다.

지난해 전국 가구의 경조비 지출 규모는 한 달 평균 5만여 원이고, 1년 전체로는 60여만 원을 넘었다는 통계청 조사 결과가 나왔다. 해마다 상승세다. 나라 전체의 경조비만 9조여 원이라는 얘기다.

월급쟁이 등 서민들은 경조비에 대한 부담으로 스트레스가 이만저만이 아니라고 하소연하고 있다. 안 하자니 마음에 걸리고 하자니 얇은 봉투에 체면이 말이 아니고. 아름다운 풍속인 상부상조의 순수한 뜻을 되살려야 하겠다.

만화

 좁디좁은 가게와 불편한 나무 의자, 연탄난로 …. 학교 마치고 집에 오자마자 달려갔던 어린 시절의 추억이 묻어있던 1980년대 이전 만화방 풍경이다. 단행본도 재미있지만 연작은 만화방을 가지 않고는 배겨나지 못하게 했다. 후속 편이 나왔다는 소문이 돌기가 무섭게 만화방 문을 밀치고 들어가 진열대에서 꺼내 볼 때 그 호기심이 충족된 짜릿함은 지금도 묽어지지 않았다. 만화책장을 넘기면서 한 입씩 먹던 라면땅과 쥐포 맛 또한 잊을 수 없다.
 남자아이들은 무협지에 등장하는 정의의 화신을, 여자애들은 커다란 눈망울에 눈물 가득한 순정만화 속 여주인공의 애기를 자신에 대입시켜 화제로 삼기도 했다. '여기는 일본 도쿄 신주쿠'나 '파리의 에펠탑' 등으로 시작한 만화를 보면서 외국 문물을 간접적으로 접하기도 했다. 복싱 세계챔피언 타이틀 매치 등이 열리던 날은 흑백TV가 있는 만화방은 대목을 만났다. 어른들까지 찾아 시장터를 방불케 했다.
 건달기 있는 소년이나 코흘리개 아이들이 즐겨 찾는 곳으로 인식됐던 이 만화방에서 오늘날의 '만화산업'이 잉태됐다. 미국의 코믹 북(만화책의 영어 표현) 마니아 사이에서 한국의 만화가 일본의 '망가'를 압도하고 있다고 미 시사주간지 비즈니스 위크가 최근 보도했다.

미묘한 감정을 아름답게 표현하는 등 한국 만화만의 독특한 접근법과 소재의 다양성이 강점이라는 분석이다. 만화책이 퇴조하는 대신 인터넷이나 휴대전화를 통해 만화를 유료 구독하는 사이버 방식으로 유통단계가 진화하고 있다면서 미래 한국만화의 높은 경쟁력까지 소개하고 있다.

좋은 소식이다. 일본 만화 '드래곤 볼'은 1억권 이상 팔렸다. 우리나라에서는 10만권만 팔려도 베스트셀러에 들 정도다. 전문서적까지 만화로 출간할 정도로 만화와 친숙한 일본의 월등한 인프라 덕이다. 하지만, 세계를 대상으로 한 한국의 대일본 추격전이 산뜻한 출발을 보여 기대가 크다.

역사의 화해

임진왜란. 전국시대 일본을 통일한 도요토미 히데요시가 명나라로 갈 수 있게 길을 빌려 달라는 '가도입명(假道入明)'을 내걸고 조선 선조 25년인 1592년 4월 13일 부산포에 왜군이 처음 상륙하면서 시작된 7년 전쟁을 말한다.

이 역사적 사건을 일본은 '분로쿠(文祿)의 역(役)'이라고 부른다. 분로쿠 천황 시대에 일어난 전쟁이라는 뜻이다. 그런데 중국에서는 이를 '원조선(援朝鮮) 전쟁' 또는 '항왜원조(抗倭援朝) 전쟁'이라 칭한다. 일본에 맞서 조선을 도왔다는 뜻으로, 6·25를 '항미원조(抗美援朝) 전쟁'이라고 하는 것과 같은 맥락이다.

실제 임진왜란의 경과를 자세히 들여다보면 6·25와 여러모로 비슷하다. 먼저 전쟁터로 변한 약소국의 비애가 그렇고, 인천상륙작전과 평양성 탈환작전, 맥아더와 이여송, 심지어 부산으로 피란 간 이승만과 의주로 몽진을 떠난 선조까지….(이한우의 군주열전 '선조'에서)

그런데 역사는 돌고 돈다고 할까. 일본 열도에서 한반도를 지나 중국·러시아를 경유해 유럽까지 달려갈 대륙횡단철도·고속도로가 준비되고 있다. 전쟁의 시대가 가고 일본에 '돈을 받고' 길을 열어주는 신 실크로드가 열리는 것이다. 뿐만 아니다.

베링해협을 건너는 '평화의 교량·터널' 건설까지 추진되고 있을 정도이니 칼과 창을 녹여 보습을 만드는 인류 평화 시대를 목도하게 될 날도 머잖은 것 같다. 물론 평화는 모든 갈등의 매듭을 푸는 화해를 전제로 한다. 넬슨 만델라가 외쳤듯 "화해는 초인종적, 민주적, 통합된 세상을 성취하는 핵심적 비전"인 것이다.

조선의 이순신과 명나라 이여송, 그리고 일본 고니시 유키나가. 임진왜란 당시 칼을 겨눈 3국의 장수들이다. 마침 이들 후손들이 임란 당시 영의정으로 이순신을 등용해 전쟁을 수습한 서애 유성룡의 400주기를 맞아 다음 달 서애의 고향인 경북 안동에서 만난다. 이 자리에선 일본의 조선 침략을 사과를 받은 뒤 화해를 다질 예정이다.

함석헌은 '뜻으로 본 한국역사'에서 이렇게 정의했다. "한 시대의 실패를 다음 시대가 회복할 책임을 지는 것, 그것이 역사다"라고. '역사의 화해'를 위한 뜻 깊은 자리가 되길 바란다.

신식주소

'오늘도 난 받는 이 없는 곳에 또 편지를 쓴다/ 강산이 다섯 번 변한 반백의 세월/ 주소도 없고 우편번호도 없어 다시 가슴에 넣으려 하오.'

'부칠 곳 없는 편지'라는 제목의 시로서 남북 이산가족의 아픔을 노래하고 있다. 이처럼 주소는 사람의 실질적인 생활 근거가 되는 곳을 뜻한다. 주소는 사람과 사람 간 의사소통의 중요한 매개물로 작용하고 있다. 사람과 장소의 관계를 맺게 하는 넓은 의미의 주소는 여러 유형이 있다. 본적지·주민등록지·실제 거소·재산소재지·법률행위지 등을 꼽을 수 있다.

주소의 주된 용도는 무엇보다 공동체 구성원들의 위치 정보를 보다 쉽게 나타내는 데 있을 것이다. 편지와 소포 등 우편배달을 용이하게 하는 일이 대표적이다. 요즘엔 전자우편이 발달돼 전 세계에 이메일로 글은 물론 선명한 동영상까지 단 몇 초 만에 보내는 시대가 됐다. 그래도 아날로그식 주소는 아직 생명력을 과시하고 있다.

관공서와 회사, 군, 교도소 등 공공기관을 방문할 때면 이름·주소·전화번호 등을 기록해야 한다. 백화점이나 홈쇼핑 업체에서 직접 집으로 물건을 배달하는 택배업이 갈수록 성행하는 것도 주소가 갖는 효용성에 기인한다.

선진국에 가면 도로명과 번지수만 대도 택시가 목적지를 잘도 찾아간다. 예컨대 미국 뉴욕에서는 "월가 1번지 가 주세요" 하면 다 통한다. 반면 우리나라는 "종묘 지나서 종로5가 못 미쳐 두 번째 신호등에서 우회전하다 또 좌회전…" 식이다. 이러니 첨단 지리정보시스템을 활용한 뛰어난 내비게이션을 갖고 있어도 목적지를 찾는 데 끙끙대며 시간을 허비하는 일이 잦을 수밖에 없다.

이런 어려움을 줄이기 위해 2014년 1월 1일부로 전국 시·군·구의 주소 표기 방식이 지번을 이용한 방식에서 도로마다 이름을 붙인 뒤 도로를 중심으로 건물에 번호를 매기는 형식으로 바뀌었다. '서울 춘사길 12번지' 등으로 찾아야 한다.

대도시에서 번지수만 갖고 꾸불꾸불한 골목길을 누비며 '김서방 집'을 찾는 일이나, '문패도 번지수도 없는 주막에/ 궂은비 내리는 이밤이 애절쿠려 …'식 노랫말도 이젠 아예 먼 추억으로 남았다.

스승의 날

"인생은 만남이다." 독일의 의사요 작가였던 한스 카로사의 이 간결한 말에서 우리는 삶의 깊은 의미를 발견한다. 그렇다. 만남은 축복이고 변화의 기회이다.

우리는 길가에서, 차 안에서, 직장에서 많은 사람을 만난다. 남편과 아내, 이웃과 동료, 평생의 동지를 만나기도 한다. 내용도 각기 다르다. 예수와 베드로의 만남, 그것은 혼과 혼의 깊은 종교적 만남이다. 석가와 가섭, 이는 신뢰에 바탕한 유무상통의 만남이다. 괴테와 실러의 만남은 두터운 우정을 상징한다. 단테와 베아트리체 간의 만남은 순애보적 만남으로 불린다.

여러 만남 중에서 특별히 가치 있는 만남은 사제 간 인연일 것이다. 스승의 사랑은 철부지 제자의 눈을 뜨게 해 신화를 창조하고 기적을 일으키게 한다. 누구에게나 그 사람만의 개성과 빛깔이 있고 무한한 가능성과 잠재력이 숨어 있다. 그것을 찾아내 물을 주고 꽃을 피우게 해주는 사람. 그런 좋은 만남, 복된 만남의 주역 중 한 사람이 바로 스승이 아니겠는가.

스승은 제자가 자신보다 더 뛰어날 때 보람과 기쁨을 느낀다. 푸른 빛은 남색에서 나왔지만 남색보다 짙다는 순자의 '청출어람(靑出於藍)'의 본뜻이다.

제자는 스승한테 배우지만 지식·덕행·강건함에서 스승을 능가할 때 학문의 진보가 있고 사회의 발전도 있기 마련이다. 그래서 공자도 "인을 실천하는 데 있어서는 스승한테도 져선 안 된다"고 설파했다. 스승의 고귀한 삶이 이러하기에, 스승의 위상을 나랏님과 어버이와 동일시해 '군사부일체'라고 했던가 보다.

'스승의 날'을 학년말로 옮기자는 의견이 적잖다. 스승의 날에 '촌지 수수' 등 잡음이 적지 않자 매년 5월15일인 스승의 날을 학년말로 옮기자는 방안이다. 우여곡절 끝에 1982년 부활됐다가 다시 스승의 날이 흔들리고 있다. 교직을 천직으로 알고 묵묵히 사도(師道)를 실천하는 다수 선생님들에겐 민망한 일이다.

스승의 날, 제자들이 달아주는 꽃 한 송이에 환하게 웃으며 온갖 시름을 잊는 교사들에겐 우울한 소식일 것이다.

윤봉길 의사

1932년 4월 26일 중국 상하이 대한민국 거류민단 사무실. 25세의 열혈 청년 윤봉길 의사는 '한인애국단 선서식'을 가진 뒤 임시정부 국무위원이던 백범 김구 선생과 기념촬영을 마쳤다. 사흘 뒤인 29일 오전 11시40분. 윤 의사는 상하이 훙커우 공원(현 루쉰 공원)에서 열린 일본 왕의 생일인 천장절 및 전승기념 축하식 단상에 수통형 폭탄을 투척해 일군 대장 등을 응징하는 의거를 단행했다. 그해 12월 19일 아침 총살형으로 순국하기까지 의사의 삶은 애국애족의 화신 그 자체였다.

윤 의사의 거사는 당시 우리 민족의 꺼져가는 조국 광복에의 신념에 열정을 불러일으켰다. 특히 중국인의 항일 정신을 고취시키는 데 크게 기여한 쾌거였다. 또 윤 의사 의거 후 중국인들이 한국 독립의 당위성과 한국인에 대한 인식을 새롭게 했을 정도였으니 거사의 의의는 지대했다. 짧은 윤 의사의 생애이지만 만세 불후의 이름을 빛나게 한 힘의 원천은 무엇일까.

의사의 기개는 조부와 부모의 근면성, 신의 존중 정신에서 영향 받은바 컸다. 빼앗긴 내 나라를 후손에게 물려 줄 수 없다는 신념도 여기에서 싹텄다. 윤 의사가 의거 전 고향에서 농촌부흥운동을 전개했고 이후 독립운동에 뛰어들면서 "장부출가 생불환(丈夫出家 生不還·대장부는 집을 나가 뜻을 이루기 전에 살아 돌아오지 않는다)"이라고 말한 것을 보면 신념의 깊이를 짐작케 한다.

또 있다. 민족지도자 백범 선생과의 귀한 만남이다. '백범일지'에는 거사 당일의 모습이 이렇게 적혀 있다. "윤군은 식장을 향해 떠나는 자동차 안에 앉아 돈을 꺼내 나에게 건넸다. '자동차비 주고도 5, 6원은 남습니다'며. 나는 목이 멘 목소리로 '후일 지하에서 만납시다'고 했더니 차창으로 고개를 내밀며 고개를 숙였다. 천하영웅 윤봉길을 싣고 자동차는 홍구공원으로 달렸다."

윤 의사가 일본군에 연행되는 사건 당시 사진 속 인물이 윤 의사가 아니라는 의혹 제기에 따라 국내 교과서에서 삭제되면서 진위를 둘러싼 논란이 일고 있다. 윤 의사의 숭고한 애국애족 정신에 흠이 가지 않도록 철저한 검증이 있어야 할 것이다.

초콜릿

초콜릿. 사르르 입 안에서 녹는 달콤한 맛으로 사람들의 사랑을 받는 과자다. 카카오 반죽에 우유·설탕·향료 등을 첨가한 뒤 굳혀 만든다. 카카오는 멕시코 원주민들이 음료나 약용으로 귀히 여겨 화폐로도 통용됐다.

15세기 말 콜럼버스가 갖고 돌아가면서 유럽에 전해졌다. 1876년 스위스인 D 피터가 우유를 섞는 데 성공해 현재의 밀크 초콜릿 산업의 문을 열었다. 유럽을 여행하다 보면 스위스와 네덜란드, 프랑스 등지에서 유독 화려하게 초콜릿 특산 페스티벌이 열려 관광객들을 부르고 있음을 볼 수 있다.

초콜릿은 가공 성형이 자유로워 어떠한 것이라도 그 속에 넣을 수 있는 특성이 있어 오늘날엔 세계 각국에서 계속 신제품이 개발돼 수천 종의 초콜릿 상품이 있는 것으로 추산되고 있다. 초콜릿 종류 중 카카오 함유량이 50%를 넘는 제품을 '다크 초콜릿'이라고 부른다. 달콤 쌉싸름한 다크 초콜릿이 대세였던 미국·유럽 등과 달리 국내에서는 달짝지근한 밀크 초콜릿의 인기가 높았다. 그러나 올 초 다크 초콜릿이 혈액순환 등 건강과 다이어트에 좋다는 입소문으로 20~30대 젊은 여성들을 중심으로 수요가 늘면서 초콜릿 전체 판매량이 폭발적으로 증가해 제조사들이 즐거운 비명을 지르고 있다고 한다. 그러나 초콜릿에는 고열량·고당질이 있어 건강에 무조건 좋다고 장담할 수 없다는 지적도 있다.

요즘엔 당초 유래와 달리 상업성이 개입되면서 여성이 남성에게, 남성이 여성에게 사랑을 고백하며 초콜릿 등 과자와 사탕을 건네는 밸런타인데이와 화이트데이로 인해 초콜릿 판매량이 늘고 있다고 한다.

한데 밸런타인데이를 앞두고 아동인권 비정부기구 '세이브 더 칠드런'은 엊그제 발표한 보고서에서 "초콜릿의 원료인 카카오 생산농장에서 일하는 전 세계 어린이들이 25만 명에 달한다"며 "이들 어린이는 저임금과 하루 10시간의 중노동에 혹사당하고 있다"고 밝혔다. 유엔 '어린이 인권 협약'이 1959년에 채택됐으니 어린이 인권 보호가 반세기 가까이 '추상적 구호'에 그쳤음을 보여준다. 초콜릿의 달콤함 뒤에 숨은 가혹한 아동 착취요 인권유린이 아닐 수 없다.

한류

'한류(韓流)'. 21세기 동아시아를 넘어 구미에까지 흐르는 한국 대중문화의 조류를 일컫는 일종의 문화코드이다. 얼추 1997년부터 나타나기 시작한 한류 현상은 문화부에서 제작한 한국 알리기 홍보용 비매품 음반에 '韓流'라는 이름이 처음 붙여지면서 통용되기 시작한 것으로 알려져 있다.

'신한류(新韓流)'도 있다. 국내에서 각국의 한류 열풍을 적극 수용하는 측면에서 재가공해 관광, 쇼핑, 패션 등 연관 산업 분야의 성과를 창출하는 새로운 풍조를 말한다. 한류가 해외여행 같은 아웃 바운드라면, 신 한류는 한국의 가수와 공연을 보고 드라마 촬영지 답사 등을 통해 풍물을 접하도록 한국 방문을 유도하는 인 바운드라고 하겠다.

여기에서 나온 파생어 '합한족(哈韓族)'은 한류 열풍에 의해 야기된 한국문화를 동경하는 '한국팬 집단'을 말한다. 한국 풍을 따라하는 것을 최고 가치로 여기는 특징을 갖는다. 기존 아시아권에 큰 영향을 미쳐온 일본 대중문화는 자극적이고 심지어 엽기적이며, 중국문화는 조악해 대중의 반응이 미미한 데 비해 한국문화는 탄탄한 구성과 내용,

세련미 등이 폭발적 호응을 이끌고 있는 현장인 것이다.

그런데 요즘 한류에 대한 '역풍'이 거세지고 있다는 우려를 낳고 있다. 몇몇 스타에만 의존하는 가요와 러브스토리 일색의 드라마와 영화, 그저 그런 한국 내 관광상품에다 현지인들의 한류 저항의식이 싹텄기 때문이다. 20여 년 전 홍콩 영화가 한국 내 개봉관을 거의 점령하면서 우리 청소년들의 책받침 등에 홍콩 배우들이 캐릭터처럼 사용되다 10년을 넘기지 못하고 사라진 '향류(香流)'의 전철을 밟을까 걱정된다.

가수 '비'를 키운 박진영씨가 대통령 직속 대중문화교류위원회 공동위원장을 맡았다. 이재명 대통령은 '박진영을 장관급에 임명한 결정이 어떤 신호인지'를 묻는 외신 기자 질문에 "대한민국의 문화 역량을 산업으로 발전시켜서 국민들이 먹고 살길을 만드는 것이 중요한데, 박진영이라는 사람이 그 측면에서 아주 뛰어난 기획가"라고 말했다. 문화의 산업화, 문화의 글로벌 진출에 주력하게 될 것이라고 한다.

박진영씨는 미국 하버드대에서 열리는 한류 포럼의 기조연설을 한 바 있다. 그는 민족주의 성향이 진한 '한류(Hallyu, Korean Wave)'라는 상표가 강한 혐한(嫌韓) 바람을 몰고 오는 주원인이 되고 있다며 "'한류'라는 국가 라벨을 떼어내야 한다"고 말해 큰 울림을 주고 있다. '민족 과잉'은 글로벌화의 장애라는 뜻이다. 지구촌 곳곳에서 불어오는 한류 역풍을 경계해야겠다.

붕어빵 강의

"전문 지식과 열정으로 무장하되 전달의 효율성을 높여라."

요즘 대학 교수와 기업체 전문 초빙 강사들이 살아남기 위해 고민하고 있는 화두다. 산업화시대를 살았던 대부분 교수와 강사들이 정보화시대의 젊은 학습자들을 상대로 강의 효과의 극대화를 꾀하기 위해선 보다 유익하고 흥미있는 강의안을 마련해야 한다는 주문이다. 최근 한 회사 연수원에서 초청 강사가 '구닥다리' 내용으로 강의하다 연수생들의 항의를 받고 쫓겨난 일은 단적 사례에 불과하다.

대학 사회를 들여다보자. 좁은 강의실만으로는 몰리는 수강생을 감당하지 못해 대강당으로 옮겨서까지 열성적으로 강의하는 '명교수'가 있는 반면, 맥 빠진 강의 속에 대부분 학생들이 엎드려 자는 강의실도 적지 않다. 어떤 차이일까. 강의안과 강의기법의 우열이라고 할 수 있다.

정보화시대 학습자들은 인터넷 등을 통해 특정 내용에 관해선 교수보다 폭넓은 지식을 갖고 있다. 다만 학습자는 정보 종합력과 응용력이 약한 점을 보완하는 데 교수들이 힘을 쏟는다면 강의의 수준은 높아질 것이다.

21세기는 지식산업의 시대이다. 그러기에 교수는 앞선 새 지식 습득은 물론 지식종합력과 학생들이 흥미를 갖고 쉽게 받아들이는 '펀(fun)기능' 높은 교수법 개발에 남다른 노력이 요구된다. 학습 수요자 중심의 열린 교육이 절실하다는 뜻이다.

인격체인 학생의 처지와 특성을 살펴 교육해야 한다는 당위가 있기에 세계적 교육학자인 프랑스 스트라스부르대의 구스도르프 교수는 이를 일러 "교직은 교육학을 넘어선 곳에서 시작한다"고 말했던 게 아닌가.

서울대 공대는 모든 강의 내용과 자료를 홈페이지에 올려 학생은 물론 일반인도 볼 수 있도록 '공개 강의 프로그램(오픈 코스웨어)'을 실시하고 있다. 현재 미국 매사추세츠공대(MIT)에서 호응을 얻고 있는 이 프로그램이 본격 도입되면 대학가에서 해마다 낡아빠진 노트로 수업하는 '붕어빵 강의'가 사라졌다는 평가다.

스승이나 학생 모두 동양의 고전 '대학'에 나오는 '일일신 우일신(日日新 又日新·나날이 새롭고 또 새롭다)' 정신을 새겨야 할 때이다.

헌혈

 2차 세계대전이 발발한 직후 영국은 히틀러의 침략으로 바람 앞의 등불과도 같은 운명이었다. 전시내각을 구성한 총리 윈스턴 처칠은 하원에서 그 유명한 역사적 연설을 한다. "내가 바랄 수 있는 것은 피와 눈물과 땀밖에 없다." 이후 영국은 전승국이 된다. 그렇다. 이 세상의 모든 위대한 일은 피와 눈물, 땀의 산물이다. 땀은 근면, 눈물은 박애, 피는 공동선을 위한 고귀한 희생정신을 의미한다.
 그래서 사가들은 이웃과 인류, 세계를 위해 이 3대 액체를 많이 뿌린 이들을 의인·열사라고 부르고 있다. 땀은 땅을 위해, 눈물은 인류를 위해, 피는 하늘을 위해 뿌렸던 것이다. 한민족의 영원한 민족정기의 표상인 안중근 의사를 보자. 숱한 세월 풍찬노숙하며 조국광복을 위해 땀과 눈물을 흘리고, 급기야 1909년 10월26일 조선 침략의 주역 이토 히로부미를 처단하기 전에는 동지들과 단지(斷脂)동맹으로 혈서를 쓴 뒤 거사에 성공하지 않았던가.
 보통 '피와 땀과 눈물'이라고 말한 데서도 보듯 정점에는 피가 자리하고 있음을 알 수 있다. 동서고금을 막론하고 피는 고귀한 생명을 뜻하기 때문이다. 역사적으로 어느 문명권이든 신께 드리는 최고의 제물이 바로 '피의 제사'였음은 피의 중요한 의미를 단적으로 시사하고 있다. 더군다나 피는 혈통의 이어짐을 나타내기에 중시될 수밖에 없다. 오늘날에도 고결한 혈통 보존은 가문이 지켜야 할 최고의 덕목으로 받아들여지고 있다.

지구촌 시대를 맞아 요즘엔 국제결혼도 많아졌다. 하지만 인종을 초월해 깨끗한 혈통끼리 연을 맺기를 원한다. 가문 간 결합만이 혈맹은 아니다. 헌혈과 수혈도 또 다른 의미의 혈맹일 수 있다.

혈액 재고량이 사흘 분은 돼야 하는데 우리나라는 평균 하루분 정도에 그치고 있어 수혈용 피가 모자라 환자보호자가 피를 구해야 하는 일까지 벌어진다고 한다. 그런데 헌혈에 가장 비협조적인 공무원 등 직업군들부터 자성해야겠다. 혈세로 먹고사는 공무원들의 도리가 아니다. 사랑 나눔인 헌혈에 오히려 공직자들이 모범을 보여야 하지 않을까.

반려동물 에티켓

"얘야, 동물 소리를 흉내 내볼까. '멍멍'. 무슨 소리지?" "강아지!" "야~옹은" "고양이!" "잘 아는데" "…."

엄마와 아이의 대화다. 아이의 인지능력을 키우는 데 동물이 등장하고 있다. 사람을 잘 따르는 개나 고양이는 살아있는 장난감이자 친구 같기 때문이다. 실제 가정에서 애완동물을 키우면 자녀에게 긍정적인 사고와 배려하는 마음을 길러줄 수 있다고 한다.

그렇지만 어른이 되면 생각이 달라지는 모양이다. 도시의 답답한 주거환경 탓도 있겠지만, 털갈이를 하고 여기저기 함부로 배설하는 애완동물을 영 께름칙하게 여기는 어른들이 적지 않다. 실제로 애완동물 사육은 여러 가지 질병을 유발하기도 한다.

지난해 말 핀란드 투르쿠대 연구팀이 20~54세 핀란드인을 대상으로 애완동물 사육이 건강에 미치는 영향을 조사한 결과 애완견을 키우는 사람들은 그러지 않는 이들에 비해 궤양, 편두통, 아토피 등을 더 심하게 앓고 있다고 조사된 것이다.

그런데도 핵가족과 독신생활자의 증가로 인한 인간소외 현상으로

'펫(pet) 신드롬'이란 신조어를 만들어 낼 정도로 애완동물을 키우는 사람이 늘고 있다. 거북이, 햄스터, 도마뱀, 이구아나, 맹견류까지 종류도 다양하다. 애완견이 누리는 혜택은 서민들로 하여금 삶의 의욕을 잃어버리게 만든다. 애견을 위한 러닝머신과 삼림욕에 이어지는 특별식 코스도 있다. 호화 결혼식, 장례식은 말할 것도 없다.

문제는 지하철 '개똥녀' 사건에서 보듯 공공장소에서 배설물을 치우지 않고 가버리는 등 시민정신 실종이다. 애완동물에 쏟는 애정만큼 철저한 관리를 함으로써 이웃 주민이 혐오하는 일은 없도록 하는 에티켓이 필요하다. 당국은 반려동물(애완동물)에 인식표를 붙이지 않고 외출하면 좀 중한 벌금을 물리고, 각 시·도지사는 개·고양이와 소유주 등록 의무화를 강화해야 한다.

근래 식용이 아니라는 의미의 '애완동물' 대신 사용 권장 용어인 '반려동물'은 가족이란 뜻을 담고 있다. 가장 격인 반려동물 주인은 스스로 '가풍'을 지켜야 할 의무가 있다.

고속도로

 옛 선인들은 마음에 맞는 짝을 도반(道伴)이라고 했다. 함께 진리를 추구하는 길동무라는 뜻이다. "길은 길로 이어지고/ 그리움은 그리움으로 이어진다 하였는가/ … 길을 가다가 같은 눈물을 흘리는 사람을 만났다"라는 김경훈의 시 '길을 가다가'처럼, 마음을 비운 길손의 눈엔 세상사가 선하게 보이는 순수의 경지에 들어설 수 있기에 그랬나 보다.
 이처럼 길은 인간의 삶과 운명을 같이했다. 금의환향이라는 영광의 길이 있는가 하면 허리가 휘는 빚을 감당 못해 고향 논두렁길을 밟으며 야반도주했던 비통함의 길 등 천태만상의 길이 있다. 도시화에 따른 길의 변천도 빼놓을 수 없다. 오솔길, 지게길, 우마차길, 신작로, 포장국도, 고속도로에 이르기까지 길은 인간 역사의 상징이다.
 고속도로는 우리나라에서 이젠 산업의 대동맥이자 생활 속에 가장 가까이 대하는 친근한 존재로 자리하고 있다. 1968년 12월 서울~인천 경인고속도로가 완공되면서 우리 곁에 성큼 다가선 고속도로는 전국을 반나절권으로 묶으면서 국토의 균형발전에 크게 기여하고 있다. 히틀러가 "수레와 말에 의한 교통이 수레와 말 자신을 위한 도로를 만들었듯 자동차를 위한 자동차도로를 건설해야 한다"고 말함으로써 시작된 독일의 속도 무제한 고속도로 아우토반이나, M-1, M-4의 이름으로 불리는 영국의 모터웨이, 그리고 태양도로라는 이름의 이탈리아의 아우토스트라델솔레 등은 유럽의 대표적인 고속도로로서 한때 우리의 부러움의 대상이었다.

우리나라가 '고속도로 5154km 시대'(2024년 말 기준)를 열었다. 세계 10위권이다. 여기에 더해 전국 어디에서나 30분 내에 고속도로망에 접근할 수 있도록 남북 7개축, 동서 9개축의 격자형 고속도로망이 수년 내 완성되고 철도가 대륙과 연결되면, 한반도는 첨단 공항·항만의 시너지 효과로 '광속의 통합국토'를 형성해 동북아 교통의 허브로 우뚝 설 수 있다는 기대를 갖게 한다.

한때 문주란의 '안개 낀 고속도로', 나훈아의 '이별의 고속도로'처럼 비탄조 가요의 대상이었던 고속도로가 '고속도로 로망스'라는 낭만의 노랫말로 바뀌었듯, 고속도로처럼 쭉쭉 뻗는 국운 융성을 소망한다.

미국산 소고기

한 세대 전만 해도 소고기국을 먹을 수 있었던 때는 설날과 추석날, 그리고 제삿날의 탕 등 손꼽을 정도였다. 뜻밖에 '횡재'하는 날도 있었다. 손님이 오시면 어머니는 놋그릇에다 김이 모락모락 나는 흰 쌀밥을 고봉으로 담고, 장에 가서 사온 소고기로 딱 한 그릇만 국을 끓이신다. 그럼 그 손님은 슬쩍 집 안을 둘러보고 아이들이 있으면 그 소고기국을 반쯤 들고 상을 물린다. 물론 남겨진 그 소고기국은 애들 몫이다. 그 국물에 밥 말아 먹는 맛이란!

이처럼 소고기로 상징되는 소는 농경 사회에서 최고의 자산 가치를 지닌 존재이자 최상의 음식 재료를 뜻했다. 1980년대까지만 해도 최고의 명절 선물은 소고기 세트였다. 라면도 '소고기라면'은 조금 비싸지 않았던가.

소는 동양에서는 충직함을 나타낸다. 지금 같은 연말연시에 주로 보는 '토정비결'에서도 소띠는 심성이 여유로워 이성에게 인기가 있으니 매사 조심하라는 충고를 들을 정도다. 사람을 잘 믿으나 배신을 당하면 황소울음처럼 엄청나게 고통스러워하는 성격으로도 받아들여진다. 선가(禪家)에서는 마음 닦는 일을 소를 찾는 일, 곧 '심우(尋牛)'로 불렀다. 서양에서도 성서 속 누가가 희생을 의미하는 소로 표현되듯 긍정적으로 묘사되고 있다.

우리의 소를 보자. "넓은 벌 동쪽 끝으로 옛이야기 지줄대는 실개천이 휘돌아 나가고 얼룩백이 황소가 해설피 금빛 게으른 울음을 우는 곳 그곳이 ~"는 정지용 시인의 시 '향수'의 한 구절이다.

소는 그리움과 평화를 말한다. 그리고 여기서의 황소는 토종 한우인 칡소를 지칭하는데, 부드러운 육질을 지녀서 조선시대에는 임금님 수라상에 올랐고 힘이 좋아 역우(力牛)로 불렸다. 코와 입의 붉은 색과 붉은 노을을 층지게 해 힘 있는 데생이 돋보인 이중섭의 그림 '소'에서도 강인함이 느껴진다.

외국산 소고기에서 국내 허용치를 넘어선 발암물질인 다이옥신이 검출되면서 무역 갈등의 불씨가 되고 있다. 다이옥신은 베트남전쟁에서 고엽제로 알려진 제초제에도 포함된 독성물질이다. 글로벌 시대에 검역체계를 갖추고 나서 소고기 판매에 나서야 한다.

사자성어

말의 허망함을 나타내는 예화 한 토막. 젊은 스님이 오랜 세월 수행에 정진한 뒤 큰스님께 말했다. "큰스님, 이젠 제 마음에 실오라기 하나 걸친 게 없습니다." "뭐가 없어?" "실오라기 하나 없다고요." "그래 넌 굉장한 걸 걸치고 있구나."

마음을 비운다면서 불필요한 말을 함으로써 허위를 드러낸 삽화 같은 짧은 대화이다. 하물며 기록으로 남는 문자임에랴. 지혜로운 이들은 숙고하고 글을 써야 함을 강조한다.

역사에 남는 문필가들이 밤을 낮 삼아 고뇌를 거듭한 뒤에도 단 한 줄의 글조차 쓰지 못한 경우가 허다했음은 기록의 '힘'을 알기 때문이었다. 문자는 인류유산의 시간적 거리에 비례해 축적된 지혜의 산물이기에 어쭙잖은 글쓰기를 무겁게 대했던 것이다.

특히 한자를 중심으로 하나의 문화권을 형성한 한국과 중국, 일본 등 동아시아 국가는 각기 개성 있는 문화를 창조하는 동시에 많은 부분을 공유하며 발전해 왔다. 한자는 모든 사물을 표현할 때마다 글자를 만들어야 하는 번거로움도 있지만, 뜻글자로 돼 있어 시대와 장소에 상관없이 읽힐 수 있는 장점이 있다. 전달이 직접적이고, 시각효과와 연관돼 강렬한 이미지를 주고 있다. 컴퓨터의 아이콘과 비슷하다고 하겠다. 글자마다 함축적인 의미를 지녀 뛰어난 조어(造語) 능력을 갖고 있음도 빼놓을 수 없다. 한자 네 글자로써 특정 이치를 적확하게 드러내는 사자성어가 대표적이다.

최근 여건은 성숙됐으나 일이 성사되지 않아 불만이 폭발할 것 같은 상황이라는 뜻의 '밀운불우(密雲不雨)'를 교수신문이 올해 한국 사회를 정리하는 사자성어로 정해 화제를 모은 바 있다.

이번엔 여야가 내년의 사자성어로 각각 '무심운집(無心雲集)'과 '쾌도난마(快刀亂麻)'를 선정해 미묘한 신경전을 벌이고 있다. 제발 정치권은 마음을 비우면 구름이 모인다는 의미의 무심운집과 잘 드는 칼로 시원하게 삼 가닥을 자른다는 뜻의 쾌도난마 같은 정치를 행동으로 보여주기 바란다. 아는 것을 말이 아닌, 실천하라는 '지행합일'의 사자성어가 요청된다.

말을 아무리 잘해도 진실함이 없으면 자신은 물론 이웃도 위험하기 때문이다.

전어

　가을은 성찬(盛饌)의 계절이다. 특히 남도에는 동네 어디를 가도 풍성한 상차림으로 넉넉한 인심을 담고 있다. 윤기 자르르한 햅쌀밥에 보기만 해도 군침 도는 김장김치, 막 건져낸 생선을 곁들여 먹는 맛이란 도회인들이 미처 상상조차 못할 맛과 멋이 있다. 경치 좋은 자연에 사람의 훈기, 음식 맛까지 어우러지다 보니 시선(詩仙) 이태백이 말하던 인간세상 아닌 별다른 천지가 있다는 뜻의 '별유천지비인간(別有天地非人間)'이 바로 요즘 남도의 풍정이 아닐까 생각하게 한다.
　가을 맛의 대표는 역시 '전어'. "가을 전어 대가리에 참깨가 서 말"이라는 속담만 봐도 그렇다. 모든 생선이 가을에 맛이 오르지만 전어는 가을에 먹어야 구수한 맛이 입 안 가득 도는 참맛을 느낄 수 있기에 그렇다. 오죽 맛있으면 돈 생각 안 하고 사 먹는다고 해서 전어(錢魚)라고 하고, '전어 굽는 냄새에 집 나간 며느리도 돌아온다'는 말까지 있을까.
　남쪽 바다에서 다 자란 전어는 9월 중순부터 12월까지 잡힌다. 가장 맛 좋을 때가 10, 11월이다. 가을에는 몸길이가 20cm 정도로 자라 살이 통통하게 오르고 지방질이 다른 철에 비해 최고 3배나 더 많아 고소한 맛이 절정에 달한다. 열량도 많지 않아 다이어트에 좋다고 한다.

전어는 회와 무침, 구이 등이 있다. 어떻게 먹든 씹을수록 고소해지는 뒷맛이 깊고 은은해 계속 찾게 한다. 전어와 찰떡 궁합은 막걸리. 한 시인은 이렇게 읊었다. "진눈깨비 흩날리는 남도 식당/ 농주 한 사발에 전어회 한 입, 무청김치 곁들이니 수심은 멀어지고 홍조만 남네 …."

전어는 주로 서남해안에서 잡힌다. 요즘은 충남 서천 등지도 산지로 유명하다. 한데 자연산 어획량이 급증하고 시화호 등에서 불법 남획되는 물량이 시중에 대량 유통되면서 양식 전어 어민들이 가격 하락으로 애를 태우고 있다. 곧 철이 끝나가기에 이대로 방치할 경우 수온이 7도 이하로 내려가면 모두 얼어 죽을 우려가 있다고 한다.

이제, 비도 그쳐 가을은 물러서고 겨울인데 양식 전어 어민들 마음은 차갑기만 하다. 만추, 모든 이들이 가을의 풍요를 누렸으면 한다.

드라마

'라디오 속에 정말 사람이 들어 있는 것일까?' 어린 시절 라디오에서 흘러나오는 대사 등을 듣고 의문을 품곤 했다. 그때 어머니와 동네 아주머니들은 라디오 앞에 앉아 연속극에 귀를 쫑긋 세운 채 기쁘고 슬픈 표정을 짓곤 했었다.

사랑방에서도 라디오 연속극이 화제에 오르곤 했다. 해방 후 역사를 다룬 '격동 30년'과 북한 체제를 소재 삼은 '김삿갓 북한 방랑기'가 대표적이다. 그렇게 라디오 드라마는 가족이자 친근한 벗이었다.

1970년대 이후 TV 드라마가 우리 곁에 가까이 다가섰다. 56년 5월 한국 최초의 상업 TV로서 '종로방송국'으로 불린 HLKZ가 드라마 '천국의 문'을 내보낸 것이 첫 TV 드라마다. 이후 61년 12월 KBS TV가 개국하면서 드라마는 새로운 전기를 맞이했다.

70~80년대에 드라마 중에는 '전원일기'와 같이 '국민 드라마'라 불릴 만큼 경향 각지의 뜨거운 인기를 끌었던 연속극이 줄을 이었다. 72년에 방영된 주간연속극 '여로'는 천진스러운 바보 영구와 지고지순한 그의 아내 분이를 보기 위해 TV가 있는 곳이라면 어디든 사람들이 모

여들었다. 시청률 70%가 보여주듯, 저녁 7시30분만 되면 길거리는 한산했고 어느 집에서도 수돗물 소리가 들리지 않았다는 말이 있을 정도로 모두들 드라마에 넋을 놓았다.

1980년 12월1일 컬러 TV방송이 시작된 뒤 이제 한국 드라마는 중국, 일본, 대만, 홍콩, 동남아 할 것 없이 한류 열풍을 일으키면서 가히 폭발적인 모습이다. 기획·제작력, 시청자의 심금을 울리는 구성과 감정 묘사가 뛰어나기 때문이다. 특정 드라마 신드롬이 일 정도로 드라마는 사람들의 생각을 바꾸게 하는 등 영향력이 지대하다.

한데 우리 TV 드라마는 결혼과 출산에 부정적인 상황 묘사가 적지 않아 저출산·고령화 시대 문제 해소에 좋지 않은 영향을 끼친다는 지적을 받는다.

이와 관련해 보건복지부는 오늘과 내일 방송작가들과 워크숍을 갖고 저출산의 원인이 되는 결혼·출산에 대한 젊은 세대의 소극적 태도가 담긴 내용을 TV 드라마에서 자제해 줄 것을 요청할 것이라고 한다. 우리의 미래를 위한 과제이니 기꺼이 협력해야 할 사안일 것이다.

학교폭력

"10대는 과자, 20대는 연인, 30대는 쾌락, 40대는 야심, 50대는 탐욕에 움직인다."

계몽주의 철학자 장 자크 루소의 말이다. 루소는 그러면서 '인간은 언제 지혜를 구하느냐'고 묻는다. 그는 스스로 답한다. 지혜의 열매는 일시적 격정인 파토스의 불길이 다 가라앉은 노년기에 열리는 것이라고. 동양에서도 같은 이치였다. 세상 누구로부터 무슨 말을 들어도 귀가 순해진다는 이른바 이순(耳順), 곧 60이 되어서야 삶의 지혜가 보인다고 공자는 말했던 것이다.

그럼 10대는 무엇인가. 루소의 정의대로 초·중·고 시절인 10대는 과자로 상징되듯 먹고 마시는 기본 욕구를 충족하려 애쓴다. 남녀 학생 모두 어른 모습을 따라하고 싶어 충동적인 행동을 쉽게 하기도 한다.

이 충동을 가정과 학교, 사회가 적절히 제어하지 못하면 비행학생으로 남게 된다. 10대에 인생을 설계하는 좋은 꿈을 꾸어야만 황혼기에 거두는 지혜의 열매도 탐스러운 것임을 역사는 일러주고 있다. 조선 중기 대 학자 이율곡 선생이 지은 '격몽요결'은 어린이·청소년 시절에 뜻을 바르게 세우라는 '입지(立志)'를 맨 먼저 강조하고 있다. 뜻의 크기와 옳고 그름에 따라 성인(聖人)과 무명인의 갈림길에 들어선다고 설파하고 있다.

동서양의 지성들이 이처럼 아동·청소년기의 중요성을 강조하고 있음에도 불구하고 오늘 한국 사회에서는 10대들을 둘러싼 불미스러운 일들이 벌어지고 있어 안타깝게 한다.

학교 폭력에 시달리던 끝에 "졸업 때까지 몸 만들어 돌아와 해볼 수 있는 만큼 해 보겠다"는 메모를 남기고 가출했던 초등학교 6년생이 사흘 만에 귀가했으나 굶주림과 추위로 탈진해 병원에서 치료를 받고 있다. '오죽하면 그랬을까' 하고 동정여론이 높다. '이지메'로 불리는 집단따돌림과 학교 폭력에 시달리다 끝내 유서를 남기고 목숨을 끊은 일이 여러 차례 있었던 터여서 놀란 가슴을 쓸어내리게 한다.

학교 폭력은 피해·가해 학생 사이는 물론 학부모 간, 학교와 학부모 간 등 여러 갈등을 유발하는 사회악이다. 가정과 학교, 사회와 국가가 미래세대의 밝은 앞길을 마련한다는 소명의식을 갖고 공동 대처해야 할 일이다.

연탄

"삶이란 나 아닌 다른 이에게 기꺼이 연탄 한 장 되는 것/ … 눈 내려 세상이 미끄러운 아침에 다른 이가 마음 놓고 걸어갈 그 길을 나는 만들고 싶다."(안도현의 시 '연탄 한 장' 중)

연탄의 '미학'을 시인이 노래하듯 연탄은 지난 세월 우리네 삶과 친숙했다. "나를 전부라도 태워, 님의 시린 손 녹여 줄 따스한 사랑이 되고 싶었습니다. … 그리고 함박눈 펑펑 내리는 날, 님께서 걸어가실 가파른 길 위에 누워, 눈보다 더 하얀 사랑이 되고 싶었습니다"라는 정감 어린 문구로 읽는 이의 심금을 울리는 이철환의 연작소설 '연탄길'도 맥을 같이한다.

이처럼 '연탄' 하면 어려움 속에서도 용기와 사랑을 잃지 않았던 가족과 이웃의 이야기가 떠오른다. 연탄불에 음식을 장만하고 한밤중 정성스레 연탄을 갈던 어머니에 관한 추억은 콧등을 시큰거리게 한다. 쌓인 재를 제때 퍼내지 않아 아궁이 구멍이 막혀 열기가 돌지 않자 꼭두새벽 일어나 불을 살피고 대문간에 나가 훌훌 묵은 재를 털곤 했던 어머니와 누이의 모습은 지금도 눈물샘을 자극한다.

살림살이가 괜찮을 때는 연탄을 부엌 뒤켠에 수북이 쌓아놓아 보기만 해도 따뜻했는가 하면, 형편이 어려운 시절엔 새끼줄에 연탄 한두 장을 꿰어 사들고 오고 불씨를 꺼뜨리면 옆집에 새 연탄을 주고 불이 활활 타는 연탄으로 바꿔오던 기억도 새롭다.

빙초산과 김칫국물로도 깨어나지 않자 죽었다고 가마니를 덮어 놓았던 연탄가스 중독사고가 빈번했던 시절도 불과 얼마 전이다. 아픈 기억도 있지만, 그래도 초등학교 시절 난로 위에 도시락을 데우고, 성인이 돼선 달아오른 연탄불에 고기 한 점 올려놓고 소주잔 기울이며 각박한 세상사 시린 마음을 데웠던 그때가 그립다.

생활수준 향상과 도시가스 보급으로 소비량이 줄던 연탄이 요즘 고유가 시대 서민살림의 어려움으로 다시 '아랫목 지킴이'로 각광을 받고 있다고 한다. 서민들의 따뜻한 겨울나기를 위한 사회와 이웃의 배려가 필요하다. 세상은 살 만하다는 희망을 심어줘야겠다.

= 제4부 =

'밥' 그 이상의 뜻

학생독립운동기념일

"낙망은 청년의 죽음이요, 청년이 죽으면 민족이 죽는다." 암울했던 일제 식민 시절, 청년 모임 흥사단을 이끌던 도산 안창호 선생의 말이다. 독립을 향한 한국혼 살리기에 나선 선지 선열들은 줄을 이었다. 단재 신채호 선생은 이렇게 외쳤다. "힘쓸지어다. 오늘날 우리 한국 사람아. 희망에서 원력이 생기고 원력에서 열심이, 열심에서 사업이, 사업에서 국가가 생기나니 한국 사람아, 희망할지어라"고.

한민족에게 희망을 버리지 말라고 잠든 민족혼을 깨우는 데는 외국인들도 함께했다. 그 중 '3·1 독립선언의 34인'이라고도 평가되는 영국 출신 스코필드 박사를 꼽을 수 있다.

그는 세브란스 의전 교수로서 소아마비라는 불편을 무릅쓰고 3·1운동이 터지자, 일본의 탄압상을 사진으로 수없이 남겨 일제 만행을 세계에 알렸다. 서대문형무소의 류관순 열사를 방문해 위로하고, 총독을 찾아가 비인도성에 항의했다. 그러면서 스코필드는 "부정과 불의, 부패와 용감하게 싸우는 청년정신을 발휘하자"고 당부하기도 했다.

조국독립을 향한 국내외 선각자들의 정신은 특히 청년학생들의 피를 끓게 했음은 물론이다. 1929년 11월 3일 일요일 광주. 메이지 일왕의 생일인 '명치절' 축하식 뒤 "대한독립 만세"를 외친 학생 독립운동은 그 상징이었다. 그 물결은 순식간에 전국과 만주·중국·일본 등지로 파급됐다.

3·1운동과 함께 독립운동의 양대 산맥으로 평가되는 이 날을 기리기 위해 정부는 1953년 국가기념일인 '학생의 날'로 제정해 해마다 전국 각지에서 기념식을 가졌었다.

경남 마산을 시발로 한 4·19 혁명도 부정부패에 항거한 학생들의 의분의 표시였을 정도로, 학생정신이 면면히 이어져오다 유신시대에는 '기념일 간소화' 명분에 밀려 사라지는 곡절도 겪었다. 1984년 부활됐으나 지방 행사로 축소됐다.

77돌인 올해부터는 정부 차원의 '학생독립운동 기념일'로 새롭게 승격돼 오늘 경향 각지에서 첫 행사가 열린다. 학생독립운동의 올바른 정신을 계승할 계기는 마련됐지만, 갈 길은 멀기만 하다. 미래의 동량, 청년 학생들이 맘껏 꿈을 펼치도록 각 분야 선진화를 이루는 게 '학생의 날' 정신일 것이다.

다름의 인정

우리는 다양성의 세계에서 살아간다. 고유의 개성을 살리되 남과의 조화를 전제로 할 때 우리의 공동체가 발전할 수 있음을 뜻한다. 공자도 '군자 화이부동(君子 和而不同)'이라고 했다. 인격자는 화합하되 개성을 살린다는 뜻으로서 다름을 인정하는 이상을 강조한 것이다. 영어식 표현을 빌리면 '다양성 속의 조화(The harmony in diversity)'라고 하겠다.

사실 인간관계는 갈등의 연속이다. 서로 다른 환경에서 태어난 데다 성장과정에서도 교육과 경험 등이 다르기 때문이다. 현대 대표적 정신분석학자인 미국의 윌리엄 글래서 박사는 인간은 크게 다섯 가지 기본 욕구가 다르다고 말한다.

생리적 욕구, 심리적 욕구인 사랑과 소속감, 사회적 지위와 부를 뜻하는 힘, 자유, 즐거움 등을 꼽고 있다. 욕구에 따라 사고, 감정, 행동의 동기가 다를 수밖에 없는데 이를 절제하고 타인을 배려할 때 조화를 가져올 수 있다고 강조한다. 실패하면 스트레스가 쌓여 개인 간 대립은 물론 가정 불화, 사회 갈등, 국가 간 충돌까지 빚어진다는 진단이다.

공동체 화평을 위해 의견이 다른 타인에 대한 배려가 요구됨을 알 수 있다. 열림이다. 일본, 이탈리아 그리고 독일이 파시즘에 빠질 수 있었던 것은 그 사회가 닫힌 사회였기 때문이다.

원효스님의 다름을 인정하되 마음을 열고 화해하라는 '화쟁론(和諍論)'과 동양의 화이부동 정신은 관용, 곧 서구의 똘레랑스와 궤를 같이 한다. 다름에 대한 이해가 없을 때 인간은 금수의 야만성을 띠게 된다. 나치는 홀로코스트로 상징되는 유대인 탄압에 무자비했다. 다름을 불허한 극단적 야만성의 발로였다.

인기그룹 리더에게 본드를 넣은 음료수를 건넨 피의자가 상해 혐의로 불구속 입건됐다. '괜히 싫다'는 안티팬의 단순 감정만으로 대중스타에 대한 공격성을 드러낸 것으로 분석되고 있다. 그룹 리더는 "좋은 모습을 보여드리기 위해 노력하는데 좋게 봐주시는 분도 있고 다른 관점으로 봐주시는 분도 있다는 걸 깨닫게 됐다"며 "더 노력할 것"이라고 말했다.

우리 사회에 타자 인정이 생활화돼야겠다. 입장 바꿔 생각하자는 것이다.

과학수사

"완전범죄는 없다." 법의학 등을 활용한 과학수사 파일들이 말해주고 있다. 지문과 혈흔, 탄도 검사, 부검 등을 거치면 어딘가에 단서가 드러나기 마련이다. TV에서 인기리에 방영 중인 외화 시리즈 '과학수사대 CSI'(범죄현장수사팀)는 첨단과학수사 기법을 자랑하는 미국 경찰 현장감식반의 활약상을 다룬 수사물이다. 이 드라마 주인공은 25년 경력의 범죄수사국장 길 그리섬. 흥미로운 것은 그가 곤충학자라는 사실이다.

시신에 가장 먼저 몰려드는 곤충은 파리다. 딱정벌레는 시일이 경과해서 시신이 건조해진 뒤 나타난다. 곤충들의 이동행태를 밝히면 사망시각 추정이 가능해진다. 음독자살한 시신에서 발견되는 구더기는 평균적으로 느리게 성장하는 반면 마약을 복용한 주검에서는 훨씬 빨리 자란다. 흥분 상태에서 시체를 급히 파먹어 성장속도가 빨라지는 것이다. 이런 경우 실제 사망시각보다 이르게 추정된다.

서울 한 마을 영아유기 사건의 용의자인 프랑스인 부부가 숨진 영아

2명의 부모로 확인돼 어제 프랑스 경찰에 긴급 체포됐다. 프랑스 측이 해당 부부의 DNA를 분석한 결과 이미 한국 경찰이 건넨 DNA 분석 수사기록과 일치한 것이다.

프랑스로 도피한 이들 부부의 유전자 샘플을 직접 채취할 수 없는 악조건에서도 국립과학수사연구소가 현장에 남은 머리카락과 생활용품 등 증거를 정밀 수집·감식해 정확한 결론을 내린 것은 세계 어디에 내놓더라도 자랑할 만한 '과학수사의 개가'라는 평가다.

쿠르조씨 부부가 삼풍백화점 붕괴사고, 대구지하철 방화참사 등으로 형체조차 없어진 시신들의 신원을 한꺼번에 밝혀낸 한국 수사당국의 능력을 얕본 것 같다.

우리나라에 처음 과학수사 기법인 지문감식 기능이 도입된 것은 구한 말인 1909년으로 1901년 도입한 영국에 비해 불과 8년 뒤였다. 이제 다시, 우리 경찰의 과학수사가 새 장을 열게 됐다.

다음 달부터 서울 일선 경찰서부터 최첨단 과학수사 장비로 범인을 추적하는 한국판 CSI가 신설된다. '지능범죄'에 대응하기 위한 것이다. 민생치안과 인권 보호라는 두 마리 토끼를 한꺼번에 잡는 '포돌이·포순이'가 기대된다.

해외두뇌 귀국 기피

귀소(歸巢). 동물이 자기 서식처로 되돌아오는 성질을 뜻한다. 멀리는 수천㎞ 떨어진 바다에서 모천으로 되돌아오는 연어의 대이동은 귀소의 한 형태다. '태양컴퍼스'라 하여 태양의 위치를 목표로 이동하는 것을 보면, 미물의 귀소성에 경탄할 정도다. 하물며 사람이랴.

여우가 죽을 때 머리를 자기가 살던 굴 쪽으로 바르게 하고 죽는다는 말에서 유래한 수구초심(首丘初心)은 망향에 대한 인간의 마음을 단적으로 표현하고 있다. 명절 대이동을 보면 한국인에겐 특별한 회귀성 유전인자가 있는 것 같다.

1960년대 후반, 미국·독일 등 선진국의 대학과 연구소에서 일하던 30대 중반 전후의 한국인 과학자 17명이 귀국 보따리를 쌌다. 하나같이 세계 과학기술계의 기대를 한 몸에 받은 유망주들이었다.

이들이 일할 새 직장은 당시 서울 홍릉에 갓 세워진 한국과학기술연구소(현 KIST)였다. 이들에게 귀국을 설득했던 고 최형섭 초대 카이스트 소장은 "노벨상과 조국 중에 택해 달라"고 호소했다.

이들 '제1세대 해외 유치 과학자'들의 공로에 힘입어 철강·조선·화학 등 중화학공업을 일으켜 '조국 근대화'의 기초를 다졌다. 일부는 국방과학연구소로 옮겨 70년대 후반 국산 미사일을 만드는 등 자주국방의 꿈도 키웠다. 이후 반도체 기술 등 2, 3세대 과학자들의 귀국이 줄을 이었음은 물론이다.

해외에서 박사학위를 취득하고 귀국하는 이공계 두뇌의 수가 점점 줄어드는 것으로 나타났다. 고급 두뇌의 귀국률 저하 배경은 이공계에 대한 우리 사회의 인식이 낮고 처우가 열악한 것이 주된 요인으로 지적되고 있다. 애국심에만 호소해 귀국을 권유하는 때는 지난 것 같다.

해외 두뇌들이 갖고 있는 첨단 기술을 국내에서 마음껏 펼칠 수 있도록 여건을 조성하는 데 힘써야겠다. 보람만 찾는다면 해외 두뇌의 귀소 본능은 누구보다 강할 것이다.

프랑스의 세계적 과학자 파스퇴르는 "과학에는 국경이 없지만 과학자에겐 조국이 있다"고 하지 않았던가.

가족

'가족'. 인류가 갖는 최소 공동체다. 혼인이라는 사회적 공시 절차에 의해 부부의 지속적인 결합이 법적으로 승인되고 유지돼야 하는 전제가 있다. 여기에 자녀에 대한 아버지 어머니의 역할이 가능해야만 가족은 존속된다.

이 같은 본질적인 기능이 성립될 때 부부의 경제적 협력이 이루어지고, 정서적 융합 속에서 어린이의 사회화가 진전되는 것이다. 마땅히 가족은 같은 장소에서 숙식하고 물질을 공유하는 관계 속에서 유대를 다진다. 이익관계를 떠난 애정적인 혈연 집단이기에 그렇다. 그 가족만의 고유한 가풍도 형성하게 된다.

인간은 가정에서 타인과의 생활에 필요한 기본 질서를 배운다. 애정, 배려, 권위, 책임, 예의 등 인간사 희로애락을. 그래서 대교육자 페스탈로치는 "가정은 도덕의 학교"라고 말했나 보다.

가족 개념도 혈연 중심의 전통적 의미를 벗고 시대 변화에 따라 폭넓게 재해석되는 추세다. 입양 가족이 대표적 사례다. 요즘은 적지 않은 가정이 혈연의 한계를 넘는 입양에 참여하고 있다.

한국 사람들이 생각하는 가족은 '사랑'의 개념으로 정리돼 있는 것으로 나타났다. 네티즌을 대상으로 한 여성가족부의 "가족 하면 떠오르는 단어가 무엇이냐"는 설문의 답으로 '사랑'이 1위를 차지한 데 이어 '힘' '존재' '행복' 순으로 나타났다. 가족 관련 어휘 빈도는 '부모'가 압도적으로 많았고 '어머니' '아버지' '자녀' 순이었다고 한다.

그렇다. 우리가 멀리 떨어져 사는 가족을 그리워하는 것은 그곳에 위해주는 사랑이 있기 때문이다. 어머니 아버지의 사랑, 형님 누나와 동생의 사랑, 처자식과 이웃 친척들의 사랑이 짙게 배어 있는 곳이다. 여러 이유로 고향을 떠나 유리고객(流離孤客)하며 살고 있지만, 가족이 있는 고향은 그래서 더욱 그리운 게 아니겠는가.

상처와 좌절을 보듬고 희망을 가꾸게 하는 행복의 원천이 가족이요 고향인 것이다. 가족에게 따뜻하고 넉넉한 정이 담긴 손을 내밀어보자.

국가경쟁력

정부의 존재 이유는 국민을 위해서이다. 국민의 권리와 행복을 위해 정부가 있고, 그 대가로 국민은 근로를 통해 세금을 낸다. 따라서 한 나라의 행정서비스는 소비자인 국민을 중심으로 이뤄져야 한다. '고객 위주 행정'의 당위성이 여기에 있는 것이다.

일찍이 근대시민혁명의 태두로 평가되는 1789년 프랑스 대혁명에선 '인간과 시민의 권리 헌장'에서 "국민 권리의 보장이 확보되지 아니한 사회는 법을 가졌다고 할 수 없다"고 천명하지 않았던가.

그렇다. 한 나라를 운영하는 1차적 책임은 정부에 있다. 정부가 일을 잘한다는 평가를 받기 위해서는 정부경쟁력을 키워야 한다. 한데 문제는 정권을 책임진 이들의 안일함이다. 정부가 어지간히 잘못해선 '퇴출'될 염려가 없기 때문이다.

기업은 소비자로부터 반응이 시원치 않으면 곧장 파산하는 냉혹한 현실과는 괴리가 크다. 그런 이유로 정권담당자들은 국민의 '행복추구권'과는 동떨어진 정책을 무리하게 추진하다 국민을 도탄에 빠지게 한다는 게 동서고금 역사의 교훈이다. 국제통화기금(IMF) 환란은 대표적 사례일 뿐이다.

한데 우리 정부에도 경고등이 들어왔다. 걱정이다. 스위스 국제경영개발대학원 (IMD)의 '2025년 국가경쟁력 평가'를 분석한 결과, 한국은 지난해보다 순위가 크게 밀리며 69개국 중 27위를 차지했다. 이는 2024년 20위에서 7계단 하락한 것으로, 역대 최고 순위는 지난해의 20위이며, 최저 순위는 외환위기 직후인 1999년의 41위다. IMD는 경제성과, 정부효율성, 기업효율성, 인프라 등 4개 분야와 337개 세부 항목을 종합해 국가경쟁력을 평가한다.

한국이 성장 동력을 상실한 채 분배 이론에만 매달리다가는 왕년의 선진국인 필리핀 꼴이 날 것이란 경고가 나온 지 오래다. 정부와 기업, 국민 모두 국가 경쟁력을 높이기 위한 길이 무엇인지 고민할 때가 아닌가 생각된다.

쿠데타

'혁명'과 '쿠데타'. 같은 역사적 사건도 때로는 이름을 달리해 불린다. '5·16'의 경우 역대 군사정권이 자기합리화를 위해 '군사혁명'이란 표현을 썼지만 지금은 '쿠데타'로 옷을 바꿔 입었다.

혁명은 불합리한 사회에 대항해 절대 다수 국민이 정의로운 세상을 구현하기 위해 기존의 권위를 과격한 수단까지 동원해 뒤엎는다는 의미가 있다. 우리의 '4월 학생혁명'처럼 껍데기는 보내고 알맹이만 남기는 청산작업이다.

이에 반해 쿠데타는 민의와는 상관없는 정권욕이 기반이다. 세계 각국에서 프랑스어인 쿠데타를 사용하는 이유는 1799년 11월 나폴레옹 보나파르트가 디렉투와르(통령정치)를 폐지하기 위해 군을 동원해 의회를 해산한 데서 찾고 있다.

쿠데타는 은밀하게 계획돼 기습적으로 감행되는 것이 보통이다. 1922년 10월 무솔리니의 로마 진군에 의한 정권 탈취 등이 있다. 현대사에서도 중남미와 동남아, 아프리카 등 후진국에서 잦았다.

혁명이든 쿠데타든 동서고금의 주도세력들은 민의를 앞세우는 게 특징이다. 하긴 맹자도 민의를 등진 군주를 패도자로 규정, 쫓아내 죽이는 '방벌(放伐)'의 대상으로 규정하고 있다. "지도자가 몇 번을 간해도 듣지 않으면 지위를 폐해도 무방하다. 국가에는 백성이 제일 귀하고, 다음이 사직이요, 군주는 경(輕)하다"고 말해 동양적 민본정신이 바탕에 깔려 있음을 본다.

동남아와 아프리카에서 종종 쿠데타가 발생한다. 우리나라의 '12.3 불법 계엄'도 친위 쿠데타라고 하겠다. 유혈혁명이나 백색혁명으로 불리는 평화혁명, 또는 쿠데타이든 민초의 삶에 원초적 변화를 가져오는 사건이다. 시인 하이네는 이렇게 말했다.

"혁명은 불행이다. 그러나 더 커다란 불행은 실패한 혁명이다."

이어도

'이어도'는 제주도의 전설에 나오는 섬으로 '파랑도(波浪島)'로 불리기도 한다. 제주 여인에게 이어도는 이곳에 고기잡이 나갔다 돌아오지 않는 남편과 아들이 잠든 곳, 자신들도 결국 그들을 따라 떠나게 될 곳으로 굳게 믿는 환상의 섬으로 여겼다. "이어도 하라 이어도 하라/ ~ 이어 이어 ~/ 하멘 나 눈물난다~"로 시작하는 아낙들의 노랫말은 지아비를 그리워한 옇夫(망부)의 사무침과 아들이 보고픈 단장(斷腸)의 모정이 진하게 배어 있음을 본다.

한 서린 이어도가 근래 들어선 축복의 땅이 되었다. 한반도 최남단 섬인 마라도에서 서남쪽으로 149㎞ 떨어진 수중 암초인 이곳에 한국해양연구소가 1995년부터 2001년까지 첨단 관측장비와 헬리콥터 착륙장을 갖춘 15층 높이, 400평 규모의 종합해양과학기지를 건설했다. 그동안 해양 생물자원 탐사, 기상관측 등에 유용한 기지 역할을 해왔다.

이어도는 육지바람 영향 없이 순수한 해상풍이 불고 있어 우리나라 몬순(장마)의 영향에 대해 가장 신빙성 있는 데이터를 제공하고 있는 일은 대표적 사례로 꼽히고 있다.

한데, 평화의 땅에 돌풍이 불고 있다. 중국 외교부 대변인이 이어도가 한국 영토라는 것을 인정할 수 없다며 억지를 부리고 나선 것이다.

이에 앞서 중국은 지난해 이어도의 해양과학기지에 대해 비행기를 동원해 5차례나 순항 감시활동을 벌였던 것으로 밝혀졌다. 우리 고대사를 왜곡해 중국사로 편입하는 동북공정이 진행 중인 점을 감안할 때 계산된 발언으로 보인다.

이어도는 확실한 우리의 배타적경제수역(EEZ) 안에 있으므로 중국의 일방적인 주장은 가당치도 않다는 게 전문가들의 지배적인 견해이다. 한일어업협정 당시 우리의 EEZ에 들어와 있고 일본이 어로작업 시 우리 허가를 받고 있는 사실 등도 국제법적 효력이 있다는 풀이다.

하지만 우리와 중국은 EEZ 협상을 통해 해양경계를 아직 결정하지 않은 상태여서 영유권 분쟁 가능성에 대비를 해야겠다. 일본이 독도영유권을 끈질기게 주장하는 게 독도 주변 해저자원의 개발가치를 염두에 둔 것처럼, 중국의 속내도 불문가지 아니겠는가.

이어도에 높은 파도가 일고 있다.

국군포로

생존 국군포로 170여 명. 통일부 등 관계 당국이 귀환 포로와 탈북자들 증언을 통해 한국전 휴전 후 북한에 억류된 국군포로 1400여 명 중 현재 살아 있다고 추정한 인원이다.

동족상잔의 비극적 전쟁에서 평화의 수호자였던 그들, 국군포로들이 목메어 그렸던 것은 아마 고향이었을 것이다. 부모님과 형제자매, 아내와 사랑스런 자녀 등 가족이 있는 정든 땅이기에.

곧 '망향(望鄕)'이다. "… 언제든 가리 나중엔 고향 가 살다 죽으리 / 조밥과 수수엿이 맛있는 고을 /… 꿈이면 보는 낯익은 동리 /우거진 덤불에서 찔레순을 꺾다 나면 꿈이었다"는 한 목가풍 시구를 읊조리며 북녘에서의 삶을 마감하거나 아직 생에 대한 희망의 끈을 놓지 않고 있으리라.

왜 고향이 그리울까. 이는 쉽게 가지 못하기 때문이다. 공간적으로 멀고, 물리적으로 차단돼 있으며, 너무 오래된 시간적인 격리가 존재론적인 격리로 되었을 터이다. 슬픈 일이다.

1994년 10월 조창호 소위가 처음 귀환한 지 12년이 지났다. 그 이후

1년에 10명 안팎으로 국군포로와 그 가족이 북한을 탈출한 것으로 알려졌다. 국군포로 송환이 전후 반세기가 지났어도 지지부진한 데는 "국군포로가 단 한명도 없다"고 억지를 쓴 북측과 '남북관계 및 신변안전' 등의 이유로 명단 공개는 물론 남북회담에서 북에 제대로 주장을 펴지 못한 역대 우리 정부에도 책임이 작지 않다.

북한을 탈출해 중국에서 유랑하는 국군포로의 북송을 막을 장치가 마련됐다고 한다. 국방부 내 국군포로대책반을 중심으로 한 외교라인의 숨은 노력이 돋보인다. 국군포로 문제 해결은 조국이 위기에 처했을 때 젊은이들이 기꺼이 몸을 던질 수 있는 명분과 교훈을 주기에 중요한 일이다.

안중근 의사도 "나라의 위난을 보거든 목숨을 던지라(見危授命)"고 하지 않았던가!

말문 틔우기 영어

"알아도 군데군데 모르는 척하세요."

중국 작가 루쉰(魯迅)이 사람들과 이야기할 때 상대의 말 가운데 일정 부분 이해하지 못하는 척해야만 대화가 부드럽게 이어진다며 후학들에게 충고한 말이다. 너무 많이 알면 오히려 미워하기 때문이란다. 루쉰의 저서 '아침 꽃을 저녁에 줍다(朝花夕拾)'에 나오는 내용이다. 자신을 낮추는 겸손만이 주위와 갈등 없이 소기의 목적을 이룰 수 있다는 풀이다.

한데, 알아도 모르는 척하려면 상대의 말을 이해하고 오히려 잘못된 점을 지적할 수 있을 정도의 지식과 능력을 갖췄을 때 가능한 일이다. 영어 회화의 예를 들어 보자.

유럽의 경우 한 나라가 여러 국가와 국경이 맞닿은 지리적 이점도 있어 그렇지만, 유럽인들은 국어 외에도 영어는 물론 제2, 제3의 외국어 한두 개쯤은 너끈히 구사하는 능력을 갖고 있다. '강소국' 싱가포르야말로 언어능력이 곧 국력이다. 중국어 말고 영어, 말레이어와 인도어까지 능숙하게 말하는 청소년들을 보고 있노라면 선진국 수준의 국가

경쟁력을 확보한 그들의 저력이 어디에 뿌리를 두고 있는지 쉬 알 수 있다.

우리의 경우는 어떠한가. 1980년대 초 5공 때부터 회화가 중요하다며 학교 영어교육의 변화를 시도했건만 아직 초중고 12년 영어교육에 '꿀 먹은 벙어리' 수준을 벗지 못하고 있는 실정이다. 외국인과 마주할 때 '알고도 군데군데 모르는 척'이 아니라, 못 알아들어서 제때 정확하게 입이 열리지 않는 게 현실이다.

이런 실정을 감안해 교육부는 문법 위주 영어교육을 듣기·말하기·쓰기 등 표현력을 키워주는 회화 위주로 바꾼다고 밝혔다. 먼저 초등 1·2학년, 중 1학년, 고교 1학년부터 반영하고 전 학년으로 확대한다는 계획이다. 학교 영어교육에 만족하지 못하는 학생들이 학원에 다니고 해외 연수 등을 준비하며 쓰는 비용 등 사교육 시장이 10조 원에 이른다는 분석도 있을 정도이다.

의사소통 위주의 영어교육 방안이 실효를 거두기 위해서는 영어수업 가능 교사 확보율을 높이는 등 풀어야 할 과제가 적지 않을 것이다. 교육당국의 치밀한 준비가 있어야 하겠다.

종교근본주의

냉전 종식 이후 가장 심각한 분쟁 요인으로 종교를 꼽은 데서 회자되고 있다. 그렇다. 세계는 지금 종교 간 갈등이 그 어느 때보다 극심하다. 겉으로는 영토·민족·정치적 의견 차이로 비치지만, 실제는 서로 다른 종교 이념이 갈등의 핵으로 자리하고 있음을 본다.

같은 종교 내에서도 종파에 따른 갈등의 골이 깊다. 중동에는 가장 강력한 종교 세력인 '시아 초승달'이 있다. 이란에서 아프가니스탄, 이라크, 시리아, 레바논 내 헤즈볼라까지 선을 그으면 초승달 모양이 나오는데, 소수 시아파가 그 주축이다. 급진성에 뿌리를 둔 종교적 근본주의가 횡행하는 게 시아 초승달의 특징이다. 여학교 폐쇄, TV 시청 금지, 가혹한 처벌 등으로 잘 알려져 있다.

기독교에도 종교 화합적 다원주의를 거부하는 근본주의 세력이 적지 않음은 물론이다. 한국 내 일부 교파들은 독선에 빠져 타 종교에 적대감을 드러내면서 '사탄으로부터 구원'을 내걸고 저돌적 선교에 나서기도 한다.

한국 기독교 민간단체 주최로 아프가니스탄 카불에서 열릴 예정인 '

아프간 평화축제' 참가차 현지에 체류 중인 한국 개신교인 1500여 명이 모두 추방 위기에 놓였다가 행사를 취소했다.

아프간 성직자들이 "개신교 선교 목적의 행사"라며 추방을 요구하는 데다 아프간 정부도 입국 금지 등 강제출국 방침을 밝혔기 때문이다. 그런데도 주최 측이 '봉사활동'이라며 거부한 결과가 이것이다. 현지에선 사제 폭발물이 장착된 대한적십자사 봉사단 조끼가 발견되기도 해 불안한 마음 가눌 길이 없다.

아랍권의 이슬람교 신봉은 목숨과도 같은 것이고, 더구나 현지에서 이번 행사를 적대시하고 있다니 걱정이 됐었는데 그나마 다행이다.

"피서는 강원도로!"

　요산요수(樂山樂水). 어진 이는 의리가 있고 중후해 변하지 않으므로 산을 좋아하고, 지혜로운 사람은 사리에 밝아 막히는 것이 없으므로 물을 좋아한다는 논어의 말이다.
　자연에서 삶의 도(道)를 깨치고자 했던 선인들의 철학이 배어 있음을 본다. '삼천리금수강산'이라고 할 정도로 풍광 수려한 산수를 자랑하는 우리나라이다. 그 중 백미는 단연 강원도라고 하겠다.
　백두대간의 중심으로 동해를 품에 안은 강원도는 빼어난 풍광만을 모은 '관동팔경' 중에서도 6경을 갖고 있지 않은가. 관동 제일의 누각이라는 삼척 죽서루를 중심으로 강릉 경포대, 양양 낙산사, 간성 청간정, 지금은 북녘 땅인 통천 총석정과 고성 삼일포를 지니고 있다. 여기에 울진 망양정과 평해 월송정을 더해 8경으로 친다.
　예로부터 시인묵객이 즐겨 찾아 시정을 나누고 풍치를 화선지에 담을 만하다. 그 아름다운 산수만큼 사람 마음 또한 곱고 넉넉해 강원도는 현대인이 즐겨 찾는 관광지이자 쉼터로서 각광을 받았다.
　메밀꽃 하얗게 핀 달밤의 서정을 느낄 수 있는 평창의 이효석 문학관, 소설 봄봄의 무대 춘천 김유정역, 원주 토지문학기념관 답사 등 뜻 있는 문학기행도 가능하다.

한데 요즘 이곳 사람들의 시름이 크다. 집중호우로 가장 큰 인명과 재산 피해를 본 강원도가 이번에는 휴가철 피서객이 끊길 위기에 처해 있기 때문이다. 피서객이 예년의 30% 수준에 그치고 여름철 90%대에 달하던 콘도 등 주요 숙박업소의 휴일 예약률은 절반에도 못 미쳐 생계 위협을 받을 정도이다. "물난리 난 강원도에 놀러가는 건 도리가 아니다"라는 정서 탓에 물 폭탄보다 무서운 '폭우 2차 피해'를 더 걱정하게 된 것이다.

이에 강원도는 '3·1·2 운동'을 펼치고 있다. 피서객이 사흘 휴가 중 하루는 자원봉사를 하고, 나머지 이틀은 부담 없이 즐기라는 것이다. 그렇다. 이웃이 힘들 때 서로 돕는 우리 겨레 고유의 전통 미풍인 환난상휼(患難相恤) 정신을 발휘해야겠다.

"자, 우리 다 같이 산 높고 골 깊으며 동해바다 넘실대는 강원도로 떠나자! 가서, '강원도의 힘'이 되어주자."

묻지마 범죄

'환경 심리학'은 사회 환경이 우리의 행동에 어떠한 영향을 미치는지를 연구하는 학문이다. 이를테면 외국에서는 허리케인(태풍)이 지나간 뒤 아이들이 많이 태어난다든지, 화산 폭발 후 이웃과의 싸움이 증가했다는 보고 사례 등이다.

자연환경뿐만 아니라 인위적인 환경도 인간 행동에 영향을 미친다. 헌혈하고 나서 방에 스탠드 불만 켜져 있을 때는 헌혈자끼리 서로 친밀하게 대화하지만, 천장에 커다란 형광등이 비출 때는 떨어져 앉아 별 이야기를 하지 않는다는 예는 대표적이다.

급속한 도시화에 따라 사람들은 인위적 환경의 영향을 갈수록 많이 받고 있다. '인구집중-인간관계 건조화-흉악범죄 증가'라는 악순환 고리 양태를 보인다. 실제로 어느 나라나 강력범죄는 대도시가 시골에 비해 10배 정도 많이 발생한다. 그런데 대도시에서는 불특정 다수를 대상으로 하는 '묻지마 범죄'가 한 몫을 하고 있다.

최근 광주·전남 일대에서 빚에 쪼들린 한 40대 여성이 코카콜라 병에 제초제를 투입한 뒤 콜라 회사에 20억 원을 요구하다 붙잡힌 사건은 묻지마 범죄의 전형이다.

한데 이번 사건 처리 과정을 놓고 콜라 회사와 경찰이 비판의 도마 위에 오르고 있다. 돈을 주지 않으면 콜라에 독극물을 넣겠다고 무려 75차례나 협박했는데도 회사 이미지 손상 등을 우려해 이유도 밝히지 않고 제품 회수에 나섰고, 피해자가 나온 뒤에야 협박 사실을 공개한 것은 소비자 경시의 상행위라는 지적이다.

경찰도 다수 시민의 생명이 걸린 사안이면 마땅히 공개수사에 나섰어야 했는데 우물쭈물했다는 비판을 면키 어렵다. 소비자 안전보다 이익만을 챙기는 상혼이 판치는 세상이다.

종자전쟁

세계는 지금 '종자전쟁' 시대이다. 다양한 생물종 확보는 생명산업(BT)의 중요한 요소로서 국부(國富) 창출의 큰 몫을 차지하기 때문이다.

국내 토종 생물은 약 10만종으로 추정되지만, 실제 파악된 종은 식물 8271종과 포유류 123종, 어류 905종, 조류 394종, 양서·파충류 41종, 곤충류 1만1853종 등 모두 2만9916종에 그친다. 일본은 9만여 종을 파악해 신약 개발 등에 활용하고 있다. 우리나라는 열대와 한대가 만나는 온대지역으로 사계절 기온 변화가 심해 서식 생물이 다양하고 특이하다.

이 가운데 한국에만 자생하는 특산 식물 400여종은 외양이 고운 데다 병 저항성이 강하고 약성(藥性) 또한 뛰어나 외국 '식물 사냥꾼'들의 표적이 되고 있다.

정원수로 세계적인 인기를 끌면서 1970년대 이후 우리나라에 수입된 '미스킴 라일락'도 사실은 한국이 원산이다. 1947년 미 적십자협회 직원이 한국 근무 중 북한산 백운대에서 털개회나무 씨앗 12개를 채집

해 가져간 품종이다.

이뿐 아니다. 한국산 은행잎은 동맥경화, 쑥은 위염, 꿀풀은 관절염 치료에 각각 탁월한 약효가 있어 다국적 제약사들이 선호할 정도다.

그러나 안타깝게도 생태계 파괴로 생물종이 사라지고 있다. 많게는 2000만종으로 추정되는 지구 생물종 중 매년 3만여 종이 멸종되고 있다. 환경부는 향후 토종 생물을 샅샅이 찾고 식물지 등도 펴낸다고 한다.

종자는 지구인의 먹거리 확보 및 식량 안보를 담보하는 아주 중요한 생명체다. 직물육종의 신구자인 고 우장춘 박사는 '씨잇은 그 자체가 하나의 우주'라고 말했다. 종자는 제2의 반도체 산업으로 불린다.

현재 전 세계는 소리 없는 전쟁 즉 종자전쟁을 하고 있는 중이다. 오늘날 종자 산업은 미국과 중국이 전체 50%를 차지하고 있으며, 그 뒤를 프랑스, 독일, 일본 등이 차지하고 있다. 만시지탄이지만 종자전쟁에 대비해야 한다.

환경재앙

 문명 향유의 대가는 비싸다. 인간의 자원 낭비로 지구 환경에 과부하가 걸려 지구촌 곳곳이 이상 징후를 보이고 있다. 지구의 신음은 어제오늘 일이 아니다. '유럽 100년 만의 대홍수' '아프리카 30년 가뭄' '중국 둥팅호 범람 위기 …1000만 명 비상'. 최근 보도된 기상이변들이다. 문제는 자연의 대공습이 현재진행형이라는 사실이다.
 남태평양의 투발루 공화국. 아홉 개 산호섬에 9000여 명이 살아가는 이 나라는 해수면 상승으로 나라가 없어질 위기에 처하자, 인근 호주와 뉴질랜드에 더 많은 이민을 받아들여 달라고 요청하고 있다. 휴양 섬으로 잘 알려진 인도양 상 몰디브도 마찬가지다.
 웃을 일이 아니다. 금세기 안에 가공할 재앙의 서곡이 준비돼 있다는 예측이 적잖기 때문이다. 얼마 전 공개된 '펜타곤 비밀 보고서'는 충격적이다. 가까운 장래에 극지의 빙하가 녹아 대양으로 흘러들어 해류 순환 시스템이 붕괴될 경우의 농업 타격, 네덜란드 헤이그 등 저지대 침수, 메콩강·도나우강 등 국제 하천을 둘러싼 물 분쟁 등을 시뮬레이션으로 보여주고 있다.

우리나라도 예외는 아니다. 작물과 어종의 북한계선 상승 등에 이어 이번엔 소나무 수액을 빨아먹어 새 솔잎이 누렇게 변하면서 소나무가 말라죽는 솔잎혹파리가 1년 새 2배로 급증했다. 게다가 봉지를 씌운 과일까지 망가뜨리는 갈색여치 떼가 급습해 과수원을 초토화하고 있다.

전문가들은 한반도의 고온 건조해진 이상기후 영향으로 보고 있다. 인류에 대한 자연의 역습이다. 환경을 생각하는 지속가능한 개발에 지혜를 모을 때다. 자연은 '경종'을 울리는데 인류는 '망각'하고 있다.

일왕의 반성

 1946년 11월3일 일본 신헌법이 공포됨으로써 당시 일본 국왕 히로히토는 신적 권위를 더 이상 지니지 못한 상징적 존재, 곧 평범한 인간이 된다. 일왕(日王)의 '인간 선언'은 일본인들에게 제2차 세계대전 패망보다 더 충격적이었다. 대다수 일본인은 일본 패망을 연합국에 항복한 것이라기보다는 일왕의 명령에 절대복종한 것으로 받아들였기 때문이다.
 태양의 여신(天照大神) 신화로부터 자신의 신성불가침한 권위를 끌어왔던 일왕은 인간 선언 후, 국화 문양의 화려한 왕복을 벗고 평복을 입은 채 전국을 순회하는 등 이전과는 전혀 다른 모습을 보였다.
 일본인의 속성을 예리하게 파헤친 화제작 '국화와 칼'의 저자 루스 베네딕트는 "비록 현인신(現人神)에서 범인으로 몰락한 일왕이지만, 일본인들의 정신적 지주로서 생명력을 잇고 있을 정도로 아직도 영향력은 지대하다"고 분석했다. 같은 입헌군주국이지만, 영국은 꾸준히 왕실의 존폐를 놓고 말이 많은 반면 다수 일본인은 일왕을 절대적 존재로 받아들이고 있음을 예로 든다.

현재 일왕은 나루히토(德仁)로 제126대다. 2019년 4월 30일에 아버지 아키히토가 생전 퇴위하여 동년 5월 1일에 새 천황으로 정식 즉위했다. 그는 일본이 전쟁 피해를 입은 사람들에게 깊이 반성해야 하며, 전쟁의 참화를 겪지 않았던 미래 세대가 평화를 이어가도록 노력해야 한다고 강조했다.

그는 매년 8월 15일 종전기념일 행사에서 피해 국가와 국민에게 깊이 반성해야 한다는 점을 언급하며, 전쟁의 고통을 겪었던 이들의 희생을 잊지 않고 평화로운 미래를 만들기 위한 책임을 강조하고 있다.

일왕 나루히토는 전범들이 합사된 야스쿠니 신사참배와는 어진히 거리를 두고 있다. 과거 죄과를 씻겠다는 옳은 태도다. 그러나 현재로선 발언의 진정성을 온전히 신뢰하기 어렵다. 과거사에 대한 뚜렷한 반성 없이 제국주의적 우경화의 깃발을 더 높이 치켜드는 일본 지도층이 많기 때문이다.

일왕의 이런 발언도 태평양전쟁 당시 일본에 침략당한 동남아 지역 순방을 앞둔 제스처일 수 있다. 국제사회의 신뢰를 얻기 위해선 말보다 행동이 중요하다.

외국인 며느리

국제결혼이 크게 늘고 있다. '지구촌 시대'에 걸맞은 인류 한 가족 의식의 발로다. 한국의 국제결혼 수는 2024년 2만 1천 건으로, 전년 대비 5.3% 증가했다.

우리나라에 거주하는 '다문화가정'의 혼혈인 수는 미국계 1만5천여 명과 여타 혼혈인 8만5천여 명 등 모두 10만여 명으로 추산된다. 이 가운데 외국인 여성과의 국제결혼이 1만 6천 건을 차지하며, 전체 혼인 중 국제결혼의 비중이 높아지고 있는 추세다. 이러다 보니 신혼부부의 11%를 차지하고, 전체 출생아 중 다문화 가정 출생아 비율은 5.3%다.

우리 사회에서 '국제결혼'의 뜻은 본래 의미가 퇴색돼 받아들여지고 있다. '농촌총각 장가보내기'가 부각되다 보니 한국 농촌에 시집온 외국인 색시 얘기가 주된 화젯거리다. 이들 외국인 며느리는 대부분 시부모를 극진히 봉양하면서 가정을 잘 가꿔 농촌 마을의 '희망'으로 자리 잡은 미담의 주인공으로 소문나면서 칭송을 받고 있다.

그러나 파경을 맞고 갓난아이와 함께 '이주여성의 집' 등지를 전전하며 어려운 삶을 사는 경우도 적지 않다. 국제결혼 중매업이 신고제로

돼 있어 700여 곳에 이를 정도로 난립한 업체들이 감언이설로 결혼을 성사시키기에만 바빠 부작용이 큰 것이다.

보통 중매업소에 신랑 측이 성사 조건으로 지급하는 비용은 2500만 원 정도. 하지만 신부 측에 건네지는 돈은 보통 100만 원에 그친다. 맞선도 형식적이다. 한 참가자는 "심한 경우 5분 안팎에 줄지어 선 여성들 중에서 짝을 고른다"고 밝힐 정도다.

'국제결혼여성 세계대회'가 서울에서 열린다. 가정의 가치를 중시하는 대회 진행을 통해 다문화가정 구성원들이 우리 사회의 건강한 일원으로 자리 잡기를 기대한다.

기미가요

"키스해 주렴. 소녀여, 할머니에게/ …알아다오. 죽은 자들의 목소리를…."

국왕의 영원한 통치를 바라는 일본 국가 '기미가요'를 군대위안부의 한(恨)을 담은 노래로 바꿔 부른 가요의 한 대목이다. 지난 2월 일본 도쿄시내 중·고교 졸업식장에서 일본 국가가 학생들 사이에 '키스 미(나에게 키스를)'란 제목으로 개작한 영어 가사로 불려진 뒤 인터넷을 통해 급속히 유포되고 있다.

기미가요는 '천황의 치세는 천대에서 팔천 대까지, 조약돌이 반석이 되어 이끼가 낄 때까지'라는 표현에서 보듯, 메이지 시대 이후 일왕을 신격화하는 군국주의 상징으로 자리하다가 2차 세계대전에서 패한 뒤 폐지됐다.

그러다가 일본 정부는 1999년 국기국가법을 제정해 학교에서 히노마루 게양과 기미가요 제창을 강요하고 있다.

그런데 7년이 흐른 지금, 역사에 대해 참회 없는 어른들에 대한 저항일까. 일본 젊은이들은 기미가요를 군대위안부들의 아픔과 진실 규명을 바라는 노래로 바꿔 부르고 있는 것이다.

최근 계속되는 야스쿠니신사 참배 강행과 교과서 왜곡, 독도 영유권 주장 등에서 나타나듯 일본 기성세대들이 보이는 급격한 우경화를 철저히 외면하는 태도다. 학생들의 풍자가 놀랍고 신선하기까지 하다.

식민지 국가의 여성들이 강제로 끌려가 일본 군인들의 성적 노예집단이 된 군대위안부. 전쟁이 끝난 뒤 대부분 현지에 버려지거나 학살됐으니 그들의 한을 어떻게 위로하랴.

그래도, "차가운 동굴은 알고 있단다./ 저 달이 미쳐 죽어가는 사람들을 지켜보고 있었다는 설"이라고 끝맺는 기미가요 개삭 노랫말은 조금은 위로가 될 듯싶다.

늙은 한국

10년 전 우리나라의 인구 분포는 어린이 4명에 노인 한 명꼴이었다. 그러나 이젠 어린이 2명에 노인 한 명으로 바뀌었다. 2005년 인구센서스를 보면 0~4세 영·유아는 2000년에 비해 23.9% 줄어든 데 비해 65세 이상 인구는 29.5% 늘어나면서 400만 명대에 진입해 전체 인구의 10%에 육박하는 것으로 나타났다. 일할 사람은 줄고 부양받을 사람은 늘면서 연금 재정 고갈 등 사회적 파장이 우려된다.

사회 재생산이 불가능하면 사회 시스템은 무너지고 만다. '늙은 한국'을 젊게 하려는 국민적 지혜 모으기에 나서야 할 때다.

우리나라의 여성 한 명이 낳는 아이 수는 지난해 말 현재 1.08명. 세계 최저 수준이다. 기혼자나 미혼자 모두 왜 아이 낳기를 피하는가. 자녀 양육비용과 개인 희생이 너무 크다는 점을 먼저 꼽는다. 아이를 안심하고 맡길 수 있는 보육시설 부족과 낮은 질도 아이 낳는 것을 꺼리게 하는 요인이다.

여성의 사회 진출이 보편화된 시대에는 육아와 사회 활동을 병행하는 것이 불이익이 없고 오히려 성공할 수 있는 길이라는 인식이 들도록 정부 정책이 뒷받침돼야 한다.

　프랑스의 경우는 귀감이 될 만하다. 저출산으로 홍역을 치렀던 프랑스는 자녀수당과 주택임대 보조금을 대폭 늘렸다. "아이만 많이 낳아 길러도 일하지 않고 살 수 있다"는 말까지 나왔다.

　인구정책은 교육·부동산·복지 등 여러 분야를 종합해 세워야 성공할 수 있음을 보여준 셈이다. 하지만 저출산 문제는 돈으로만 해결할 수 없다. 전통적인 가정의 가치를 중시하는 사회적 합의도 중요하다. 3대가 함께 사는 미풍을 살려야 한다.

성범죄 중벌

분노형, 권력형, 가학형. 이른바 성범죄자들의 심리 상태 유형이다. 미국의 심리학자 그로스와 홉슨이 성범죄자 1000여 명을 분석한 결과다. 증오에 의해 불특정 다수에게 성범죄를 저지르는 분노형, 남성우월적 심리가 표출된 권력형, 그리고 가학형은 엽기적인 성범죄를 일컫는다. 문제는 우리 사회에 서구의 퇴폐 향락문화가 범람하면서 성범죄도 급증한다는 데 있다.

이런 현실을 감안해 국가청소년위원회는 성범죄자의 얼굴 사진을 공개하고, 형이 종료된 뒤에도 10년 동안 지역주민에게 신상 정보를 알린다는 요지의 '아동·청소년의 성 보호에 관한 법률'을 개정할 계획임을 밝혔다. 여성·청소년단체는 적극 지지하고 있다. 그러나 일부에선 교도소 복역 등 죗값을 치렀기에 이중처벌이라며 반대하고 있다.

하지만 성폭행과 '원조교제' 등 청소년 상대 성범죄가 급증하는 현실에서는 성범죄자 중벌론이 힘을 얻을 수밖에 없다. 처벌 강화는 세계적인 추세다. 선진국에서는 성범죄자에게 전자 팔찌를 채우고 이름·얼굴을 인터넷에 올리며 책자까지 돌린다.

미국 텍사스주는 집 앞에 '성범죄자'라는 팻말까지 부착하고 있다. 물론 가족이 당하는 고통 등을 고려해 대상자 선정 등은 신중해야 하지만 성범죄 예방과 재발 방지 대책은 강화해야 한다.

아무튼 '범죄' 아닌 남녀 간의 순결하고 아름다운 사랑을 소망해 본다. 사랑은 폭력이 아닌, 배려를 통해 성장하는 것이기에.

그래서 한 시인은 "자라지 않으면 사랑이 아니다./ 키우지 않으면 사랑이 아니다"라고 노래했나 보다.

황사월경(黃砂越境)

"우주는 함께 만들어 가는 것이다."(존 브룸필드의 저서 '지식의 다른 길' 중)

미국 미시간대에서 30여 년간 인도 역사를 가르치면서 현대문명의 그늘과 자연 친화를 역설한 브룸필드의 말은 계속된다. "오늘날 세계를 파멸로 몰아가고 있는 서구 산업사회의 패러다임은 상호 연관성을 인정하지 않는 직선적 시간관에서 기인한다."

대신 그가 제시하는 것은 세계 개념이다. 다른 존재에게 가하는 사랑과 폭력은 곧 나에게 돌아온다는 부메랑 법칙의 또 다른 설명이다. 상생의 중요성을 말하고자 함이다. 이는 불교에서 말하는 너와 내가 둘이 아닌 하나라는 '불이(不二)' 사상이나, 이마누엘 칸트가 역설한 "내 자유를 확장하되 상대에게 도움을 주는 것, 이것이 자유의 법칙이다"라는 말과 궤를 같이한다. 이른바 대승 정신이자 코스모폴리터니즘이다.

중국에서 주로 황사에 포함돼 옮겨와 국내 대기 속에 쌓이는 오염물질인 이산화황(SO_2)과 질소산화물(NOx) 양이 국내 대기 중 이산화황과 질소산화물 전체 양의 절반 이상을 차지한 것으로 국립환경과학원 조사 결과 밝혀졌다.

이산화황 등 중금속은 폐기종과 암 유발 물질로 알려져 있다. 5곳에 불과한 한중 황사 공동관측소 추가 설치와 중국 사막화 방지를 위한 대중 '환경외교' 등 국제공조를 강화해야겠다.

아메리카 원주민의 지도자 롤링 선더가 "마음속에서 모든 오염이 시작된다"고 한 것은 현대 중국인들에게 시사하는 바 크다. 이웃 나라를 배려하는 환경 친화의 마음과 실천의 중요성을 경책하는 말이다.

오염물질의 월경은 선린의 정신이 아니다. 하물며 우주는 인류가 함께 가꾸어야 하는 대상 아닌가.

몰카

"사생활 침해 성격이 강하고 '관음증(觀淫症)'적인 요소가 내포돼 있는 것 같다."

한 국회의원의 '술집 몰카 동영상'이 최근 인터넷에 유포되면서 공인의 프라이버시 침해 범위 등을 놓고 논란이 이는 가운데 어느 심리학자가 한 말이다. 관음증이란 사람들의 옷 벗는 행위 등을 훔쳐보는 욕구를 반복하는 것을 뜻한다.

굳이 이집트와 중국 등의 고대 문명을 들춰 내지 않더라도 관음증에 뿌리를 둔 성(性) 문화는 인간 역사와 함께해왔다. 미식축구 경기장에서 선수들의 경기 모습을 보기보다는 치어리더들의 벗은 몸을 들여다보기 위한 '망원경 부대'들이 관중석 앞줄에 줄지어 있는 것이 하나의 예일 것이다.

더욱이 인터넷의 발달은 이러한 모습에 가속도를 붙여주었다. 오프라인 상에서 이리저리 뛰어다니면서 욕망을 채우던 사람들은 이제 전 세계 어디서든 사이트를 클릭 하나로 열 수 있게 됐다. 다양성, 편의성이 보장되고 있다.

여당은 지방선거를 앞두고 해당 의원 사건에다 또 다른 동료 의원 사건 등을 다시 끄집어내면서 제1야당의 성윤리 의식을 문제 삼고 있다. 물론 해당 의원은 "카페엔 갔지만 그런 행위는 하지 않았다"고 부인하고 있다. 하지만 '오이 밭에서 신발을 고쳐 신지 말고, 오얏나무 아래서 관을 고쳐 쓰지 말라(瓜田不納履 李下不整冠)'는 교훈을 잠시 잊은 듯하다.

목민관의 사표 다산 정약용이 지적하지 않았던가. "지도자의 올곧은 자세는 여자의 순결과 같아서 털끝 하나의 흠집이라도 있어선 안 된다"고. 여야 간 '몰카 공방'이 어떤 결론으로 치달을지 궁금하다.

할아버지와 손자

"할아버지, 재미있는 이야기 해주세요."(손자) "무슨 이야기가 좋을까? 음, 그래. 내가 어릴 적 할아버지한테 들은 얘긴데, 옛날 어느 고을에 …."(할아버지)

조손(祖孫)간의 따뜻함이 듬뿍 묻어나는 대화이다. 사실 언어수사학적으로 '할아버지와 손자'는 '아버지와 아들'보다 훨씬 친근하다. 손을 잇는다는 계대의식의 애틋함에서 비롯된다. 손자손녀를 덮어주는 넉넉한 품, 어른의 허전함을 채워주는 아이의 초롱초롱한 생기는 천국 그 자체이다.

이 같은 조손일치 의식은 우리 설화의 주류를 이룬다. 선한 일을 해 자손들이 부귀영화를 누린다는 발복담은 대표적인 예이다. 한데 동서고금을 통틀어 명문가는 사회적 신분에 걸맞은 도리와 책임을 다했음을 볼 수 있다. 노블레스 오블리주이다.

손자손녀 귀엽다고 무조건 '오냐오냐' 하며 응석을 다 받아줘 버르장머리 없는 이기적 인물로 키우지 않고, 조부모와 부모가 앞장서 이웃을 위한 철학을 가르치고 솔선수범한 것이다. 인류 보편의 진리인 공동선 구현이다.

논어에 나오는 "내가 원치 않는 일을 남에게 강요하지 마라(己所不欲 勿施於人)"는 성현의 가르침을 실천함이다. 당나라 선승 임제의 "가는 곳마다 주인 되고 진실되어라"는 말과 궤를 같이한다.

법무부의 '국적이탈 신고자 인적사항' 자료에 따르면 국방장관과 외무장관을 지낸 이의 손자들이 포함돼 있는 것으로 알려졌다. 또 이 국적 포기자 중 40% 정도는 서울 강남·서초·송파구 등 '범 강남권' 거주자인 것으로 나타났다. 힘 있고 돈 있는 '가진 자'들이 손자나 아들을 군에 보내지 않으니 '빈민 개병제'라는 자조마저 나오는 현실이다.

이순신의 어머니는 이렇게 말했다. "어서 가거라. 가서, 나라의 원수를 크게 갚아라!"고. 증조부가 현몽해 '순신(舜臣)'이란 이름까지 알려준 조손일치 사랑과 위국충절의 모정이 있었기에 충무공은 '불멸의 스승'으로 추앙받고 있음이다.

밥

우리 민족에게 '밥'은 생존 수단 그 이상의 의미를 지니고 있다. 농경 사회에서 밥 먹고 사는 게 삶의 목표였을 정도였기 때문이다. '밥 위에 떡'이란 말은 밥만 있어도 흡족한데 더 많이 생겨서 바랄 것이 없다는 포만감의 상징으로 사용될 정도이다. 요즘에도 "그 친구 밥 좀 먹고 살지"라는 말은 그래도 괜찮은 경제형편을 뜻한다. 그러다 보니 '밥 한 알이 귀신 열을 쫓는다'는 속담처럼 밥이 신성시되기도 했다.

동학의 2대 교주인 해월 최시형은 '밥은 한울님'이라며 이식위천(以食爲天) 정신을 받들었을 정도다. 요즘에야 밥 먹을 걱정으로부터 멀리 벗어나 있다. 밥 먹기가 싫어서 패스트푸드를 이용하기까지 하는 세상이 돼버렸다. 그렇지만 '밥은 보약'이라는 짧은 경구에서 보듯, 아직 이 땅에서 밥의 권위는 절대적이다.

밥의 의미도 세태를 반영한다. 흥보가 배곯는 자식들을 위해 '매품팔이'를 하듯 전통적 의미는 호구지책이다. 그래서 '밥알을 버리면 3대가 빌어먹는다' 등의 격언 속엔 밥을 대하는 조상들의 생활철학이 담겨 있다. 그러다 1970~80년대부터는 '생명사상'으로 변천됐다. 김지하가 산문집 '밥'에서 "우리 모두가 밥이다"라고 한 것은 공동체적 삶의 중요성을 함축한 말이다. 근래 밥은 사교와 호의의 뜻으로도 통용된다. "함께 식사하자"는 제의는 같이 밥 먹는 차원 이상의 뜻이 있다.

한 정부청사 인근 식당 주인이 정부 홈페이지에 "공무원들 밥값 외상 좀 갚으라"는 항의성 글을 올려 부서마다 외상 현황 파악에 나서는 등 소동을 벌였다고 한다. 사실 여부를 소상히 파악해봐야겠지만 반응은 다양하다. '외상이면 소도 잡아먹는다'는 한국인의 잠재의식의 발로인가, 아니 밥값을 못 낼 정도로 공무원들이 궁한가 하는 것 등이다.

아무튼 외상 밥값도 인터넷으로 독촉하는 세상에 살다 보니, 밥집 치부책에 금액을 적곤 "외상이오"라며 이 쑤시고 식당 문을 나서던 시절이 정겹게만 느껴진다.

금은보화

'사후세계의 궁전.' 금은보화가 대량으로 묻혀 있던 진시황 등 중국 주요 황제들의 묘를 뜻한다. 한데 황제들은 능 조성 작업에 동원된 사람들을 살해했다고 한다. 육신은 죽지만 보화는 저승에서도 사용해야 하는 '재산목록 1호'로 보았기 때문이다.

한데 암호 같은 비석의 내용을 해독해 황릉의 문을 힘겹게 열었을 때 소장품들은 증발되거나 파손돼 있었다. 도굴꾼 소행이다. 생전엔 권력과 부를 누렸던 황제도 결국 죽어선 '다 털리고' 빈손으로 떠나야 함을 교훈으로 남긴다.

물론 서양에서도 일찍이 금은을 다루는 금속공예가 발달했었다. 최근 미라의 컴퓨터 단층촬영을 통해 3300년 만에 모습이 복원된 고대 이집트 파라오 투탕카멘도 실제 무덤에서 발굴됐을 당시엔 황금 마스크를 하고 있었으니 인류와 금은보화의 '질긴 인연'을 알 만하지 않는가.

산업혁명 이후 구미의 귀금속 세공산업은 한 단계 변모한다. 프랑스 파리 방돔 광장과 오드리 헵번이 주연한 '티파니에서 아침을'이라는 영화로 더욱 유명해진 티파니가 있는 미국 뉴욕 5번가 등이 세계적 보석상 밀집지역으로 꼽히는 이유이다.

지금도 티파니 제품은 여성들이 꿈에서라도 갖고 싶은 선망의 대상이다. 하다못해 모조품이라도 갖고 싶어 한다. 그러다 모파상 소설 '진주목걸이'의 주인공 루아젤 부인처럼 허영에 사로잡혀 대리인생을 살아가는 아픔을 겪기도 한다.

전국 최대 규모의 귀금속 판매장인 전북 익산 귀금속 판매센터에서 100억 원대의 귀금속이 도난당했다. 화장지 몇 장에 첨단 경비 시스템이 작동하지 못했다니 허술한 보안장비도 문제지만, 진열장 61곳을 털면서 반지 한 개 흘리지 않고 '싹쓸이'해 간 대담성이 놀랍다. 하지만 몽타주까지 배포된 상태이니 곧 잡히지 않을까.

노자의 제자로 알려진 열자는 이렇게 말했다. "금은보화를 훔치는 자 사람을 보지 못한다." 귀금속 도둑질하기에 정신이 팔려 옆에 사람이 있는 줄을 모른다는 뜻이다.

신생아

 "아가를 재우려다 엄마도 잠이 오고/ 엄마를 더 보려고 아가는 자지 않고/ 자장자장 노래하다 엄마 먼저 잠이 들고/ 잠든 엄마 바라보다 아가도 따라 자고…"(도종환 시인의 '엄마와 아가' 중). 아이를 재우려다 먼저 잠이 들어 버린 엄마와 엄마 따라 소르르 잠든 아이, 두 모자의 모습을 한 폭의 그림처럼 생동감 있게 그린 시이다.
 표현되지는 않았지만 엄마는 아이에게 산새와 토끼, 진달래와 할미꽃 등 자연을 소재로 한 얘기를 들려주며 재웠을 것이다. 정성을 다해. 왜? 자신을 닮은 어린 생명이 꿈을 맘껏 펼치길 바라는 부모의 소망이 담겨 있기 때문이다.
 한데 고사리 손에 솜털 같은 피부를 가진 아이도 불교식 표현을 빌리면 생로병사, 이른바 '사고(四苦)'의 인생행로를 거치면서 죽음을 맞게 된다. 그래서인가. 소크라테스는 "철학은 죽음의 연습"이라며 언제 죽음이 오더라도 태연히 죽을 수 있는 마음의 준비가 필요하다고 강조했나보다. 죽음의 공포를 극복하고 생사관을 확립하라는 뜻이다. 인도의 시성 타고르가 "죽음이 문을 두드릴 때 내 생명이 가득한 광주리를 내놓겠다"(시집 '기탄잘리')며 이웃과 진리를 위한 삶을 살겠다고 다짐한 말도 궤를 같이한다.

여성 1명이 평생 낳을 것으로 예상되는 평균 출생아 수인 '합계출산율'은 2024년 0.75명으로 세계 최하위다. 출생아 수는 23만 명으로 2015년(43만8천 명)보다 47.5% 감소했다. 출생률 감소로 한해 사망자 수가 출생아 수를 넘어서면서 2020년(-3만2천600명)부터 인구 자연 감소가 시작됐다. 전국 시·군·구 가운데 사망자 수가 신생아 수를 넘어선 곳이 120곳에 이르는 것으로 나타났다. 226개 기초단체의 50%를 넘어섰다. 돌잔치에 초대받는 일보다 조상길 찾을 일이 많다는 말이나. 산부인과·소아과는 없고 장례식장만 늘고 있는 안타까운 현실은 일자리와 자녀 교육을 위해 고향을 등진 농어촌 공동화 현상의 결과다.

소파 방정환은 "집에 어린이가 없으면 지구에 태양이 없는 것과 같다"고 했는데, 세계 수위의 저출산율과 아기 울음 끊긴 적막강산의 농어촌, 암울한 소식에 앞이 캄캄하다. 젖 먹던 힘 다해 외쳐본다.

"여러분, 우리 모두 아이 하나 더 낳읍시다!"

부패 트라이앵글

'삼국지'의 교훈 한 편. 여포는 편저자마다 '용감하지만 지모가 없고 이익을 좇아 의를 저버리는(勇而無謀 見利忘義)' 인물로 묘사된다. 동탁이 보낸 적토마와 금은보화를 받고선 의붓아버지 정원을 죽이고 동탁을 섬겨 한때 힘 좀 썼지만 결국 비참한 최후를 맞기에 그렇다. 부귀 출세도 좋지만 방법이 옳아야 함을 뜻한다. 그래서 논어는 "부귀는 누구나 바라지만 바른 도리로 얻어진 것이 아니면 누리지 말라"고 가르친다.

사실 부패의 연원은 깊다. 3700여 년 전 세계에서 가장 오래된 성문법인 '함무라비 법전'에 '뇌물을 받으면 처벌한다'는 조항이 등장한다. 아시리아 문자판에는 부패 관료 명단과 뇌물 액수도 기록돼 있다.

조선조 법률을 집대성한 '경국대전'에는 세금 받을 때 수고비 등을 챙긴 자 등 여러 부패 유형이 적혀 있어 우리라고 예외는 아니었다. 황현이 '매천야록'에서 통탄했듯 구한말엔 왕실이 직접 벼슬을 팔 정도로 타락했고, 왕조는 결국 망하지 않았던가.

법조계와 언론계, 의료계가 부패 진원지로 지목됐다. 한 장관이 ' 소문'에 의거 해 이 세 직능군을 아직 부패가 남아 있는 분야로 꼽은 것이다. 그러면서 정치권 비리는 "과거에 기인하는 것"이라며 상대적 투명성을 강조하는 등 후한 점수를 줬다. 부패 현실과는 거리가 있는 진단이다.

국민권익위원회의 지난해 말 한 조사에 따르면 건설·건축 분야의 부패가 가장 심각한 것으로 나타났다. 그다음은 세무, 법조, 경찰·소방, 병무, 교육 등의 순으로 지적됐다. 또 권력과 업자 간 유착에서 빚어진 것으로 의심받는 최근의 '○○게이트'나 정치인과 고위 공직자의 재산공개 물의 등은 어떻게 설명할 수 있다는 말인가.

국회의원 겸직 장관으로서 대권후보로 오르내리는 처지에서 정치권을 배려한 립 서비스라는 분석도 있지만, '부패 트라이앵글'은 헛짚은 것 같다. 물론 세 직군 종사자들도 세간에 부패 진원지로 비친다니 새삼 옷깃을 여밀 일이다.

안중근의 "獨立"

 '한민족 의기의 표상' 안중근 의사의 글씨에는 강한 기개가 배어 있다. 장렬한 최후를 앞두고 곧은 대나무와 푸른 솔 같은 절의가 느껴진다. 의사가 1909년 10월 26일 만주 하얼빈에서 이토 히로부미를 쏘아 죽인 다음해 2월14일 사형선고를 받고 나서 순국일인 3월26일까지 중국 뤼순 감옥에서 쓴 묵서는 200여점이다. 이 가운데 20점이 보물로 지정됐다.

 유묵 몇 편을 보자. 동아대 박물관에 소장돼 있는 '見利思義 見危授命'(이익 되는 일을 보거든 옳은 것인지 생각하고 조국의 위태로움을 보거든 목숨을 던져라·논어 인용)은 안 의사의 반듯한 삶과 생사관을 들여다보게 한다.

 청와대에 있는 '恥惡衣惡食者 不足興議'(남루한 옷과 거친 음식을 부끄럽게 여기는 자는 대사를 논의하기에 부족하다)는 그의 청빈한 모습을 떠올리게 한다.

 안 의사가 순국하던 날 감방을 나서기 직전에 쓴 '爲國獻身 軍人本分'(나라를 위해 몸을 바치는 것은 군인의 본분이다)은 대한의군 사령

관인 의사의 군인정신을 돋보이게 한다. 더구나 일본군 헌병특무조장으로서 안 의사의 감방을 지키는 실무책임자였던 지바 도히치가 의사의 인품에 감명을 받고 묵서를 받아 보관했다 후손이 돌려준 것이기에 값지다.

그런데 이번엔 안중근 의사가 '獨立'이라고 쓴 유묵이 고국에 돌아왔다. 또 다른 일본인 간수 시다라 마사오의 조카 손자가 한일 우호의 표시로 되돌려준 것이다. 국권 회복을 위해 단지 혈서까지 쓰면서 민족 원흉을 쓰러뜨리고 순국한 안 의사의 충정이 그대로 녹아 있음을 본다.

안 의사는 간수들에게 이렇게 말했다. "동양에 평화가 찾아와서 진정한 한일 우호관계가 이루어졌을 때 다시 태어나 만나보고 싶은 마음이오."

지바 등 일본인 간수들도 화답했다. "안 선생, 고맙습니다. 이제부터 양식 있는 일본인으로 살아가겠습니다"라고.

현해탄의 파고가 높은 이때, 평화주의자 안중근 의사가 그립다.

일의일발(一衣一鉢)

"너 자신과 진리를 등불로 삼아라(自燈明 法燈明)."

석가가 죽음을 앞둘 무렵, 제자들이 '스승님이 돌아가시면 저희는 누구를 믿고 무엇을 의지하면 좋습니까?'라고 묻자 마지막 가르침으로 준 게 '대열반경'에 나오는 이 말이다. 제자들은 지위와 돈, 타인이 아니라 본성을 찾은 자기 자신과 진리를 등불로 삼으라는 뜻이다.

일생을 일의일발(一衣一鉢), 곧 옷 한 벌과 탁발 그릇 한 개만 지닌 채 무소유의 삶을 살아온 석가의 고결한 영혼이 담긴 유훈이었다. 한데 성현의 가르침이 이러한데도 인간 역사는 소유의 역사처럼 느껴지는 아이러니가 있다.

그래서일까. 무소유의 선승으로 평가받는 법정 스님은 "집착이 괴로움"이라며 베풂을 강조한다. 무소유와 베풂은 지도자가 앞장설 때 반향이 크다. 노블레스 오블리주이다. 변호사로서 인도 독립을 향한 무저항주의를 승리로 이끈 간디의 지도력도 바로 "나는 가난한 탁발승이오. 가진 것은 물레와 밥그릇, 염소 젖 한 깡통뿐이오"라고 말할 정도의 청빈한 삶에서 찾을 수 있을 것이다.

전직 승려가 폭력 전과자들을 매수해 서울의 한 사찰을 턴 결과 3억 원대 골프회원권, 5000만 원 정도의 티파니 다이아몬드 시계와 땅문서 5건 등 30억 원 상당의 금품이 쏟아졌다. 한때 자신이 몸담았던 사찰을 대상으로 절도 행각을 벌인 자나 속세에서도 만져보기 어려운 고가품을 간수하다 도둑맞은 사찰 측 모두 눈총을 받고 있다.

하긴 이런 유의 행태는 물신주의에 빠진 현대 종교의 악성 종기이기도 하다. 하지만 지상의 적(籍)에서 사라져 갈 때 빈손으로 가는 것을 누구보다 잘 아는 사문(寺門)에서 벌어진 일이고 보면, "나무 청정심!"이라며 맹성의 법문이라도 외워야 할 것 같다.

서약

전직 대통령들의 비자금 적발 소식이 심심찮게 나온다. 이쪽 때리면 저쪽이 튀어나오는 두더지게임 하듯 튀어 나온다. 그뿐인가. 최근 몇 개월 사이에만도 부총리급 등 고위 공직자가 줄줄이 낙마했다. 대부분 투명하지 못한 축재 과정이 문제됐다. 하긴 일부 하위직 공무원은 또 어떠한가. 포도송이처럼 부패구조의 클러스터를 보이는 게 오늘의 현실이다.

그런데 권력 앞에 지조를 버리고, 돈 앞에 양심을 판 일은 지금이나 예나 엇비슷했던 것 같다. 그래서, 2000여 년 전 맹자는 "돈 앞에 음험하지 않고 가난 앞에 변하지 않는 게 … 대장부(富貴不能淫 貧賤不能移 …此之謂大丈夫)"라고 했나보다. 저서 목민심서를 통해 "청렴은 수령의 본무이고 모든 선의 근원이며 덕의 바탕이다"며 청백리를 역설한 다산 정약용이 오늘까지 대표적 목민관으로 평가되는 것도 다 이유가 있다.

20여 년 전 영국 경제를 되살린 마거릿 대처 총리도 청렴에 바탕을 둔 개혁을 말하면서 이른바 'TINA'(There Is No Alternative·다른 대안이 없다)를 외치지 않았던가.

혹자는 이런 일화를 꺼내는 것 자체를 싫어할 수도 있다. 돈이면 웬만한 일은 해결될 수 있는 자본주의시대이고, "공직자도 생활인이지 않은가?"라고 반문하면서. 하지만 공직사회의 부패는 사회 오염의 근원이 되기에 청렴 규범은 바뀌어선 안 된다. '맑고 향기로운' 생활을 하는 절대다수 공직자는 물론 국민일반까지 분노케 하기에 그렇다.

한데 한 중앙부처가 최근 과장급 이상 전 직원에게서 '청렴서약서'를 받은 것을 두고 "이권도 없는 부처에서 웬 서약서냐"는 반응이다. 기관장의 이미지 관리용 아니냐는 볼멘소리도 있다. 더군다나 서약서에 다른 공직자, 곧 동료를 신고하라는 항목을 두고도 비판이 제기되고 있다.

청렴 강조의 취지는 이해하나, '공직자는 모두 도둑이다'는 식의 만인죄악시는 좀 심하다.

소신

"노래하는 꽃, 눈물 뿌리는 꽃이 따로 있나요? 자기 마음을 중심으로 세계가 벌어지는 것이지요."(서화동의 수필집 '산중에서 길을 물었더니'에서). 중심이 선 사람은 일희일비하지 않고 제 갈 길을 간다는 상징적 표현이다.

하지만 소신 없는 인간 군상은 그렇지 못하다. 이해타산에 밝다. 이를 빗대, 불가에서는 사람이 하루에 삼천 번이나 변덕을 부린다(一日三千心)고 말한다. 그래서 당나라의 대 문장가 백거이는 "인간의 마음은 좋아하다 미워하듯 변덕스럽기 그지없네. 좋으면 감싸주고 나쁘면 긁어 부스럼 내네(人心好惡苦不常 好生毛羽惡生瘡)"라고 읊었나보다. 백거이의 말은 계속된다. "인간의 변덕은 산길 갈 때 가지 않고 물길 갈 때 가지 않는, 고난을 피하는 데 있다"고.

옳은 길이면 소신껏 뚜벅뚜벅 걸으라는 외침이다. '예스'와 '노'를 분명하게 하라는 경책의 말이기도 하다. '예'라고 할 때 '아니요'라고 하지 않고, '아니요'라고 해야 할 때 '예'라고 하는 따위의 무 소신을 택하지 말라는 것이다. 문제는 '아니요'라고 해야 할 때 "아니요!"라고 단언

하기가 쉽지 않다는 데 있다. '아니요'를 제때 못해 세상의 갈등 고리가 끊어지지 않음을 알면서도.

제1야당 정책위의장을 지낸 모 의원이 탈당했다. 정책에 반대하며 의원직 사퇴서를 국회의장에게 냈으나 수리되지 않자, '비례대표 의원의 탈당 시 의원직 자동 상실'이란 선거법 규정을 염두에 둔 결단인 것 같다. 정책적 소신을 지키기 위해 의원직을 버린 드문 사례를 남겼다는 평이다. 공동체 자유주의 이념과 개혁적 보수 노선을 구현코자 정치권에 발을 들였으나, 현실의 벽을 넘기가 힘들었나 보다.

한사의 결(決)은 둑의 물을 갑자기 디놓으며, 단(斷)은 칼로 물건을 끊는 것을 의미한다. 소신에 찬 결단이 우리 정치의 성숙을 위한 '한 톨의 밀알'이 되길 기대한다.

패러디

사람들은 휴가여행을 가야 한다는 광고 문안과 무분별한 카드 발급에 따른 소비자 피해를 비꼬는 패러디이다. 요즘엔 일본 시마네현 의회의 '다케시마의 날' 제정을 계기로 독도 관련 패러디(parody) 물들이 인기다. 독도에 세워진 이순신 장군 동상이나 일본 총리를 희화화한 것 등이다.

이처럼 근래 우리 사회는 온통 '꽈배기' 세상이다. 비틀고 꼬집는 패러디의 전성기다. 패러디를 이해 못하면 주위 사람들이 웃는 것조차 몰라 '왕따'를 당하기도 한다.

패러디의 어원인 'paradia'는 '다른 것에 대한 반대 입장에서 불린 노래'라는 의미를 갖고 있다. 이보다 더 오래된 낱말로 추정되는 'paradio'는 '모방하는 것, 모방하는 가수'의 의미를 지녔다. 따라서 이 두 상반된 어원적 의미로 보면 패러디란 '반대와 '모방' 또는 '적대감과 친밀감'이라는 상호모순의 양면성을 띠고 있음을 알 수 있다.

이처럼 패러디는 21세기에 등장한 '신인'은 아니다. 고대 그리스어인 '노래(ode)'를 '따라하다(paral)'가 어원이듯 연륜이 깊다. 세르반테스의 '돈키호테'는 중세 기사들을 패러디한 문학이기도 하다. 전문가들은 마음속 불만을 대놓고 표현하기 힘들 때 비틀어 말함으로써 자기정화하는 게 패러디라고 정의한다.

하긴 패러디가 근래 생긴 것은 아니다. '서유기'의 경우 손오공과 저팔계 등 인물들 간에 오가는 넉살은 동양적 패러디물의 고전으로 꼽힌다. '춘향전' '양반전' '배비장전' 등 우리 고전소설은 또 어떠한가. 세상에 대한 날카로운 조소와 인간의 욕망에 대한 깊은 성찰이 녹아 있는 익살과 해학은 대하는 이들로 하여금 포복절도케 한다.

한데, 이번엔 심했다. 한 TV방송사가 정부 정책에 반대하는 야당 국회의원의 얼굴을 누드그림에 합성한 패러디를 내보내 성적 모독 논란이 일고 있다. 공영방송의 본령을 망각한 데다 성적 코드와 연결한 저급성이라며 비판 여론이 거세다. 방송사 측이 사과했다고 하지만 프로그램 제작자들은 '시청자 우롱죄'를 시인, 직책 포기각서라도 쓰고 떠나야 하는 게 아닌가.

기러기아빠

붉은머리뱁새는 아기 새가 똥을 싸자마자 먹어 치운다. 냄새가 나면 다른 새가 채갈까 봐 그렇다는 게 조류학자들의 말이다. 그래서 시인 김영환은 "아빠는 너희를 사랑한다. … 너희들 똥도 하나도 더럽지 않다고"(동시집 '똥 먹는 아빠' 중)라고 노래했나 보다. 아이를 위한 아빠의 지극한 사랑은 미물들의 애정 그 이상임을 묘사하고 있다.

한데 웬일인가. 캐나다에 유학 보낸 16살 아들의 학업 소홀을 나무라며 아버지가 현지를 방문해 회초리를 댄 데 대해 캐나다 법정은 '자녀 학대' 등의 이유로 아버지에게 집행유예 2년에 반성문을 신문에 게재하라고 선고했다. '사랑의 매'를 이해 못 하는 문화의 벽과 부정(父情)을 몰라주는 아들, 그리고 이 시대 우리 사회 아픔의 상징어인 '기러기아빠'의 애달픈 소식이다.

날로 느는 기러기아빠 현상은 '어떤 대가를 치르더라도 내 자식 잘 키우기'로 설명된다. 자식을 부모의 분신으로 바라보는 문화, 아버지가 돈 버는 기계로 전락해버린 현실이 기러기아빠를 낳았다고 할 수 있다. 불확실한 자녀의 미래를 담보로 가족 전체가 희생을 감수하는 것은 자녀의 학벌을 인생의 성공과 연결 짓는 조급함, 공교육 효과를 믿지 못하고 사교육을 통해서도 미래를 불투명하게 바라보는 사람들이 기러기아빠의 대열에 합류하고 있음이다. 문제는 부모 자녀 사이와 부부간의 불화 등 부작용이 적지 않다는 데 있다.

아무튼 어떠한 이유로든 유학을 갔으면 부모의 뜻을 헤아려 학업에 충실하는 게 효도일 것이다. 고전 '예기'는 증자의 말을 빌려 효에 세 가지가 있다며 "큰 효는 어버이를 존중하는 것이요, 그다음은 욕되게 하지 않는 것이며, 부모 봉양은 맨 아랫단계의 효일 뿐"이라고 적시하고 있다. 그리고 자녀가 잘못되면 아비지는 칼끝으로 도려내는 고통의 눈물을 목 안 깊숙이 삼키면서 아무 일 아닌 듯 기다리고 있음은 양의 동서가 따로 없다. 자녀는 부모의 꿈이라며….

"대마불사(大麻不死)"

"이 삼 삼아 베 나가주/ 거창 안뜰 논값 주고/ 그 남치기 남은 걸랑 울아버지 술값 갚세/ 술값 갚고 남은 것은 우리 동상 엿 사주세."

경남 서부지역에서 전승돼 불려지는 '삼삼기 노래'이다. 삼 삼아 베 짜서 팔게 되면, 거창 지역의 목 좋은 논을 사고 아버지 술값이며 동생 엿도 사줄 수 있다는 노랫말이고 보면 삼(大麻)은 서민들이 보다 나은 삶을 꿈꾸는 희망가의 상징이었음을 알게 한다.

그뿐이 아니다. 삼삼기가 끝나면 껍질이 벗겨져 하얀 속살을 드러낸 삼대는 어린이들의 놀이도구였다. 긴 삼대 끝으로 지붕 추녀의 거미줄을 걷은 뒤 침을 발라 '자연산 끈끈이'를 만들어 여름날 매미잡이에 나서면 하루해가 짧았던 추억도 있다. 손에 가득 매미며 여치를 잡아 해질 녘 집에 돌아오면, 어머니는 할머니와 삼삼기에 이어 베틀 앞에서 베 짜기를 하고 있곤 했다. 남정네들은 불볕더위에 콩죽 같은 땀을 흘리며 논매기를 한 뒤 집에 돌아오고.

오늘날 삼과 관련한 이 같은 풍경이 사라진 것만큼 삼은 또 다른 모습으로 우리에게 비쳐지고 있다. 한때 농촌의 생계 수단이자 시골아이들의 놀이기구였던 삼이 '대마초'라는 일그러진 흉상으로 다가선 것이다. 1970년대 일부 연예인들이 '대마초 흡연'으로 사법당국으로부터 된서리를 맞으면서 시작됐다.

마리화나라는 이름으로 더 잘 알려진 대마초는 테트라하이드로카나비놀(THC) 성분 등 60여 가지의 향정신성 물질로 인해 환각을 일으키는 것으로 규명돼 있다. 그런데도 요즘 일부 연예인과 교수 등이 "대마초는 개인 기호"라며 흡연자에 대한 단속 처벌의 완화를 주장하고 나섰다. 하지만 "금단현상 등이 일어나 독성 마약중독으로 가는 지름길"이라는 전문가들의 과학적 분석 자료가 설득력이 크다.

실재하지 않는 몽환의 세계에 빠져 패가망신한 '아편쟁이'들의 피눈물 나는 모습을 보면서도 아직 죽음의 연기를 잊지 못하는 '대마불사(大麻不死)'의 현실이 안타깝다.

빈자리

"나는 운명에 도전하고 싶다." 고전주의 음악의 거장 루트비히 판 베토벤의 말이다. 베토벤처럼 고르지 못한 환경에서 일생을 보낸 음악가도 드물 것이라고들 한다.

술에 빠진 아버지, 어머니의 죽음과 소년가장, 20대 후반 드높은 명성을 얻을 무렵 찾아온 청각 상실과 독신생활. 그는 자살을 결심하고 오스트리아 비엔나 교외인 하이리겐시타트에서 유서를 썼다. 그러나 생각을 돌렸다. '나에게 신이 내린 사명을 다할 때까지 죽지 않겠다'고 결심한 그는 가혹한 운명과 싸우면서 작곡에 심혈을 기울여 '운명' '전원' '비창' 등 위대한 작품을 인류문화에 남겼다. 고독과 절망을 환희로 승화시킨 인간승리의 드라마를 보여준 것이다.

그래서인가. 영국의 낭만파 시인 셸리는 "겨울이 오면 봄은 머지않다"고 말했나 보다. 지진이 휩쓸고 간 황폐한 땅에서도 샘물이 솟듯, 절망 속에서 희망을 발견하라는 뜻을 담고 있다. 하지만 자살 충동을 끝내 뿌리치지 못한 사례도 적지 않다. 화가 빈센트 고흐는 생활고와 사회의 냉대, 실연에 시달리다 자신의 귀를 자르는 등 정신적 발작을 겪은 후 자살했다.

  예술인뿐만이 아니다. 홍콩의 한 호텔에서 투신자살한 세계적 배우 장궈룽, 권총 자살한 '너바나'의 리더 커트 코베인 등 연예인들도 극심한 스트레스와 우울증 등으로 스스로 이생을 하직했다. 그런데 이번엔 인기 영화배우 겸 여성 탤런트가 자신의 아파트에서 목을 매 25살의 짧은 삶을 마감했다. "살아도 사는 게 아니다. 자존심도 바닥을 쳤다.…"는 유서도 남겼다. 지난해 말 출연한 영화에서 노출 연기 등을 한 것 때문에 불면증과 우울증에 시달렸다는 게 주위의 말이다.

  대중에게 각인된 이미지와 현실적 삶의 괴리가 그토록 밀고도 무거웠을까. '사람은 없어 봐야 그 빈자리를 안다'는 말처럼, 정월 대보름달처럼 환한 그녀의 미소가 팬들의 슬픔을 더욱 크게 한다.

광화문

"광화문이여, 광화문이여, 너의 목숨이 이제 경각에 달려 있다. 정치는 예술에 대해서 무례해서는 안 된다. 나는 죄짓는 자 모두를 대신해서 사과하고 싶다. 나는 그 증표로 삼고자 지금 붓을 든 것이다. …"

일제의 조선 병탄 후 광화문을 헐려는 총독부에 맞서, 도쿄대 출신 휴머니스트 야나기 무네요시(柳宗悅·1889~1961)가 '헐리려고 하는 광화문을 위하여'라는 명문을 통해 총독부의 망동에 공개적으로 반대의 뜻을 표한 절규다. 지배국 국민 신분이지만, 조선의 은혜를 입은 일본이 조선 문화를 죽여서는 안 된다는 양심을 담고 있다. 결국 광화문 철거는 막게 된다. 어쩌면 지금 우리가 광화문의 영속적 형상을 보고 있는 것도 일본의 한 지성인의 덕택이랄 수 있겠다.

광화문은 정궁인 경복궁의 정문으로서 민족성의 상징이다. 민초들의 삶이 어우러지는 6조와 종로거리가 시작되기에 더욱 그랬다. 그래서인가. 심훈은 조국 광복을 바라며 시 '그날이 오면'을 통해 "삼각산이 일어나 더덩실 춤이라도 추고 한강물이 뒤집혀 용솟음칠 그날이 이 목숨이 끊기기 전에 와 주기만 하량이면 나는 밤하늘에 날으는 까마귀와 같이 종로의 인경(人磬)을 머리로 들이받아 울리오리다 …."라고 노래 했다.

근래 광화문 앞은 파리의 샹젤리제처럼 상징적 문화 거리로 거듭나고 있다. 비운을 뒤로하고 경복궁이 중건되고 세종문화회관의 문화공연, 인근 인사동과의 연계성 등이 갈수록 깊어지고 있다. 한데 광화문이 다시 몸살을 앓고 있다. 문화재청은 박정희 전 대통령이 쓴 한글 현판을 바꾼다며 정조의 한자 집자(集字)를 검토하다, 거센 여론에 부딪히자 다시 6·25 때 소실된 원판 글씨로 교체한다는 구상을 내놓았다.

잃어버린 글씨를 되살린다면 문화재 발굴 측면에서 나름대로 의미는 있다. 하지만 전직 대통령의 글씨를 굳이 내리려는 그 행보에 대한 설득력이 명쾌하지 못한 것은 사실이다. "정치가 예술에 무례해서는 안 된다"는 야나기의 금언이 새삼 가슴에 닿는다.

귀성

"집으로 돌아가리라, 험한 산 고개 넘어. 끝없는 나그네길, 이제 쉴 곳 찾으리라. … 오솔길에 갈꽃이 한창인 그곳 내 고향으로 …."(곽성삼의 시 '귀향' 중). 이처럼 고향은 회상과 그리움의 대상이다.

찔레꽃과 감꽃 핀 봄, 강변에서 미역 감던 여름, 홍시감이 매달린 가을, 푸근하게 쏟아지는 함박눈 속에 '마실갔던' 일 등 고향에 대한 추억은 누구나 마음속 깊은 곳에 자리 잡고 있다. 그래서 '향수'의 작가 정지용은 "넓은 벌 동쪽 끝으로 옛이야기 지줄대는 … 그곳이 참아 꿈엔들 잊힐리야"라고 노래했나보다. 신산한 도회지 생활이고 보면 고향의 따스함은 더욱 진하다.

도시 생활의 삭막함은 어제오늘, 우리뿐만이 아니다. 19세기 말 '테스'의 작가 토머스 하디는 또 다른 소설 '귀향'에서 보석상인 크림을 통해 파리로 상징되는 도회지의 번잡함과 도시 처녀의 배신 등에 낙향을 결심, 향토 교화에 힘씀으로써 고향이 힘의 원천임을 이미 보여주었다.

우리처럼 '춘제 민족대이동'으로 유명한 중국도 고향은 아련함으로 상징되고 있다. 당나라 때 시인 고적(高適)은 시 '제야(除夜)'에서 "여관 차가운 등불 아래 몸을 뒤척이며 나그네 홀로 잠 못 이루네/ 고향에 선 오늘 밤 천리 길 나를 생각할 터인데/ 흰머리는 또 한 해가 지나가는구나"라고 절규했다. 사정이 여의치 못해 섣달그믐날 고향에 가지 못한 한 가장의 안타까움을 표현한 것이다.

장기불황에다 취업난으로 발걸음이 가볍지는 않지만 '내년에는 더 나아질 것'이라는 희망을 안고 고향을 찾는 귀성 행렬이 붐비고 있다. 부모와 일가친지 등에게 줄 선물을 들고 밤을 하얗게 새우면서 고향을 찾고 있다. 어머님 품 같은 아늑한 고향이다.

"흰머리 날리면서 달려오신 어머님을 얼싸안고 바라보았네 ~"라는 옛 노랫말처럼 백행의 근본인 효심을 키우는 설 귀성이 되어야겠다.

비상(飛翔)

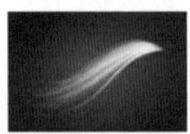

'아Q정전'의 중국 작가 뤄신(魯迅)은 "꿈은 땅 위의 길과 같다. 처음 걸어가면 길이 된다"(산문집 '아침꽃을 저녁에 줍다' 중)고 말했다. 큰 꿈, 좋은 꿈을 꾸면 인생의 능동적 시발점이 되고, 보람 있는 창조물을 갖기 때문이다.

영국 런던의 웨스트엔드 극장에서는 뮤지컬 '치티치티 뱅뱅(Chitty Chitty Bang Bang)'이 3년째 인기리에 장기 공연되고 있다. '날아다니는 자동차'를 타고 악당들 소굴에서 아이들을 구출하는 모험담이다. 나는 자동차를 소재로 한 만큼 놀라운 무대 세트와 특수효과는 관객들을 환상 속으로 몰아가 폭발적 호응을 얻고 있다.

'날아다니는 자동차'의 현실화는 인류의 꿈이라고 할 수 있다. 우리처럼 교통체증이 심한 나라에선 더욱 그렇다. 특히 설날 등 명절 전후 귀향·귀경길 꽉 막힌 도로에서 어른들은 어린 자녀들로부터 "하늘을 날아다니는 자동차는 언제 나와요?"라는 질문을 한두 번쯤은 받아보았을 것이다.

그런데 이 꿈이 실현될 날이 얼마 남지 않은 것 같다. 물 위를 최고

시속 600km로 날 수 있는 꿈의 배(船), 곧 '위그 선'이 늦어도 21세기 초엽에 상용화될 전망이다. 한국해양연구원이 연구한 지 10여년 만에 시험 개발에 성공한 것이다.

'날아다니는 자동차'에 기술이 접목될 경우 육해공을 망라한 한국 해운·육상·항공 교통산업의 비상(飛翔)을 예견케 하는 쾌거다. 이는 '나는 배'를 만들겠다는 이노베이션의 꿈이 있었기에 가능했다. 꿈이 왜 중요한지를 알게 하는 사례이다.

그래서인가. 프랑스 문호 빅토르 위고는 "바다보다 큰 것은 하늘이요, 하늘보다 넓은 것은 인간의 마음"이라고 말했나보나. 희망 찬 꿈이든 절망이든 석가의 말처럼 마음먹기에 달렸다(一切唯心造)는 뜻이다. 오늘은 세계일보 창간 16돌이다. 독자들과 함께 날아다니는 배처럼 비상(飛翔)을 위한 알찬 꿈을 꾸어보자.

체형변화

일본은 메이지유신 이후 '탈아입구(脫亞入歐)' 노선을 택해 왔다. 아시아를 벗어나 서양을 닮자는 뜻이었다. '정한론'의 주창자 후쿠자와 유키치(福澤諭吉)가 손꼽을 만한 인물이다. 이러한 탈아입구론은 제국주의와 대외침략정책으로 이어졌다.

그런데, 여기에는 서구인에겐 필요 이상으로 굽실거린 반면 아시아 민족은 얕보는 일본 사회의 보편적 의식이 바탕에 깔려 있음을 본다. 지금은 민족주체성 회복 목소리가 적잖게 힘을 얻고 있지만, 우리 사회 또한 광복 이후 서구 지상주의가 맹위를 떨쳤다. 무분별한 서구풍 유입은 건전 전통윤리의 존재마저 위협하곤 했다.

이에 초대 문교장관을 지낸 안호상 박사는 "3독, 곧 중독·왜독·양독을 빼내야만 한민족사가 새롭게 빛을 발할 것"이라고 강조하곤 했다. 다행히 근래엔 동양의 정신세계가 새롭게 조명되면서 그 가치가 날로 커지고 있다. 물론 합리성을 중시하는 실사구시적 서구문명은 오늘날 '개발'이란 이름의 거센 세계화 바람을 타고 있다. '압축성장'이란 말로 상징되듯, 한 세대 만에 급속도로 경제발전을 이룬 우리나라는 서구화의 대표적 국가군에 속한다.

그래서일까. 산업자원부 기술표준원이 조사한 결과 한국인의 체형이 빠르게 바뀐 것으로 나타났다. 20대 남성의 경우 1979년에 비해 평균 키가 남자는 172.5cm, 여성 159.6cm로 40년이 흐르는 동안 남성은 6.4cm, 여성은 5.3cm 커졌다. 미국인보다 5.3㎝, 이탈리아인보다 1.3㎝ 작아 그 차이가 부쩍 좁혀졌고 얼굴은 작아지는 등 서구 체형으로 바뀌는 추세다.

체형 변화는 의복 등 생필품과 주거공간 등 여러 부문에 변화를 몰고 올 것으로 보인다. 근래 '성형미인'까지 합하면 가히 '양풍(洋風)의 전성시대'라 할 만하다.

세계화시대에 큰 키는 바람직하다. 하지만 "키 크고 속 없다"는 말을 듣지 않도록 청년세대들의 주체성 있는 내공 단련이 필요할 것 같다.

성골(聖骨) 논쟁

권력자와 밀착된 사람을 '측근' '참모' 또는 '실세(實勢)'라고 부른다. 측근이란 말에서는 인간적인 체취가 묻어난다. 서로 체온을 나눌 만큼 가까운 사이로서, 지도자와 교분을 쌓아온 세월이 적잖게 흘렀음을 전제로 한다. 측근의 말 한마디, 표정 한 곳에선 '주인'의 마음마저 읽을 수도 있다.

이에 비해 참모라는 말에선 왠지 서구적 기능성을 느낄 수 있다. 기계적인 의무관계라는 딱딱한 뉘앙스를 풍긴다. 참모는 측근에 비해 전문성은 있지만, 상황이 바뀌면 새 주인을 찾아 떠날 소지가 상대적으로 큰 것으로 지적된다.

다만 참모는 계약관계이기 때문에 떠날 때는 홀연히 훌훌 털고 제 갈 길을 가곤 한다. 반면 측근은 주인을 위해 목숨까지도 내놓을 정도로 끈끈한 정으로 맺어져 있지만 한번 신뢰에 금이 가면 주인의 생명까지 옭아매는 간신, 곧 측간(側奸)이 되기 십상이다. 그래서 옛말에 "임금이 밝으면 신하가 어질고, 신하가 어질면 세상일이 편하다(君明卽臣良 臣良卽事康)"(충경)고 했다.

정권을 뺏긴 여권이 분화되고 있다. 엊그제까지만 해도 실세(實勢)로 거들먹거리던 이들이 '주군'을 등지는 발언을 서슴지 않고 있다. 염량세태다. 더구나 삼삼오오 모여 자신들이 적통임을 주장하고도 있다. 이른바 성골(聖骨)-진골(眞骨)론이다. 분파를 넘어 분열에 앞장서고 있는 셈이다. 신판 '성골 논쟁'을 벌이고 있다.

신라시대 골품제에서 부모 모두 순수한 왕족(朴·昔·金) 출신을 뜻하는 성골은 태종무열왕으로 끝났건만, 1300여년이 지난 오늘날 재연되고 있음이다. 민생은 어려운데 '민심보다 노심 잡기'에 더 혈안인 측근들의 행태를 보는 것 같아 씁쓸하다.

'강을 건너면 나룻배를 버리라'는 말이 있듯, 뜻을 이룬 지도자는 새 기득권을 찾는 주변 인물들을 멀리해야 한다. 역사에서 영롱히 빛날 수 있는 길일 것이다.

"어머니"

지금, "어머니"하고 불러보자. 오래된 수채화처럼 아련하게 펼쳐지는, 그리움이 가슴에 차오름을 느낄 수 있지 않는가. 만약 어머니가 돌아가셨으면 그리움은 사무침으로 바뀔 것이다. 그래서 우리 선인들은 어머니를 그리는 각양의 사모곡(思母曲)을 지었나보다.

고려 때의 '사모곡'은 "호미도 날이지마는 낫같이 잘 들 리 없습니다. 아버님도 어버이시지마는 어머님같이 아껴주실 리 없어라"며 낫처럼 자식의 말을 잘 들어주는 어머니의 자식 사랑을 노래했다.

조선 선조 때 박인로 역시 '조홍시가'에서 "소반 위 붉은 감이 고와도 보이나다. …품어가 반길 이 없으니 그를 슬퍼하노라"며 어머니에 대한 애틋한 맘을 표현했다.

이런 효심은 물론 어머니의 가없는 자식사랑이 있기에 가능한 일이다. '섬진강 시인' 김용택의 '그리운 것들은 산 뒤에 있다'의 시집을 보자.

"한겨울, 손이 터져 쓰리면 나는 어머니에게 갔다. 그러면 어머니는 꼭 젖을 짜서 발라 주었다. 손은 금방 보드라워졌다." 어머니는 사랑의 근본이며 생명의 본향이자 우주의 중심임을 알게 하는 것이다.

복지시설에 치매 어머니를 맡긴 채 "○○○씨가 어머니인 것을 포기하겠습니다"라는 각서를 쓰는 '현대판 고려장'이 늘고 있다. 이기적 가족해체가 낳은 비극이다. 특히 평균수명이 긴 연로한 어머니들이 더 많이 버려지고 있다고 한다. 먹을 것, 입을 것 모두 자신보다 자식 위해 챙기고 베풀었던 희생의 삶을 살아온 어머니에 대한 도리가 아니다.

"자식 낳아 키워보면 부모 속 안다"고 했는데, 이젠 이 말도 시대에 맞지 않는가 보다. '인간 말종'들에게 가요 '불효자는 웁니다'를 들려주면 조금은 반성을 할까. "불러 봐도 울어 봐도 못 오실 어머님을 원동해 불러보고 땅을 치며 통곡해요. 다시 못 올 어머니여 불초한 이 자식은 생전에 지은 죄를 엎드려 빕니다. 손발이 터지도록 피땀을 흘리시며…."

그리고 이것 하나만은 알아둬야 한다. 불효자는 몇 배 더 불효를 당하게 돼 있음을!

평양의 샴페인

프랑스 샹파뉴는 포도 재배의 북위 상한선에 자리잡고 있다. 요즘 같은 가을, 파리에서 자동차를 타고 동북쪽으로 1시간여 달리다 보면 도로 양옆으로 끝없이 펼쳐지는 황금빛 평원이 있다. 생텍쥐페리의 소설 '어린 왕자'에 나오는 그 들판이다.

이곳에서 생산된 샤르도네 와인 등이 세계적으로 유명한 축제 때 사용하는 포도주인 샹파뉴, 영어식 발음으로는 샴페인이다. 병뚜껑을 딸 때 거품이 나오는 이유는 병 속에서 잘 발효된 샴페인 기체가 밖으로 나오기 때문이다.

1997년 국제통화기금(IMF) 환란 전 외국의 유수 연구소와 언론은 "한국이 너무 일찍 샴페인을 터뜨리는 게 아니냐"며 국민소득 1만달러 달성에 도취한 한국, 한국인에게 걱정 어린 충고를 전한 바 있는 것처럼 '샴페인'은 우리에게 묘한 의미를 안겨주곤 한다.

그런데, 이번엔 홍콩 영자지 아시안 월스트리트 저널(AWSJ)이 또 다른 측면의 '샴페인론'을 펼쳤다. 이 신문은 '평양의 더러운 일해주기'라는 제목의 사설에서 "한국의 집권 여당이 제출한 국가보안법과 언론

관련법은 마치 평양에서 쓰인 듯하다"며 "한국의 집권자들이 북한의 더러운 일을 해주겠다는 자발성을 보여줘 평양은 샴페인을 터뜨릴 만하다"고 우려한 사실이다. 이에 대해 여당은 "어이가 없다" "천박한 매카시즘의 표현"이라며 격앙된 반응을 보이고 있다.

하지만 감정적 반발만 할 일도 아닌 듯싶다. '개혁'이란 명분 아래 안보 위약을 초래, 평양의 북한 정권 담당자들이 샴페인을 들며 쾌재를 부를 수 있다는 미국 최대 경제지인 월스트리트 저널의 아시아판 신문 분석에 귀기울일 만한 것이다. 외국에 그렇게 보였다는 것 아닌가.

채근담에 "행함에 마땅한 얻음이 없다면 자신을 되돌아보아 허물을 구해야 한다"(行有不得 反求諸己)고 했다. 일이 뜻대로 되지 않거든 남의 탓만 하지 말고 그 원인을 자기에게서 찾아 반성하라는 교훈이다.

제4부_'밥' 그 이상의 뜻

중고 명차

　세월이 흘러도 한결같은 차(車), 언제 봐도 새것 같고 세월이 흐르면 정이 들어 다정한 친구 같은 차, 그것이 바로 명차인 것이오."
　최인호의 소설 '상도(商道)'에 나오는 한 구절이다. 수제 차인 롤스로이스와 링컨콘티넨털, 메르세데스 벤츠의 초호화 세단인 마이바흐에 이르기까지 최고급 차들은 세계를 누비며 명차 자존심 대결을 펼친다. 이 차들은 최단시간 내 최고 출력부터 탑승객의 안전을 고려한 고강도 차체, 위성전화, 비행기 일등석과 같은 안락함 등을 제공하고 있다.
　이들 명차의 공통점은 중고차가 돼도 성능에 별 이상이 없다는 데 있다. 그만큼 튼튼하고 운전자 또한 정성스럽게 관리하기 때문이다.
　독일인들은 차를 한번 사면 기본적으로 50만㎞는 탈 생각을 하고 있다. 10년, 20년이 지나 엔진이 망가지면 카센터에 교체를 부탁할 정도이다. 반면 우리의 경우 라디오 등 편의장치만 조금 불편해도 차를 바꾸려 하는 이도 있다. 또한 몇몇 부품은 예외지만, 아직은 전반적으로 다른 외제차에 비해 중고차 값이 떨어지곤 한다.
　그런데, 설상가상 우리나라 중고차 매매시장에서 거래되는 자동차의 60%가 한 번 이상 사고를 냈거나 침수된 것으로 나타났다. 심지어 대형사고로 보험사가 전손(全損) 처리한 차량마저 시중에 유통되고 있는 것으로 드러났다.

자동차는 수많은 부품들이 조립돼 생산되는 제품이므로 고장 발생률이 단순 제품보다 높아 소비자 안전과 직결된다. 중고차 판매 비중이 높아지는 만큼 사고 차량 검색 방법 제고책 등이 요청된다. 하지만 연식이 지난 중고차라도 소비자가 믿고 살 수 있는 상도의 확립이 더욱 시급한 게 아닐까.

"일을 할 때는 그 분야의 업적을 남긴 사람들에 대해 충분히 연구해 다른 사람들에게 신뢰를 주어라." '자동차 왕' 헨리 포드의 말이다.

명차는 그저 만들어지는 게 아니다.

노다지

'철의 트라이앵글'이라는 말이 있다. 한때 일본에서 정치인과 관리, 재계의 쇠붙이처럼 강한 유착을 일컫는 상징어였다. 곧 정·관·재(政官財)의 먹이사슬을 뜻한다. 정치는 관리 인사와 법안 통과에 영향력을 행사하고, 관은 재를 규제해서 못살게 굴며, 재는 정치를 돈으로 움직일 수 있다는 내용이다.

일본에서 정과 재의 부패 커넥션은 아직 다소 남아 있지만, 관의 뇌물 스캔들은 이미 한 세대 전에 사라졌다는 게 일본을 잘 아는 전문가들의 한결같은 분석이다.

그런데 우리나라에선 아직도 철의 트라이앵글이 빙글빙글 잘 돌고 있다. 특히 인허가권을 쥐고 있는 관리들은 자신의 행정재량권을 마치 '노다지'를 갖고 있는 것처럼 치부의 수단으로 삼곤 한다.

광산 채굴 인가권을 내주는 대가로 1000여만 원의 뇌물을 이미 받아 챙긴 데다 총 3억여 원이 입금된 예금통장 60개와 수백만 원에 이르는 원화·미화·유로화 등을 사무실 책상에 넣어둔 도청 근무 6급 공무원이 경찰에 붙잡혔다. 사실 노다지라는 말은 구한말 광산 채굴권을 가진 외국 사람들이 금은 같은 광물을 캐내어 모아둔 상자 따위를 우리나라 사람들이 만지면 "노 터치(no touch)"라고 외친 데서 유래했다.

공직 부패가 근절되지 않는 원인으로는 낡은 관주도형 경제체제 등을 꼽을 수 있다. 하지만 공사 구분이 불분명한 공직자의 윤리의식 부재를 빼놓을 수 없다.

중국 송나라 때의 학자 육구연은 그의 저서 상산록(象山錄)에서 관리의 유형을 다음 세 가지로 나누었다. "봉급 외에는 아무것도 먹지 않고 임기를 마쳐 돌아 갈 때엔 숙연히 떠나는 이가 최상급이요, 봉급 외에 명분이 바른 것은 먹고 남은 것을 집으로 보내는 자는 중급이며, 명분이 바르지 않은 재물도 먹는 놈은 하질이다"라고.

노다지 금맥을 쥐고 있는 듯 권한을 휘둘러 축재를 일삼은 이 공무원은 어느 등급에 해당될까.

후각의 신비

"꽃은 자주 향기로 말을 건네옵니다. …사람들도 좋은 냄새든, 역겨운 냄새든 그 인품만큼의 향기를 풍깁니다." (이해인의 시 '향기로 말을 거는 꽃처럼'에서) "구린내가 진동하는 깨진 항아리 위에서 큰 것을 보는데 왜 하필 낮에 지나쳤던 청요리집의 구수한 냄새가 나는 것일까" (작가 김소진의 '눈사람 속의 검은 항아리' 중)

앞글은, 꽃은 향기를 타고 나지만 사람의 향기는 선택되고 창조됨을 강조한다. 눈빛과 얼굴, 말씨와 걸음걸이, 영혼에서 풍겨 나는 내면의 향기를 생성해야만 참된 인생을 살 수 있다는 뜻이다. 인체의 오감이 아닌, 영감으로만 맡을 수 있는 '인격의 향기'를 뜻한다. 반면 뒷글은 '구린내' 등에서 보듯 후각, 곧 코로 느낄 수 있는 냄새를 직설적으로 표현하고 있다.

코에는 냄새를 맡는 후각 기능, 호흡 기능, 이물질을 걸러내는 기능, 공기 온도를 조절하는 기능 등이 있다. 콧속에는 신경상피와 후각세포가 분포돼 있어 밖에서 들어오는 냄새를 알아내게 된다. 이 후각세포는 주로 코의 천장 부분에 있어 냄새를 뇌로 전달한다. 이 후각세포가 있는 장소에 물혹 등 병이 나면 냄새를 맡지 못하는 이유도 여기에 있다.

사람의 코는 약 1만 가지, 개는 인간의 후각보다 100만~300만 배나 많게 냄새를 맡을 수 있다고 한다. 그것도 주둥이가 긴 개가 냄새를 잘 맡는다고 한다.

'후각의 신비'를 밝혀낸 미국의 액설과 벅 두 사람이 노벨의학상을 공동 수상했다. 시각이나 청각의 메커니즘이 비교적 일찍이 규명된 데 반해 각종 냄새를 감별해 내는 후각 메커니즘은 '수수께끼'로 남아 있었는데 이번에 쾌거를 이룬 것이다.

차제에 높은 후각 기능을 지닌 개 수준의 인간 코를 만들면 어떠할까. 아니다. 인간의 향기는 온데간데없고 개 같은 인간들만 득실거릴까 걱정이다.

몽골반점

미국이나 유럽에서 유학 시절을 보낸 이들은 '몽골 반점'과 관련, 한두 가지 경험들을 지니고 있다. 한국인 유학생 부부가 병원에서 아이를 낳으면 서양 의사와 간호사들이 '아이 엉덩이에 멍이 들었다'며 근심스러운 표정을 짓던 기억들이다.

이에 "멍이 아니다. 한국인들은 몽골반점을 갖고 태어나는데 모두 건강하고 똑똑하니 걱정하지 말라"고 설명하면 그때서야 고개를 끄덕이더라는 이야기를 즐거운 추억으로 말하곤 한다.

몽골반점은 주로 몽골리안(황인종)에게 거의 100% 가까이 나타난다. 몽골리안의 시원지는 러시아 동시베리아 바이칼 호수 내 알흔섬으로 전해진다. 지금은 우리나라를 비롯해 일본, 중국 서북부와 동남아, 남북미, 헝가리, 핀란드에서부터 사모아섬 등 태평양 폴리네시아에 이르기까지 세계 곳곳에 살고 있다. 20억명 정도로 추산된다.

몽골리안의 특성은 강인함과 영특함, 그리고 평화 지향을 꼽을 수 있다. 우리는 몹시 힘든 과정을 거쳐 목표를 이뤘을 때 피눈물 나는 노력을 했다고 표현한다.

몽골인들은 오늘날에도 처참한 현실에서 미래를 다짐하는 각오를 할 때 얼굴에 상처를 내가며 운다. 강한 집념의 종족임을 뜻한다. 칭기즈칸이 대표적이다.

서울에서 열린 '세계몽골반점동족 지도자 국제평화회의'가 성황리에 치러졌다. 원형회복을 통해 평화세계 구현에 앞장서는 몽골반점동족연합 창설 등 수확이 컸다.

멀리 떠났던 피붙이들이 모여 한 혈육임을 확인하는 중추절이다. 몽골리안들이 그 옛날 경천숭조(敬天崇祖)의 성신으로 함께 평화와 풍요를 노래했던 것처럼 화합의 세계가 도래하길 기원한다.

생화학무기

북한이 최근 우리나라 화학업체가 태국에 수출한 시안화나트륨(NaCN) 100여t을 수입하려다 미국 정보기관의 개입으로 무산된 사실이 뒤늦게 드러났다. 이 화학물질은 무색·무취한 인명살상용 사린(sarin)가스의 주원료가 되기도 한다.

사린가스는 1995년 일본 종말론 신봉 종교단체인 옴 진리교가 도쿄 지하철에서 살포, 수천 명의 사상자를 낸 바 있다. 이 가스는 호흡기를 통해 들이마시는 순간 즉사할 만큼 맹독성을 가진 화학물질이다.

미국 국방정보센터(CDI)자료에 따르면 북한의 생화학무기 개발은 1960년대 시작됐고, 81년 수립된 핵·생화학무기 방어부서에 의해 체계적으로 이뤄져 러시아와 미국에 이어 생화학무기를 다량 보유하고 있는 것으로 의심받고 있다. 종류만도 탄저균, 콜레라, 페스트 같은 치명적인 생물무기부터 신경·수포·질식작용 화학무기까지 다양하다. 북한은 이런 생화학무기를 탄도미사일과 야포, 항공기 등을 이용해 운반할 수 있는 능력까지 갖추고 있는 것으로 분석되고 있다.

생화학무기는 생산비용이 저렴해 경제성과 효율성이 뛰어나고 증거

인멸도 쉽기 때문에 세계적인 금지 추세에도 불구하고 심각한 경제난을 겪고 있는 북한으로서는 그 능력을 계속 보유하려 할 것이란 게 전문가들의 분석이다.

문제는 우리나라의 대북 정보력 부재다. 미국 정보라인에서 5월 초 우리 국가정보원에 통보해 북한으로의 유입을 저지했다고 한다. 4개월 전인데도 불구하고 쉬쉬하고 있다가 국회의원들이 질의하니 마지못해 시인한 셈이다.

국가 안위가 걸린 문제임에도 '북한 눈치보기' 차원에서 덮어두려고 했을 것이라는 의혹도 든다. 그린 당국은 이렇게 말할지도 모르겠다. "시안화나트륨은 농약 제조나 금속도금 등에도 쓰인다. 북에서 100% 화학무기 제조에 쓰였다고 볼 수 없으니 국민은 너무 걱정 마시라"고. 과연 그럴까.

= 제5부 =

문화의 힘 - 한류 열풍

아버지와 딸

아버지와 사이가 좋은 딸은 그렇지 않은 여자아이들에 비해 사춘기가 늦다는 연구 결과가 있다. 미국 밴더빌트대 심리학과 브루스 엘리스 교수의 이론이다. 아버지의 사랑 속에서 안락함을 느끼는 의존적 심리가 빚는 생체 변화의 특성이라는 분석이다. 상대적으로 귀여움을 더 많이 받는 막내딸에게서 두드러진다.

전통적 한국 가정에서 부모들은 아들은 든든함, 딸은 키우는 맛이라고 말한다. 또 부모와 자식 관계에서 아버지와 딸 사이엔 모녀간의 살가움이나 부자간의 속 깊은 의리 같은 정형화된 정서는 없지만, 애틋함이 있다. 그래서 딸아이의 재롱은 일상의 굴레가 주는 아버지의 고단함을 녹이는 명약으로 여겨진다.

한데 요즘 서민경제의 파탄은 아버지들의 어깨를 더욱 움츠러들게 한다. 이런저런 사정으로 '고개 숙인 아버지'들이 줄을 잇는다. 그러면서도 자식 걱정에 밤잠을 못 이룬다. 그래서인가. 한 시인은 아버지의 마음을 이렇게 읊었다.

"세상이 시끄러우면 줄에 앉은 참새의 마음으로 아버지는 어린 것들의 앞날을 생각한다./ 어린 것들은 아버지의 나라다./ 아버지의 눈에는 눈물이 보이지 않으나 아버지가 마시는 술에는 항상 보이지 않는 눈물이 절반이다./ 아버지의 때는 항상 씻김을 받는다. 어린 것들이 간직한 그 깨끗한 피로…." 아버지의 사랑과 외로움을 담담한 어조로 노래하고 있다.

빚보증을 잘못 서 부부가 이혼한 가정. 실직까지 한 아버지와 함께 살던 딸이 8년간 다닌 회사를 그만두고 받은 퇴직금 5000만 원으로 1년 내 10억 원을 만든다는 계획 아래 아버지와 함께 주식과 로또복권에 투자했다가 모두 실패, 급기야 부녀 동반자살을 시도했으나 딸만 숨졌다. 우리 사회의 비뚤어진 '10억 만들기 신드롬'이 빚은 불행이다.

대박의 꿈은 사람의 할 일을 다 한 뒤 꾸어야 할 문제이다. 그러지 않으면 그저 신기루일 뿐이다.

문화국수주의

여러 사람과 외국여행을 해 보면 음식이 맞지 않아 고생하는 이가 적지 않다. 이런 이유로, 여행사는 교포식당에서의 식사가 좀 많지 않나 하는 생각이 들 정도로 계획을 짜곤 한다. 하지만 이런 스케줄은 탐탁지 않다. 이왕 외국문물을 접하기 위해 여행길에 나섰으면 현지의 고유 음식을 맛보는 것도 소중한 문화체험이라고 생각되기 때문이다.

그런데 고유 음식이라고 하지만, 곰곰이 생각해 보면 이문화가 섞인 융합물임을 발견하면서 놀라곤 한다. 그래서 문화는 개성의 기초 위에 다양성이란 집을 짓고 사는 '생명체'라고 부른다. 고유의 문화를 전승하되, 이웃 국가끼리 다양성을 수용해 발전시킨다면 선린의 우의를 돈독히 할 수 있다. '우리끼리만'이라는 달팽이집 짓기에 열중하면 세계사의 강한 조류에 떠밀려 국운 쇠퇴의 길을 걸을 수밖에 없다. '문화의 세기'라는 21세기에 우리가 경계할 일은 문화 편식 현상이다.

그런데 안타까운 일이 벌어졌다. 일본 극단 '시키(四季)'가 서울 상주의 꿈을 접는다고 발표했다. 500여 명의 배우를 지닌 일본의 대형 극단이 한국에 상주하면 우리의 문화시장이 잠식당한다는 한국공연프로

듀서협회의 반대 성명이 주된 발단이다. 우리 측 관계자들의 우려를 이해하지 못하는 바는 아니지만, 열린 문화교류의 시대에 '문화 국수주의'로 비쳐질까 걱정된다.

기우로 끝난 일본의 대중문화 개방과 일본에서의 '한류 열풍'을 간과한 편협함을 드러낸 처사가 아닌가. 합법적인 문화산업 진출을 막은 한국의 태도에 대한 일본 측 반응과 부메랑도 걱정된다.

공자는 "군자는 화목하되 무조건 같음을 추구하지 않는다(和而不同)"고 말했다. 이웃의 다양성을 존중하되 개성을 지킨다는 뜻이다. 백범도 강조했다. "오직 한없이 갖고 싶은 것은 높은 문화의 힘"이라고. 다양함을 용해시켜 담는 큰 그릇이 필요한 때이다.

손(手)

　인간의 신체 가운데 손(手)만큼 친근하고 상징성이 큰 기관도 드물다. 침을 흘리며 앙증맞게 손을 빠는 어린아이의 모습에선 순수와 평화를 느낀다. 할머니나 엄마 손은 아이의 아픈 배를 쉬이 낫게 하는 약손이다.
　손의 의미는 이뿐만이 아니다. 자유시장경제를 움직인다는 애덤 스미스의 '보이지 않는 손', 추리소설에서 긴장감을 더해주는 '보이지 않는 손'에 의한 연쇄 실종·살인과 숨 막히는 추적 장면도 빼놓을 수 없다.
　종교에선 영적 존재에 대한 호소로서 손을 뻗거나 친다. 불교에서는 손가락을 여러 모양으로 끼워 맞추는 인상(印相)으로 부처나 보살의 내증 덕을 표시한다.
　기독교에선 4~5세기 이후 안수식이 관례화됐다. 오른손을 신성하며 행운의 손으로 믿고, 왼손을 부정한 것으로 보는 '오른손 우월' 현상은 손의 상징주의에 있어 주요한 테마이다.
　우리나라에서 왼손으로 음식을 먹거나 글씨 쓰는 것을 삼가는 풍습도 이런 배경이 있다. 아시아 여러 지역에선 배설물 처리에 왼손을 사용하는 습관과 결부해 특히 이 원칙을 중요시한다. 그래서 왼손으로 어린이의 머리를 쓰다듬으면 정령(精靈)을 빼간다고 해서 금기시한다. 반면 일본 영국 등의 왼손문화는 독특한 섬 문화로 분류된다. 자동차 운전석과 출입문, 변기 물을 빼는 방향 등이 왼쪽이다.

손은 손등·손바닥·손가락으로 이루어진 손목 관절 앞부분을 지칭한다. 손에는 크기와 굵기, 쓰임새가 각각 다른 5개의 손가락이 뻗어 있다.

최근 미국 뉴욕대 의대 한국인 여과학자 안소현 박사가 손가락의 생성 비밀을 푼 논문을 세계 최고 권위의 생명과학지인 셀(Cell)에 발표해 주목받고 있다. 이 연구는 기형 손과 피부암 치료에 크게 기여할 것으로 기대되고 있다.

아테네의 한국 남녀 궁사들의 '신의 손'처럼 조국에 안겨준 또 하나의 쾌거이자 환자들에겐 '따뜻한 손'이다.

저우언라이(周恩來)

"총리와 인민이 동고동락해 인민과 총리의 마음이 이어졌다."

중국 톈안먼(天安門)광장에 세워진 저우언라이(周恩來·1898~1976)의 추도비에 새겨진 글귀다. 저우언라이는 1949년 대륙공산화라는 신중국 성립으로부터 총리 재직 26년 3개월, 1934년 시작된 대장정에서 마오쩌둥(毛澤東) 주석의 1인 지도권이 확립된 쭌이회의로부터 41년 동안 부동의 제2인자로 우뚝 서 있었다.

저우는 가난한 농부의 아들로 사범학교를 다닌 마오와 달리, 프랑스 유학을 다녀올 정도의 귀족 가문에서 태어났다. 하지만 대장정을 계기로 그는 자신에겐 없는 지도자적 자질이 마오에게 있음을 알고 이름없는 부하에 불과했던 마오쩌둥을 홍군 사령관으로 추천하는 결단과 함께 자청해서 2인자의 길을 걸었다.

그래서일까. 중국인들은 그를 실천적 애민을 한 합리적 인물로 평가하고 있다. 1966년부터 10년 동안의 '문화대혁명' 광란을 수습하고, 헨리 키신저와 교섭해 1972년 미국과 중국 간 대 화해의 서곡인 닉슨·마오 회담을 성사시킨 공도 그의 몫이다. 이 내용은 '중국의 붉은 별'이란

에드거 스노의 책에 박진감 있게 그려져 있다.

생전의 저우 총리가 1963년 한민족이 중국 동북부에서 거주해 온 역사적 사실을 인정하고, 이를 부인하려는 일부 중국학자들의 '대국적 쇼비니즘(국수주의)'을 비판했던 사실이 확인됐다. 대인의 풍모다.

"마오쩌둥이 산이라면 저우언라이는 물이다. 산은 남 앞에 우뚝 서기를 좋아한다. 반면 물은 공명정대하고 산의 독존도 삼켜 버린다"는 세평이 맞는 것 같다.

저우언라이가 역사 왜곡에 혈안이 된 현 중국지도층의 왜소함을 꾸짖고 있음이다.

벼락

'벼락'이란 말에는 이중의 뜻이 있다. 먼저 좋은 의미. 주로 해몽에 적용된다. 벼락 맞는 꿈을 꾸면 뜻밖의 부자가 될 수 있다고 풀이한다. 돈벼락이다. 그러나 현실에서는 대부분 부정적이다. 졸부를 나타내는 '벼락부자', 파행인사 결과 감투를 쓴 '벼락대신', 단편 지식만을 외우는 '벼락치기 공부'에 이르기까지.

벼락출세는 대가를 톡톡히 치르는가 보다. 이른바 '벼락부자 신드롬'이다. 미국 샌프란시스코의 임상심리학자 스테판 골드바트 박사팀이 신흥 백만장자들이 겪는 심리적 문제점들을 연구한 끝에 만들어낸 신조어이다. 벼락부자들은 기대 이상의 부를 이룬 기쁨에 비례해 소외감, 불안감 등 정신적 고통을 심하게 느낀다는 것이다. 해답은 일정한도 안에서의 사회 환원이다.

그런데 이번엔 이 벼락이 사람 생명을 연달아 앗아가 '벼락 경계령'이 내려졌다. 골프를 치던 중년부인이 벼락을 맞고 숨졌다. 목에 걸고 있던 금목걸이가 원인이었다고 한다. 또 얼마 전엔 휴대전화를 받던 40대 남자가 벼락에 목숨을 앗겼다. 안타까운 일이다.

대기와 지면이 지닌 양음 전기량이 방전되면서 '번쩍' 하고 큰 빛을 내는 게 번개다. 이 번개가 땅위의 높은 대상물에 떨어지는 게 낙뢰(落雷), 곧 벼락이다. 전류의 세기는 2만 암페어 정도의 초고압으로, 사람이 벼락을 직접 맞으면 중추신경 마비와 심장 장애·과열 등으로 대부분 사망사고로 이어진다.

우리 조상들은 '벽조목(霹棗木)'이라는 붉은색 도는 벼락 맞은 대추나무로 도장이나 부적을 만들어 지니고 다녔다. 밝음을 뜻하는 붉은색이 악귀를 쫓는 신비한 힘이 있다고 생각해서다. 그래서 벽조목 도장은 일반 나무새료보다 보통 내여섯 배는 비싸다. 하지만 부질없는 일일 것이다.

어두운 먹구름이 하늘을 덮고 번개가 번쩍이는 날엔 서둘러 몸을 낮추고 동굴이나 건물 아래로 피해야 하는데, 평지 돌출식 행동을 하니 벼락을 피할 길이 없는 것이다. 매사 몸과 마음을 낮추는, '하심(下心)'을 할 일이다.

살생부

21세기 개명 천지에 별 일이다. 대선이나 총선을 앞두면 여의도에 3~400명에 이르는 이른바 정치 시나리오 작가들이 활동한다고 한다. 이들은 주로 전 현직 보좌관이나 정치 컨설팅 업체 관계자, 또는 스스로 정치 책사를 자처하는 사람들이다. 이들은 현역 국회의원들의 목줄을 옥죄는 각종 살생부를 생산해낸다.

공천에 목을 매는 정치인들에게 살생부는 그 진위여부와 관계없이 신경이 쓰이지 않을 수 없다. 총선을 앞두고 살생부라는 것이 또 등장했다. 원내외 당협위원장의 명단이 돌고 있다. 수많은 총선을 현장에서 보아온 사람에게 이런 살생부는 놀라울 것도 신선할 것도 없다. 사실과 크게 동떨어졌을 뿐 아니라 어쩌면 불순한 정치적 의도를 갖고 만들어졌을 의심이 들기 때문이다.

살생부란 말 그대로 죽고 살 자를 가려내는 장부를 뜻한다. 우리 역사에서 살생부는 훗날 조선조 7대 왕인 세조가 된 수양대군이 한명회로 하여금 자신의 집권을 반대할 만한 대신들을 죽이기 위해 명부를 작성한 데서 유래한다. 실제 세조의 부왕인 세종 때 6진 개척 등 무공이 큰 좌의정 김종서 등이 참살됐다. 그런데 이 살생부가 다시 부활한다고 하니 시대의 역류를 느낀다.

우리는 그동안 '총선 낙천 살생부' '기업 워크아웃 살생부' '자치단체장 선거 결과와 상대 후보에 줄 선 공무원 살생부' 등을 들어보았지만, 모두 정치성이 개재된 순수하지 못한 살생부는 도로(徒勞)에 그쳤음을 숱하게 보아왔다.

살생부 설은 줄서기, 복지부동, 아군 아니면 적군식의 이분법적 편가르기 등 우리 사회에 퇴영적 문화만을 남겼을 뿐이다. 지금 우리 사회는 이념과 지역, 세대 간 갈등이 비등점에 이르러 사회 붕괴의 우려가 높다.

이러한 때 화합에 힘써야 할 집권여당 사무처 노조가 집안 식구마저 품지 못하고 '살생부' 운운하는 일은 '밴댕이 소갈머리' 같다는 비판을 받을 수 있다. 인류의 성자 마하트마 간디는 "사랑스러운 세계를 원하거든 네 적을 포함해 모든 것을 사랑하라"고 가르쳤다. 우주는 홀로 존재하지 않듯, 사람도 함께 사랑을 가꿔야 한다. 그럼, '탄핵 살생부'는 접어야 하지 않을까.

'무너진 사랑탑'

남인수(1918~62). 경남 진주가 낳은 국민가수다. 타고난 곱고 애조 띤 그의 노래는 암울했던 일제시대 겨레의 아픔을 보듬는 '약'이 되었고, 군 위문활동에 참여했던 6·25 때는 국군 장병들에게 조국 수호의 가치를 되새기게 하는 힘이 되었다.

취입한 1000여곡 중 '애수의 소야곡' '감격시대' '가거라 삼팔선' '이별의 부산정거장' '청춘고백' '무너진 사랑탑' 등은 올드 팬들 사이에선 지금도 널리 애창되고 있다.

이 가운데 청춘의 애틋한 사랑을 묘사한 '무너진 사랑탑'은 이렇게 시작된다. "반짝이는 별빛 아래 소곤소곤 소곤대던 그날 밤/ 천년을 두고 변치 말자고 댕기 풀어 맹서한 님아/ 사나이 목숨 걸고 바친 순정 모질게도 밟아놓고 / 그대는 지금 어데 단꿈을 꾸고 있나 야속한 님아 무너진 사랑탑아…."

이 '사랑탑'이 또 한 번 무너졌다. 결혼을 약속하고 동거하던 20대 남녀가 실 수령액 34억 원짜리 로또 1등 당첨권의 소유 지분을 놓고 법정 다툼을 벌이고 있다. 남자가 당첨 예상번호와 함께 구입비용을 건넨 결과 복권에 당첨됐지만 여자가 '친정'에서 돌아오지 않고 있어 부당이득금 반환 청구권 소송을 낸 것이다.

인간의 욕심은 끝이 없다. 셋방살이 할 때는 전셋집만 있으면 족하다고 생각했는데, 급기야 이탈리아제 대리석으로 치장된 최고급 아파트까지 넘보는 등.

그래서 철학자 쇼펜하워는 "재물은 바닷물과 같다. 마실수록 갈증이 심해진다"고 말했나보다. 성서 잠언은 이렇게 가르친다. "가난하게도 부하게도 마옵소서. 내가 배불러서 하느님을 모른다, 혹 내가 가난으로 도둑질하여 하느님의 이름을 욕되게 할까 두려워함이니다."

돈에 눈먼 사랑의 파경이 있던 날, 이웃 일본에선 2억 엔의 1등 복권 당첨자가 수재의연금으로 써달라며 익명으로 당국에 전액 기증했다는 소식이다.

사형제도

 사형은 수형자의 생명을 빼앗는 가장 무서운 형벌이다. 그래서 '극형'이라고도 한다. 주로 살인자가 대상이다. 사형 방법은 교수형과 총살형이 일반적이다. 근세 이전 전제왕조시대엔 목을 베는 참수형과 사지를 찢는 능지처참형도 행해졌다.
 우리나라의 경우 1894년 고종의 칙령으로 사라졌지만, 조선시대 말기까지 한양 마포의 절두산(切頭山)과 용산 새남터는 초목도 떠는 참수형장이었다. 1789년 프랑스 대혁명 당시 절대왕정 및 허영의 대명사 루이 16세와 왕비 마리 앙트와네트가 기요틴이란 단두대에서 목이 잘렸던 일이 대표적 예이다.
 국내에서 사형제 폐지 운동이 펼쳐지고 있다. 일부 정치인과 시민단체 등이 주축이 돼 사형제를 폐지하고 종신형제를 도입하는 법 제정을 추진하고 있다. 사형제는 비인도적이며 생명권을 침해하는 제도라는 것이다. 사실 사형제 폐지는 세계적인 추세다. 사형제를 없앤 국가가 유럽 등 76개국에 이르고 있다.

그러나 반대론도 만만찮다. '필요악'이라는 입장이다. 흉악범에 대한 상응하는 벌은 물론 범죄 예방효과를 위해서 사형제가 존치돼야 한다는 주장이다.

하지만 대다수의 살인사건이 우발적 충동 또는 극단적인 감정폭발 때문에 발생한다는 전문가들의 분석이고 보면 '사형=범죄 억지효과'는 그리 크지 않다는 논리가 설득력이 있다. 반성·참회의 기회를 주는 종신형제 도입을 긍정 검토할 때가 된 것 같다. '사법살인'을 막아야 하기 때문이다.

불교 '범망경'은 "죽이는 인(因)과 죽이는 연(緣)과 죽이는 방법과 죽이는 업(業)으로 목숨 있는 것을 죽여서는 안 된다"고 가르치고 있다. 어떤 이유에서든 사람의 목숨을 인위적·제도적으로 끊을 수 없다는 '생명존중사상'을 깨우친 것이다.

올인의 덫

양약은 입에 쓰다. 하지만 몸에는 좋다. 충언도 마찬가지. 귀에 거슬리지만 삶의 지혜를 준다. 듣기 좋은 것은 감언이설일 뿐이다.

중국 우임금은 왕이 되기 전부터 자신에게 충고하는 이에게 절을 했다고 한다. 진심 어린 고마움의 표시로. 보통 사람들이 이러한 성인처럼 실천하기는 힘들다. 그러나 충고에 귀 기울이면 패가망신은 면할 수 있다. 하물며 지도자임에랴.

지도자가 잘못 판단, 외고집을 세워 한 곳으로 몰고 가면 자신의 불행에 그치지 않고 국민의 삶이 곤고하다. 히틀러와 진시황 등 동서고금 실패한 지도자들의 역정이 교훈을 준다. 그래서인가. 부처님은 "망견(妄見)과 극단을 떠나 중도에 서라"고 말했다. 이 세상이 진정 살 만한 곳이 되기 위해서는 '다름'들이 조화돼야 한다.

극단적 의견을 좇아 매사 '올인'하는 일은 분열만 초래한다. 그래서 공자나 그의 손자 자사 또한 대를 이어 "중용이 곧 진리"라고 강조했다. 중용이란 극과 극의 중간적 자리가 아니라 제3의 길이며, 새로운 창조적 자리를 뜻한다.

매사 선택의 여지를 막아버린 '올인'의 부메랑이 스스로를 묶는 덫이 되지 않을까 우려된다. 서로 다른 의견을 절충해 합일점을 찾는 관용, 곧 서구의 합리적 톨레랑스는 발붙일 틈이 없다.

진영논리로 강경 발언을 일삼는 정치인들에게 회초리를 들고, 지지 세력 공고화를 위해 갈등을 부추기는 정치인들은 몰아내야 한다. 조선 순조 때 실학자 최한기가 쓴 책 '인정(仁政)'에 나오는 '천하우락재선거(天下憂樂在選擧)'. 어진 자를 뽑아 바른 정치를 하면 모든 백성이 평안하지만 그른 자를 뽑아 정치를 잘못하면 세상 모든 백성이 근심 걱정으로 지내게 된다는 의미로, 우리에게 선거의 중요성을 일깨워준다.

'명심보감'에 이런 구절이 있다. "나에게 좋은 말만 하는 이는 나의 도적이요, 나에게 충고하는 이는 나의 스승이다"(道吾善者 是吾賊 道吾惡者 是吾師). '올인'에 집착하는 이들이여, 국민의 피곤지수를 낮추기 위해 한번쯤 되새겨봄이 어떠하실지.

CO₂

 "아, 아침 공기! 내가 아끼는 만병통치약은 숲속의 맑은 아침 공기를 마시는 것이다. 앞으로는 이 공기를 병에 담아 팔아야 할지 모른다. 아침의 행복을 잃어버린 사람들을 위해 ⋯."

 19세기 중반 미국 매사추세츠주 월든 호숫가 숲 생활의 가치를 기록, '환경친화의 문학적 입문서'로 불리는 '월든(Walden)'을 쓴 헨리 데이비드 소로의 말이다. 책은 자연 예찬과 환경 파괴의 터 위에 건설한 문명사회의 풍자로 꾸려져 있다.

 오늘날 환경 파괴의 재앙은 물과 공기를 사 마시는 데서 그치지 않는다. 인류 종(種)의 멸절을 위협하고 있다. 주범은 온실가스의 대표인 이산화탄소(CO_2). 삼림을 남벌하고 매연이 가득해 산소의 선순환이 이뤄지지 못한 나머지 지구는 밀폐된 초대형 용기처럼 돼버린 것이다. 비닐봉지에 입을 대고 계속 불면 숨을 쉬지 못하듯, 지구온난화현상에 인간은 결국 쪄 죽게 된 뒤 냉동되는 것이다.

 30년 전 상영된 '워터 월드'나 근래 개봉된 영화 '더 데이 애프터 투모로'는 고이케 유리코(小池百合子) 일본 환경상 의견이 아니더라도,

수천 마디 말보다 환경 보호의 중요성을 일깨워준다. 지구온난화로 빙하가 녹으면 해수면이 상승하고 수온이 급강하해 기상이변과 제2의 빙하기가 도래할 것이라는 주장에 근거하고 있다.

이화여대 강호정 교수가 참여한 국제공동연구팀이 지구온난화의 주범인 이산화탄소가 수자원도 오염시킨다는 사실을 처음 밝혀내 세계적 과학잡지 네이처가 보도했다. 쾌거다.

인류는 46억년 동안 지구가 묻어둔 석탄·석유·가스라는 '탄소 통조림'을 소비라는 이름으로 최근 100년 사이 다 까먹고 울울창창 숲마저 베이내고 있다. 지구의 환경용량을 초과해 황폐화시킨 결과가 얼마나 참담할 것인지는 수도 없이 경고되고 있다. 깨끗한 물과 공기는 생명의 원천이자 만병통치약이다.

막걸리와 와인

운수 대통해 재수가 불 일듯 하시오"라는 말은 만사가 잘 풀려 부자 되고 귀하게 살라는 덕담이다. 이처럼 한국인은 '수(數)'와 더불어 살아 왔다. 수도 수 나름이다. 1월 1일, 3월 3일, 5월 5일, 7월 7일, 9월 9일은 설, 삼짇날, 수릿날, 칠석, 중구절 등으로 불리는 길일이었다.

홀수, 곧 양수(陽數)가 겹친 날로 명절이다. 짝수인 음수는 길일과 거리가 멀었다. 하지만 십이나 백에서는 이야기가 달라진다. 열이나 백을 덩치가 큰 홀수, 곧 기수로 본 것이다. 특히 100에서는 힘이 붙는다. 백전백승, 백발백중, 백배사죄 등. 1에서 시작해 가까스로 99를 거쳐서 다다르게 되는 백은 완전·충족·극을 다한 수의 의미를 갖는다.

한 대학교가 개교 100주년 기념물로 프랑스 메도크 지방에서 생산된 고급 와인 샤토 라 카르돈을 선정했다. '막걸리'로 대표되는 민족 대학 이미지 대신 세계화 시대에 맞춰 '세계대학'으로 변모하기 위한 시도로 이해된다.

사실 지상의 많은 술 종류 가운데 와인은 인간에게 가장 오래된 친근한 술 중 하나이다. 또 세계적으로 널리 퍼져 있다.

로마 신화 속 술의 신 바쿠스(디오니소스)는 처음 포도나무를 심고 최초의 와인을 얻었다고 한다. 척박한 땅에서 단것을 만드는 포도도 그렇고, 과정과 숙성의 술인 와인의 상징성을 볼 때 '100년 이후' 미래를 향한 명문 사학의 희망을 읽을 수 있다.

하지만 급하게 큰 계획을 세울 일은 아니다. 차분히 뜻을 모아 학교 발전을 꾀하는 지혜가 필요할 것이다. 신화 속 와인은 이런 교훈도 주고 있지 않는가. "술은 적당하게 마시면 새처럼 사람을 유쾌하게 하고, 소심한 이에게는 사자 같은 용기를 준다. 그러나 지나치면 만용을 일으켜 딩나귀처럼 사람을 바보로 만든다"고.

다모(茶母)의 후예

조선에는 '다모(茶母)', 곧 오늘날의 여자형사쯤 되는 직업여성이 있었다. '식모' '침모'와 더불어 관가나 사대부 집 허드렛일을 하던 천민 신분이었다. 다모는 규방 사건 등 여성 관련 수사를 맡았다.

얼마 전 조선조 한성부 좌포도청에서 일했던 다모 채옥의 활약과 포도 종사관과의 애틋한 연모의 정을 그린 TV 사극물이 방영돼 '다모폐인'이란 마니아층이 생길 정도로 인기를 누린 바 있다. 당장 내 사람으로 만들지 않고 서로를 위해 희생하는 남녀 간 사랑이 이 작품의 메시지였다. 인스턴트식품 같은 일회용 사랑을 하는 현대인에게 진한 교훈을 남겼다.

또 있다. 다모의 무예 수준이다. 검법과 권법은 기본이고 여러 명을 상대할 때 사용하는 표창 솜씨도 일품이다. 신분을 뛰어넘어 전문 직업인으로서의 소양을 갖추었음을 본다.

앞으로 일선 경찰서 강력계에서 여성경찰관의 모습을 자주 접하게 될 것 같다. 경찰청이 연내 240여 명의 여성 강력계 형사를 양성, 성폭력 사건 등에 투입한다는 계획을 발표했다.

현재 전체 2021년 기준 대한민국 전체 경찰관 약 14만 명 중 여성 경찰관은 약 1만 9천여 명으로, 전체의 13.6%를 차지한다. 여성 경찰관은 조직 내 차별과 편견에 직면하며, 특히 고위직으로 갈수록 그 비율이 현저히 낮아지는 경향을 보인다.

그나마 주로 서무 등 내근직에 배치돼 있다. 여자형사기동대 등을 적극 활용해 여성·청소년 관련 범죄를 처리토록 하면 민생치안의 효율성 제고와 사건 관련 부패 고리 차단 등의 효과가 기대된다. 몇 해 전부터는 여경이 금지 줄을 들고 시위문화 개선에 기여한 바 있다.

하시만 이와 달리, 여경의 일선 강력계 형사 배치는 신결과제가 직지않아 보인다. 전문성 있는 수사 실무교육, 수사비, 아내와 엄마 역할을 수행해야 하는 현실에서의 수사 인력 등이 그것이다. 아무튼 여형사에게 거는 기대가 크다. '다모의 후예', 파이팅!

오렌지색

　네덜란드 출신 조 본프레레 신임 한국축구 대표팀 감독이 서울에 오던 날, '오렌지군단' 네덜란드가 유로 축구 8강행 막차를 잡아타는 데 성공했다. 네덜란드팀이 오렌지군단으로 불리게 된 데는 현 오렌지 왕가와 오렌지 색깔의 국기에서 유래한다. 이렇듯 오렌지색은 서양에서 왕실 등 권위의 상징으로 인식됐다.

　오렌지색은 많게는 16종에 이른다. 백자 빛이 도는 비스크 오렌지색부터 주황에 가까운 다크 오렌지색까지. 오렌지색은 삼원색을 기준으로 하면 노랑, 곧 황색 계열이다.

　오렌지색은 동양에서도 권력과 재물 등 '권위'가 부여되는 색으로 받아들여졌다. 황제의 곤룡포가 대표적이다. 중국 후한시대 장각은 "누런 하늘이 일어나야한다"며 황건적 난을 일으키고 황제(黃帝)라 칭했다.

　사실 오렌지는 정치적 의미와 관계없이, 비타민 C 등이 풍부하고 그리 비싸지 않아 서민들이 즐겨 먹는 과일이다. 그러나 우리나라에서 '오렌지' 하면 부유한 집안에서 태어나 돈 쓰는 재미밖에 모르는 20대

전후 젊은 층을 연상하는 부정적 이미지가 강하다. 아무튼 오렌지는 복합 다의적이다.

이라크에서 희생된 김선일 씨가 처음 알 자지라 방송에 공개됐을 때는 회색 남방 차림이었다. 그런데 피살 직전엔 오렌지색 옷으로 갈아입고 있었다. 이 색은 앞서 사우디아라비아와 이라크에서 각각 살해된 2명의 미국인이 입었던 옷 색깔이다. 이라크와 쿠바 등 미군기지에 수용된 알 카에다 조직원들이 입고 있는 옷 색깔이 오렌지색이기에 '박해에 대한 보복'을 뜻하는 것으로 보인다.

안락함과 풍요를 상징하는 오렌지색의 악용이다.

단지(斷指)의 모정

 영화의 시작은 아름다웠다. 미국 조지아의 한 작은 마을, 보라색 꽃들이 핀 들판에서 자매가 즐거운 한때를 보내는 모습이 클로즈업되곤 했다.
 하지만 행복한 장면은 짧았다. 꽃이 만발한 들판을 벗어나자마자 14살 실리의 불룩한 배가 보이고, 곧 그것은 의붓아버지의 아이를 임신한 것이라는 내레이션이 흐르면서 화면엔 어둠이 몰려왔다. 의붓아버지의 아이를 둘이나 낳은 뒤 낯선 남자와 강제 결혼, 이후 노예나 다름없는 생활을 거쳐 독립적인 여성의 길을 찾아가는 과정을 그렸다.
 'E.T' '쉰들러 리스트' '라이언 일병 구하기' 등으로 유명한 스티븐 스필버그 감독의 영화 '컬러 퍼플'의 줄거리이다. 친부가 아닐지라도, 아버지로 따랐던 어른의 근친상간이 어린 딸에게 얼마나 정신적 공황 상태를 초래하는지를 단적으로 보여준다.
 다음은 우리 사회의 이야기. 7살 난 의붓딸을 14세 때까지 7년간 성폭행한 남편이 항소심에서 보석으로 석방된다는 소식에 딸의 친어머니가 항의 표시로 손가락을 잘라 재판장 앞으로 보냈다. 분신자살하겠다는 혈서도 동봉했다.

사실 단지(斷指)는 강한 인간 의지의 상징이다. 부모나 자녀의 병이 위중할 때 손가락을 잘라 피를 먹이거나, 안중근 의사 같은 선각자들이 동지들과 의기투합의 징표로서 단지를 했다.

'見利思義 見危授命'(견리사의 견위수명:이익 되는 일을 보거든 옳은 일인지 생각하고, 조국의 위태로움을 보거든 목숨을 던져라)이나 차량 뒤에 붙이고 다니는 '대한국인 안중근' 글씨 밑에 안 의사의 약지가 잘린 손바닥 도장이 대표적이다.

빅도르 위고는 밀했다. "여성은 약하지만 모성은 강하다"고. 그렇다. 이번 단지 사건은 짐승 같은 남편에 대한 분노, 가없는 자녀 사랑과 함께 근친상간으로 대표되는 왜곡된 성 윤리에 대한 강한 모성애의 절규다.

외도와 폭력

'위대한 넋(마하트마)'으로도 불리는 모한다스 카림찬드 간디조차도 신혼 초엔 부부싸움을 적잖게 했던 모양이다. 쓰라린 경험 끝에 그는 이런 교훈을 얻는다. "부부 사이의 부당한 간섭은 일종의 감금이다."

깊은 믿음의 터 위에서 서로 배려하고 편안함을 주는 게 원만한 부부관계를 유지하는 덕목임을 강조한 말이다. '간디 자서전'에 나오는 내용이다. '세계의 성자'로까지 칭송되는 간디 역시 부부관계에서 숱한 고민을 한 걸 보면, 남편과 아내의 자리를 올바로 정립해 화목한 가정을 꾸려간다는 게 여간 힘이 드는 일이 아님을 되새기게 한다.

우리 사회는 여성들의 사회 진출 증가와 여권 신장에서 보듯 급변하고 있다. 한데 일부 남편들은 퇴락하는 가부장적 관습에서 벗어나지 못한 채 폭력 등으로 가정문제를 해결하려 든다. 종국엔 이혼 등 패가망신의 길을 걷곤 한다.

서울가정법원이 눈길 끄는 판례를 남겼다. 나이트클럽 웨이터 등 외간 남자와 부적절한 관계를 한 '바람 끼 많은 아내'도 책임이 있지만, 부인을 폭행한 남편의 책임이 더 크기에 부부는 이혼하고 남편은 부인에게 위자료 1000만 원을 지급하라고 판결한 것이다. 성과 가정윤리, 가정폭력 실상을 입체적으로 보여주는 단적인 사례이다.

그동안 '외도' 하면 '남편'을 먼저 떠올리곤 했는데, 이 사건은 우리 사회의 변화된 세태를 반영한다. 판결 역시 아내의 외도와 남편의 폭력 중 폭력에 벌의 가중치를 두었다는 점에서 주목된다. 부부의 일에 허물의 경중과 선후를 따지는 게 부질없는 노릇이긴 하다.

남편과 아내가 서로 아껴 부부 해로는 물론 가정이 발전하는 '윈윈 전략'이 아쉬울 따름이다. 이런 '콩가루 집안'에서 자녀들이 무엇을 보고 배우겠는가. '영원한 교육자' 페스탈로치는 "가정은 도덕의 학교"라고 말했다. 아이들 보기가 부끄럽다.

"백두산, 여기는 한라산"

그리스 철학자 아리스토텔레스는 "전쟁은 평화를 보전하기 위한 수단"이라고 정의했다. 평화를 지키기 위해선 전쟁을 이해해야 하고, 전쟁의 이해를 위해선 다각적인 전쟁 연구가 필요하다는 것이다.

전쟁과 평화를 연구하는 학파는 크게 전쟁학파와 평화학파 두 가지로 나뉜다. 전쟁학파는 '전쟁은 인류 역사에서 사람이 싫든 좋든 무력 분쟁의 형태를 띠고 나타난 필연적 사회현상'이라 본다. 19세기 초 프로이센의 칼 폰 클라우제비츠가 대표적 인물이다.

전쟁이론의 고전으로 평가되는 저서 '전쟁론'에서 그는 "전쟁이란 다른 수단에 의한 정치의 연속"이라고 말했다. 국가이익을 달성하기 위한 수단으로서의 전쟁이기에 '무한 폭력'까지도 정당화된다는 연구 결과도 내놓았다.

평화학파는 '전쟁은 정치가 잘못돼 나타난 병리현상'으로 규정한다. 무력이 아닌, 대화와 협상으로 전쟁을 막아야 한다고 강조한다. 베를린 자유대 등 세계 유명 대학에서 평화학을 강의하면서 한국을 방문, "DMZ의 평화지대화" "남북 철도 연결은 세계평화의 물꼬" 등을 강조한 독일의 요한 갈퉁 교수를 손꼽을 수 있다.

지금은 옛날 말이 됐지만 2004년 6월 30일 남북이 개성에서 열린 장성급회담 첫 실무대표 접촉에서 서해상에서의 우발적 충돌 방지를 위해 무선통신과 깃발·불빛 신호 등을 사용키로 합의했다. 남북한 함정의 호출부호는 각각 '한라산', '백두산'으로 정했다. 분단 사상 처음 시험 교신도 가졌다. 남측이 "백두산, 백두산, 여기는 한라산 감명도?"라고 하면 북측은 "한라산, 한라산, 여기는 백두산, 감명도 다섯" 등이라고 응답했다. 한반도 평화 실현을 위한 상큼한 출발로서 뜻 깊은 일이었다.

우리 겨레는 '전쟁은 안 된다'는 체험적 전쟁·평화학을 이미 동시에 마스터한 바 있다. 값비싼 수업료를 낸, 배움의 결과물을 다시 구현했으면 한다.

지진

1978년 기상청이 관측을 시작한 이래 남한 지역에서 발생한 가장 강한 리히터 규모 5.8의 지진이 경북 경주 인근에서 2016년 9월 발생했다. 1978년 속리산지진(5.2)과 홍성지진(5.0) 등이 있다. '삼국사기'에 기록돼 있듯, 우리나라는 779년 경주에서 지진이 발생해 100여 명의 인명 피해를 기록한 게 가장 큰 피해 사례일 정도로 지진 다발국에 비해 피해 수준은 낮다.

다만 최근 연 20여회가 넘게 지진 활동이 다소 활발해지는 모습을 보이고 있어 한반도도 지진의 안전지대가 아니라는 주장이 설득력을 얻고 있다.

지진은 지구적인 힘에 의해 땅속의 거대한 암반이 갑자기 갈라지면서 그 충격으로 땅이 흔들리는 현상을 말한다. 곧 지진은 지구 내부 어딘가에서 급격한 변동이 생겨 그 충격으로 생긴 파동, 즉 지진파가 지표면까지 전해져 지반을 진동시키는 것이다.

지진이 발생하면 느슨한 모래가 진동을 받아 다져지듯 '다짐효과'로 인해 연약한 지반은 가라앉고 인명과 재산 피해가 발생한다. 24만 명의 사망자를 낸 1976년 중국 탕산 대지진, 4만여 명의 인명을 앗아간 지난해 12월 이란 밤시의 대지진이 대표적이다.

지진 대비에 관한 한 일본에서 교훈을 얻어야 한다. 일본은 고층빌딩은 물론 대부분 건물과 구조물을 지을 때 실제 지진파를 이용해 내진설계를 하는 등 엄한 설계 기준을 적용하고 있다. 지진 대비 훈련도 정례화 되어 있다.

1995년 고베 대지진으로 사망자 수가 6000여 명, 피해액이 약 200조 원에 이르렀지만, 다른 나라에서 똑같은 규모 6의 지진이 발생했으면 피해가 서너 배는 됐을 것으로 지적된다.

지진이란 천재지변을 피할 길은 없다. 하지만 피해를 최소화하려는 인간의 노력은 필요하다. 내진설계와 유사시 첨단이기를 활용하기 위한 노력과 함께 봉사활동을 배가해야겠다. 하늘도 스스로 돕는 자를 돕는다고 했지 않는가.

부처님 오신 날

달콤한 아카시아 꽃향기 속에서 또다시 '부처님 오신 날'을 맞는다. 4월 초파일. 인도 룸비니 동산에 무수(無憂樹) 꽃 만발할 때 석가는 이 땅에 태어났다. 근심을 없애준다는 나무, 무우수 꽃을 보듯 기쁜 마음으로 이날을 맞이한다. 이유는 분명하다. 부처께서 이 사바세계의 중생들로 하여금 생로병사의 괴로움을 벗게 하고자 해탈의 길에 이르는 지혜의 말씀을 주었기 때문이다.

히말라야 설산에서 6년에 이르는 수행 끝에 깨달음을 이뤄 부처가 된 석가는 제일성으로 설파하지 않았던가. "천상천하유아독존!"이라고. 온 누리에 나 홀로 존귀하다는 뜻이다. 석가의 이 한마디 깨침의 사자후가 있음으로써 인간 생명은 대 자유를 얻게 됐다.

그런데 아직 우리네 인간 삶은 눈물과 한숨의 바다, '고해(苦海)'의 연속이다. 부처님 오신 날을 맞아 사찰과 거리마다 연등이 걸려 있지만 새삼 캄캄한 무명을 느낀다. 사견(邪見)이 정견(正見)을 앞서는 세상이다.

이 모두가 탐욕과 성냄, 그리고 옳고 그름을 판단하지 못하는 어리석음이라는 삼독(三毒)에 빠져 참된 나를 찾지 못하기 때문이다. 이웃을 배려하는 이타심이 아닌, 내 밥그릇 챙기기에 눈먼 이기심에서 비롯되고 있다. 무명을 밝히기에 연등이 흐려 보이는 것은 당연할 것이다.

큰 스승 석가의 가르침, 8만의 설법은 해인사 장경각 안에 보관돼 있을 뿐 아직 우리 마음 창고 속에는 모셔져 있지 않다. '나'라는 마음을 비워야 지혜의 말씀이 자리 잡을 것이다.

"금을 얻기 위해선 마음속에 가득한 은을 버리고, 다이아몬드를 얻기 위해선 금을 버려라." 한 고승의 법문이다. 마음의 평안은 버려야 얻는다. 곧 선근공덕을 쌓는 일이다. 자비가 온 누리에 가득하길 합장 서원한다.

풍수지리

요즘 사회 각 분야에 일고 있는 '웰빙' 열풍이 인테리어에도 거세다. 웰빙 인테리어의 키워드는 풍수(風水). '서북 방향에 거실이 있으면 남성의 힘이 약해진다. 적절한 소품 배치로 나쁜 기를 막아라' '베이지색이나 녹색 커튼, 바닥은 목재를 활용하라' 등이 대표적이다. 상혼이 배어 있음을 본다.

사실 풍수는 인간 삶의 환경에서 자연스럽게 생겨났다. 사람이 살기에는 따뜻한 바람이 불고, 깨끗한 물이 풍부한 지역이라야 한다. 이러한 지세를 관찰하는 일이 곧 풍수를 보는 작업으로 인식됐을 것으로 보인다.

우리나라의 풍수지리는 신라 말 도선대사에 의해 중국에서 도입된 것이라는 주장이 많다. 이후 발복(發福)을 위해 집을 짓는 양택이나 묘자리를 잡는 음택을 고를 때 풍수를 적잖이 활용했다. 배산임수(背山臨水·산을 등지고 앞에 물이 흐르는 지세), 와우(臥牛·소가 편히 누워 풀을 뜯어먹는 형상), 삼한갑지(三韓甲地·이 땅에서 가장 좋은 땅) 등 명당을 일컫는 말이 회자되고 이런 곳을 찾았다.

풍수지리 발복이란, 명당(明堂)이나 좋은 묏자리(음택)에 거주하거나 묘를 씀으로써 후손의 번창, 재물 획득, 가문 융성 등 길한 운이 발현되는 것을 의미한다. 이는 땅의 좋은 기운을 이용해 본인의 노력 이상의 큰 복을 얻으려는 풍수신앙의 핵심 원리이며, 자손에게까지 좋은 영향을 미친다고 여겨진다. 하지만 풍수에 밝은 이들은 이렇게 말한다.

"덕을 베풀지 않는 이는 명당에 들어가도 시궁창으로 변하고, 덕이 넘친다면 혈처를 몰라도 명당에 들어간다"고.

한 국가도 마찬가지다. 입지조건이 좋은 곳을 수도로 정해도 민심을 멀리해 원성이 하늘을 찌르며, 백성끼리 갈등이 일고 환락 퇴폐에 빠지면 도시는 무너졌다. 고대 로마 등 동서양의 역사가 이를 증거한다.

개인이나 나라나 복 받는 데엔 다 이유가 있음이다.

산업스파이

스파이는 5000년 전 고대 이집트에서 유래했다는 유서 깊은 직업이다. 특히 두 차례의 세계대전과 냉전으로 점철된 20세기는 스파이들의 치열한 첩보전이 벌어진 시기였다. '원자폭탄 절도'로 유명한 독일 출신 핵물리학자이자 공산주의자 클라우스 푹스가 대표적 인물이다.

그는 히틀러가 정권을 잡은 뒤 도주지로 택한 영국에서 원폭 제조 프로젝트에 참여해 얻은 기밀을 소련 정보당국에 반출, 미·소 양강의 저울추를 변화시켰다.

1930년대 독일 프랑크푸르트 일간지의 특파원으로 가장, 일본 정부에 접근해 수많은 1급 비밀정보를 빼돌리다 일본 무희와의 사랑 때문에 피신 기회를 놓쳐 처형된 소련 출신 '사상 최고 스파이' 리하르트 조르게의 전설적 활약상은 영화화되기도 했다.

국내에선 광복 직후, 영어 회화 능력에 뛰어난 미모를 지닌 인텔리 여성이었지만, 사랑에 눈이 멀어 공산주의자 애인에게 국가기밀을 빼돌린 결과 형장의 이슬이 된 비운의 여간첩 김수임을 들 수 있다.

이러한 스파이들이 이젠 산업계를 휩쓸고 있다. 글로벌시대, 경쟁사의 첨단 정보를 빼내려는 상상을 초월하는 정보전이 벌어지고 있음이다. 농경사회 도둑은 양곡을 훔쳤고 산업사회 도둑이 고급물자를 훔쳤다면, 21세기 도둑은 정보와 지식을 훔치고 있는 것이다.

이 점에서 한국도 예외가 아니다. 우리나라를 먹여 살리는 반도체와 정보기술(IT) 등 첨단기술이 거액 사례금에 눈먼 일부 관계자들에 의해 해외로 흘러가고 있다.

최근 4조 원대 가치가 있는 우리의 휴대전화기 기술은 물론 천문학적 가치의 첨단 반도체기술을 해외로 넘기려던 연구원 등이 검찰에 검거된 것은 다행한 일이다. 산업스파이의 실체를 다시 한 번 깨닫게 했다.

그런데 기술과 돈을 바꾸려는 이들은 거의 내부에 있다는 사실이다. 당국과 회사 차원의 보안체계 강화가 시급하다. 하지만 양심을 되돌아보는 일이 중요하다. 사익 때문에 자신이 몸담고 있는 회사의 사활이 걸린 정보를 외국에 넘기는 처사는 국부(國富)를 유출하는 '신판 매국노'일 뿐이다.

곰

곰(熊)은 둔하고 미련한 동물로 통한다. '미련곰탱이'가 그 대명사다. 그래서인지 우리 속담 또한 곰을 우습게 보는 표현이 적지 않다. 곰들이 알아들으면 화가 치밀어 속이 뒤집힐 내용들이다. "곰하고는 못 살아도 여우하고는 산다."(눈치 없고 둔한 이보다는 싹싹하고 분위기 파악 잘 하는 사람이 낫다는 뜻)는 말이 대표적이다.

"곰은 쓸개 때문에 죽고 사람은 혀 때문에 망한다."는 말처럼 시니컬하면서 교훈으로 삼으라는 내용도 있다.

반면 우리 건국 신화에서 곰은 신성한 동물로 여겨지고 있어 대조적이다. 쑥과 마늘을 먹고 삼칠일(21일) 만에 사람으로 태어난 웅녀와 단군 탄생 설화는 여러 해석이 있지만, 인내심 강한 모성애를 상징하고 있다.

곰과 인간의 친근성은 비단 우리 민족에 국한된 것은 아니다. 고대 메소포타미아·그리스 설화에 바탕을 둔 큰곰·작은곰의 별자리에 이르기까지 세계 곳곳에 널려 있다.

그런데 이런 곰이 최근 말썽꾸러기로 전락해 철창에 갇히는 신세가 됐다. 곰의 자연번식을 위해 지리산에 방사된 '반돌이'와 '장군이'가 가축을 죽이고 양봉용 꿀을 훔쳐 먹는가 하면 밭농사를 망쳐 국립공원관리공단 측이 계류장에 가둔 것이다. 신성시된 신화 속의 곰 신세치고는 처량하게 됐다.

곰은 모피와 고기 등 인간에게 여러 이로움을 주었다. 그 가운데 곰 쓸개는 한국 남성들에게 강정제로 인식되면서 '진짜 웅담으로 둔갑된 돼지 쓸개'마저 싹쓸이 쇼핑의 대상이 되고 있기도 하다. 어찌 보면 반돌이·장군이가 철창에 갇힌 게 15~30년을 산다는 수명을 보장받는 것인지도 모른다. 어느 엽사의 총에 웅담을 뺏겨 천수를 누릴 수 없을지 모르기 때문이다.

속설에 "산에서 곰을 만나면 죽은 체하라"는 말이 있다. 이젠 이렇게 바뀌어야 할 것 같다.

"곰들아, 사람을 만나면 죽은 체 해라!"

스승의 날

"인격을 키워주는 스승의 높고 거룩한 은혜를 기리어 사제의 윤리를 바로잡고, 다음 세대의 주인공들을 교육하는 숭고한 사명을 담당한 선생님들을 존경하는 기품을 길러…"

1964년 5월 제정된 '스승의 날' 취지문이다. 하지만 스승의 날은 그 빛을 잃었다. '촌지를 받지 않습니다'라고 학교에 내걸린 현수막이 상징하듯, 돈을 둘러싼 잡음 때문이다. 이를 피해 스승의 날에 임시 휴교를 하는 학교가 적지 않더니 폐지론까지 들먹이고 있다. 지금처럼 세종대왕 탄신일인 5월 15일이 아닌, '학생 평가'가 끝나는 2월로 옮기자는 주장도 있다.

어쩌다 이렇게 사도(師道)가 땅에 떨어졌는지 안타깝다. 스승은 고전적 평가에서 나랏님이나 아버지와 같은 반열이었다. 그래서 군사부일체(君師父一體)요, '스승의 그림자조차 밟지 않는다'는 존경과 참된 권위의 대상이었다.

그러나 교권의 현실은 어둡다. 물론 이유가 있다. 먼저 학교와 교사의 책임이다. 돈 문제와 훈육 차원을 넘어선 매질 등 일부 학교와 교사의 비리가 사회문제화 될 정도로 떠오른 점이다. 일부 졸부형 학부모들도 문제다. 매사 돈으로 선생님들을 대하려 하고 애들은 이를 닮는 세태이다.

무엇보다 시급한 일은 교권을 높이려는 정부 정책이다. 1960년대까지만 해도 선생님은 지역의 유지요 지도층이었다. 자기 집은 초가집인데 학교는 기와집, 집에선 굶는데 학교에 가면 강냉이 죽이라도 주는 등 학교문화가 가정문화를 앞서갔었다. 지금은 아니다. 따라서 바른 인성을 지닌 최고의 수재들이 교사를 지원토록 획기적인 학교에 대한 투자와 선생님들의 처우개선이 있어야 한다.

"위대한 나라는 위대한 인물을 많이 배출한 나라다." 세계적 역사학자 아널드 토인비의 말이다. 위대한 인물 만들기는 스승의 몫이 절대적이지 않은가!

비자금

"만족할 만한 재산이 없는 것이 아니다. 나에게 만족할 만한 마음이 없는 것이다(非無足財 非無足心也)."

많은 돈을 가져도 만족하는 마음이 없으면 행복하지 않다는 뜻이다. 지금으로부터 2400여 년 전 중국 전국시대 사상가 묵자의 말이다. 그의 말은 이어진다. "편안한 곳이 없는 것이 아니다. 나에게 편안한 마음이 없을 뿐이다(非無安居 我無安心也)." 고대광실에서 살아도 마음이 편치 않으면 지옥이라는 의미이다.

2000억 원대로 추정되는 전두환 전 대통령 비자금 사건과 관련, 전씨 부인 이순자 씨가 비자금의 일부로 보이는 130억 원이 검찰에 단서가 잡히자 이를 추징금 일부로 대납하기로 밝혔다. 이로써 전씨 비자금과 관련된 인물은 자신은 물론 부인 이 씨와 차남, 처남, 그리고 작고한 장인 등으로 늘어났다.

'판도라의 상자'가 열리고 있는 것이다. 그리스 신화에 인류 최초의 여인 판도라는 열지 말라고 그토록 당부했던 최고의 신 제우스의 말을 거역, 그만 상자를 열자 그 속에 있던 질병 등 인간의 모든 불행이 쏟아져 나왔다. 판도라가 당황한 나머지 급히 닫아 '희망'만이 그 속에 남아 있게 되었다 해서 판도라의 상자는 '사람의 불행과 희망'을 알려주는 상징으로 일컬어지고 있다.

95년 10월 5, 6공 전직 대통령 비자금 조성 폭로와 사법처리 이후 10년 정도 은밀히 보관해 온 비자금 상자를 냄새 나게 열어 제친 이 씨는 오늘의 판도라요, '아직 열 때가 아니다'고 눈총을 준 전 씨는 제우스쯤 될 것 같다.

묵자의 말처럼 전 씨 가족은 마음이 편치 않아 이 땅의 삶이 고해(苦海)일 것 같다. 부처님도 탐욕을 번뇌의 으뜸으로 여겼다. 전 씨의 돈은 도덕성이 결여돼 있다. 따라서 국가에 자진 반납하는 게 전직 국가원수로서의 한 가닥 체통을 지키는 일이다. 땀 흘려 번 청부(淸富)마저 사회에 아낌없이 환원하는 이들도 많지 않은가!

단오

음력 5월 5일 단오(端午)는 설, 추석과 더불어 우리나라 3대 세시풍속으로 남아 있다. 일 년 중 가장 양기가 왕성한 날이다. 단오의 '단'은 실마리 또는 첫 번째라는 뜻이고, '오'는 五(오)와 음이 통하므로 단오는 결국 초닷새란 뜻이다.

단오 행사로는 '강릉 단오제'가 대표적이다. 강릉은 옛 동예(東濊)의 땅이다. '삼국사기' 등 기록에 따르면 예국에서는 매년 봄에 택일해 산신제를 지내는데, 연사흘 음주가무를 했다는 기록이 있다.

강릉단오제는 동이족이 이 땅에 자리를 잡은 상고시대 이전부터 행해졌을 것이라는 게 문화인류학자 등 전문가들의 견해다. 강릉시는 2005년 단오제의 유네스코 무형문화유산 등록을 추진하고 있다.

이에 대해 중국이 시비를 걸고 나섰다. 중국 언론들은 "한국 정부가 강릉 단오절을 유네스코의 세계문화유산에 등록하려 하고 있다. 이를 막아야 한다"고 보도했다.

중국인들은 전국시대 초나라의 우국 시인 굴원(屈原)이 간신들의 모함에 자신의 지조를 보이기 위해 멱라수에 투신자살한 5월 5일이 단오의 유래임을 들고 있다.

그러나 이런 주장은 설득력이 없다. 굴원이 지금부터 2300여 년 전 사람인 데 비해 단오제는 그보다 앞선 상고시대 이전부터 행해졌다. 풍속행사 역시 확연히 다르다. 중국의 단오 행사는 청렴하게 살다간 굴원에 대한 기제사 형태를 띠고 있다. 우리의 경우 씨름과 활쏘기, 창포에 머리감기 등 민속행사화 되어 있다.

중국은 '동북공정' 프로젝트 아래 우리의 고구려사를 자신들의 변방사로 폄훼, 만주 일대 고구려 유적을 자신들이 주도해 유네스코 세계문화유산으로 등재하려 하고 있다. 그러면서 우리가 추진하는 단오절의 세계문화유산 등록을 문제 삼고 나섰다. 아전인수요, 선린의 대의를 모르는 소인배 행위가 아닐 수 없다.

상속

"왜 그렇게 아등바등 돈을 버십니까?" "'소도 언덕이 있어야 비빈다'고 자식들이 쉽게 일어서게 하려면 어느 정도 유산은 주어야 되지 않겠어요!"

먹을 것 먹지 않는 등 제대로 쓰지 않으면서 재물을 모으는 이유를 묻는 질문에 대한 다수 우리네 부모들의 답변이다. 그러나 선진 외국은 다르다. 그들은 재산을 자손에게 물려주기보다 학교나 자선단체에 기부하는 것을 미덕으로 삼는다.

'부자인 채로 죽는 것은 치욕'이란 경구를 남긴 미국의 철강왕 앤드루 카네기는 "상속은 자식들의 재능과 에너지를 망치는 것"이라며 전 재산을 털어 도서관 3000개를 세웠지만 자식에게는 한 푼도 물려주지 않았다.

그럼 우리의 현실은 어떠한가. 조금 나아졌다고 하지만 아직은 안타까운 수준이다. 하지만 우리 역사에서도 청부(淸富)를 쌓고 이를 사회에 환원해 '영원히 사는 길'을 택한 사람들도 적지 않다. '부자 3대를 못 간다'는 속설을 무색케 한 대표적 사례는 경주 최부잣집 이야기다.

만석꾼 집안으로 1600년대 초반부터 1900년 중반까지 무려 300년 동안 12대를 내려왔다. 1950년에는 전 재산을 영남대 전신인 '대구대학'에 기증함으로써 스스로를 역사의 무대 위로 던졌다. 비결은 일정 한도의 재산만 모으고 나머지 재물은 이웃돕기에 쓴 데 있다. 손녀의 대학 학비 1만 달러만 남기고 가진 재산을 모두 복지재단에 넘긴 유한양행 창업주 고 유일한 씨 경우는 기업인의 사표(師表)로 살아 있다.

2003년 9월 타계한 고 신용호 교보생명 창립자의 유가족이 상속 재산 중 절반 가까운 1338억 원의 상속세를 신고해 화제를 모은 바 있다. 당시 국내 상속세로는 사상 최대인 규모도 규모이지만, 신고의 투명성이 갈채를 받고 있다.

유산 상속은 하기에 따라 역사의 빛이 되거나 후손을 패가망신케 하는 독이 되기도 한다.

봉사(奉仕)

"'나눔'이란 참 역설적이다. 남에게 많이 나눠 줄수록 자신도 많이 가질 수 있다. 그것은 바로 봉사정신의 실천이 주는 보람이다." 시각장애인이면서 올림픽 미국 국가대표 역도선수를 지낸 뒤 기업가로서도 성공, 부의 사회 환원에 힘쓴 결과 '올해의 기업가상'에 이어 2000년 6월 지미 카터 대통령, 테레사 수녀 등이 받은 바 있는 '국제인도주의상'을 수상한 짐 스토벌의 저서 '최고의 유산 상속받기'에 나오는 말이다.

스토벌은 강조한다. 시간과 물질, 정성을 사회공동체에 나누면 넘치는 감사의 기쁨은 물론 주변과의 관계 회복 등 얻어지는 소득이 이루 다 헤아릴 수 없다고.

그래서인지 공자는 '논어'에서 "덕을 베풀고 옳은 길을 가는 사람은 이웃이 있어 외롭지 않다(德不孤 必有隣)"고 설파했다. 대문호 톨스토이 또한 '사람은 무엇으로 사는가'라는 저서에서 성서를 인용, "우리가 말과 혀로만 사랑하지 말고 오직 행함과 진실함으로 하자. 누가 형제의 궁핍함을 보고도 도와줄 마음을 막으면 하느님이 어찌 그 속에 거할까 보냐"라고 강조했다.

오늘날 성숙한 민주시민이 되는 덕목 중 하나는 공동체를 위한 봉사정신이다. 봉사는 이웃을 위하여 내가 존재한다는 덕의 베풂이요, 사랑 실천이자 자비행이다. 이러한 봉사 정신은 어려서부터 훈련돼야 한다. 이런 취지에서 초·중·고 학생들이 일정시간 복지시설 등에서 봉사활동을 하면 상급학교 진학 점수에 반영되고 있다.

그런데 당국과 일부 학교가 '4·19 혁명기념식'에 학생들을 동원, 봉사활동 시간으로 인정해 말썽을 빚고 있다.

교육은 학생들을 공동선을 구현할 사람으로 키우는 작업이다. 교육에 편법이 동원돼선 안 된다. '최고의 유산 상속'은 정직의 토대 위에 선 순수한 봉사 실천이다.

산불

　기상 변화는 작은 변수에도 매우 민감하게 나타난다. 베이징에서 나비 한 마리가 날갯짓을 하면 반대편인 미국 뉴욕에서는 폭풍이 몰아친다는 카오스 이론의 '나비효과'와도 같다. 문제는 종전의 데이터와 경험으로는 상상하지 못할 정도로 기상이변이 자주, 그것도 대형으로 벌어진다는 사실이다.
　전문가들은 불가측의 기후 변화 원인에 대해 삼림 파괴와 도시 난개발, 오염물질 배출을 지목하고 있다. 인도네시아 등 동남아와 아마존강 유역의 남벌에 따른 밀림 화재가 대표적이다. 이처럼 산불은 삼림 파괴의 주요 원인이다.
　요즘 우리나라에도 산불 비상이 걸렸다. 우리는 이미 산불로 인한 산림 황폐화가 가져온 피해를 톡톡히 치르고 있다. 호우를 동반한 태풍이 오면 산불로 인해 벌거벗은 산은 빗물을 흡수하지 못한 채 속수무책 흙더미 등을 산간 계곡으로 흘려보내 막대한 인명피해와 재산손실을 가져온다. 이와 함께 지표 밑 5m까지 170~180도의 열기가 전달, 땅속에 묻혀 있던 휴면상태의 식물종자 등 모든 생명의 씨앗들이 파괴돼 화재 이전 상태로 복원되기까지 최소 50년에서 100년이 걸릴 정도로 피해는 막심하다. 자연을 소홀히 여긴 대가가 얼마나 엄청난 것인지를 실감케 한다.

그런데 잦은 산불 뒤엔 경제난으로 인한 '홧김 방화'와 토지용도변경에 따른 개발이익을 노리는 자들의 소행도 적지 않다고 하니 안타깝다.

불교 '니건자경'에 이런 말이 있다. "마을과 숲, 잘 꾸며진 누각 등을 태우고 파괴치 말며, 베지 말아야 한다. 왜냐하면, 그 여러 가지 물건들은 어느 하나도 사람이나 축생에게 유용하지 않은 것이 없기 때문이다. 이것을 자연계를 지켜가는 행위라고 부른다."

자연의 질서를 깨뜨리는 자들이여, 하늘의 진노와 지옥 불이 무섭지도 않은가!

대화 교육

"아휴, 왜 태어났니? 왜 태어났어!" "전생에 무슨 원수였기에 태어나서 어미를 이렇게 괴롭히니?"

부모라고 해서 이처럼 자식에게 막말을 해대는 것은 금물이다. '자녀의 성공은 부모의 말에 달려 있다'의 저자 유동준에 따르면 자녀의 존재를 부인하는 말을 하면 예민한 아이의 경우 자살 충동까지 받는다. 자녀 때문에 속 터질 일이 한두 가지가 아니지만, 자식에 대한 사랑의 훈육까지 포기해선 안 된다는 것이다.

프랑스의 노벨문학상 수상 작가 앙드레 지드의 소설 '탕아(蕩兒) 돌아오다'에는 이런 대목이 나온다.

"그가 자기 집의 연기 오르는 지붕을 알아볼 수 있었을 때는 저녁 무렵이었다. 하지만 그는 자기의 비참함을 다소나마 감추려고 밤의 어둠을 기다렸다. 멀리서 아버지의 목소리가 들려왔다. … 손으로 얼굴을 가린다. 아버지를 창피하게 해드린 것이 부끄러웠기 때문이다."

집 나간 아들이 돌아오는 내용이다. 돌아온 아들에게 아버지는 꾸중은커녕 "잘 돌아왔다"며 얼싸안는다. 아들은 철없던 시절 아버지의 가르침을 되새기며, 새로운 인생을 살 것을 다짐한다. 자녀교육에 대한 부모의 고충과 역할을 상징적으로 보여주는 장면이다.

한국교육과정평가원의 학업성취도 평가 결과에 따르면 부모와 대화를 많이 나누는 학생일수록 학교 성적이 올라가는 것으로 나타났다. 또 자녀가 공부 잘하기를 원하는 부모보다 올바른 품성을 갖기 원하는 부모 밑에서 자라는 학생이 공부도 잘하는 것으로 조사됐다.

자녀도 인격체이다. 가정 내 질서를 중시하되, 독립적 자아를 모색해 가는 자녀의 성장 단계에 맞춰 인격이 만나는 대화를 나누려는 부모의 노력이 필요함을 시사하고 있다. 생업에 힘쓰랴, 자녀와의 대화에 관심을 가지랴, 이래저래 부모 노릇하기 어려운 현실이다.

한자 문맹

중국의 '소부(笑府)' 등 웃음을 담은 책은 현대를 사는 우리들에게도 짜릿한 쾌감을 안겨준다. 다음은 '한자문맹'과 관련한 해학 2편.

1. 내 천(川)자밖에 모르는 이가 어느 날 친구로부터 편지를 받았다. 그런데 아무리 살펴봐도 川자가 없었다. 대신 川자를 가로 놓은 삼(三)자가 눈에 들어왔다. 그러자 이렇게 투덜댔다. "어쩐지 안 보이더라. 이렇게 자빠져 있으니."

2. 한 사람이 생강 강(薑)자를 어떻게 쓰느냐고 물었다. 친구가 "먼저 풀 초(草)의 초두를 쓰고 그 밑에 한 일(一)자, 그 밑에 밭 전(田)자, 그 밑에 또 한 일(一)자, 그 밑에 또 밭 전(田)자, 그 아래에 또 한 일(一)자를 쓰라"고 일러주었다. 그런데 이 인간, '草壹田壹田壹'이라고 받아쓰고 나선 "세상에 이렇게 긴 글자가 어디 있나! 꼭 탑처럼 생겼네"라며 화를 냈다.

그런데 이러한 '농담'이 우리 주위에서 실제 벌어지고 있어 안타깝다. 서울대가 최근 국어 수강생들을 대상으로 실시한 한자어 기초실력 평가 결과, 전체 응시자의 약 60%가 100점 만점 중 50점을 넘기지 못하는 낙제점을 받은 것으로 조사됐다. '學科(학과)'의 독음을 '학교'라고 적고, '漢字語(한자어)로 옮기시오'라는 문제를 읽지 못해 우리말로 옮긴 답이 절반을 넘었다고 한다.

우리는 마땅히 아름다운 우리말과 글을 새롭게 찾아내고 애용해야 한다. 하지만 우리말 어휘의 대부분이 한자어인 현실에서 한자 교육을 방기할 수는 없다. 동북아 중심국을 넘어 세계화의 주역이 되고자 한다면, 제2 외국어를 배운다는 자세로 기본 한자 1800자 정도는 익혀야 한다.

그래야만 빛나는 전통문화 유산을 계승·발전하는 데에도 도움이 된다. 한자는 조어력이 뛰어나 사물을 보는 통찰력의 깊이를 더해주는 보너스도 있다.

추기경(樞機卿)

가톨릭에서 '추기경(樞機卿)'의 지위는 요직 중의 요직이다. 교황이 지명하는 최고 고문으로서 교황청의 각 성성(聖省), 관청의 장관 등 주요 보직을 맡아본다. 추기경은 교황에 대한 선거권 및 피선거권을 가지는 주교를 말하는데 교황이 선종(善終)하면 15일 이내 전 추기경들이 바티칸 시스티나성당에 모여 그들 가운데서 새 교황을 선출한다.

우리나라에선 1969년 서울대교구장 김수환 대주교가 추기경에 선임됨으로써 동양 최초의 추기경이 됐다. 그는 5.16 군사정변 직후, 혼란에 빠진 대한민국의 정치적·사회적 안정을 위해 노력했다. 군부 독재 시절부터 21세기까지 꾸준하게 정치적·사회적 현안에 목소리를 냈으며, 민주화 운동과 빈민 구제에 앞장서는 등 가톨릭교회의 사회 참여 선봉에 섰다.

은퇴 후 혜화동에 위치한 가톨릭대학교 성신교정 주교관에 거주했기에 가톨릭신자들 사이에서는 '혜화동 할아버지'라고 불렸다. 이는 한국천주교주교회의 PC통신과 인터넷 웹사이트에서 신자들에게 편지를 쓰거나 글을 남길 때 김 추기경이 실제로 사용한 닉네임이기도 했다.

2009년 향년 86세로 선종했지만 존경받는 지도자가 흔치 않은 우리 사회에서 지금까지 '귀감이 되는 어른'으로 자리매김 되고 있다. 30여 년간 자유와 민주, 정의를 위한 시대의 양심을 대변했던 그의 삶이 있었기 때문이다.

신자들이 선물한 대형 고급승용차를 물리치고 소형차로 바꿔 타는가 하면, 달동네 등 외롭고 가난한 이들이 있는 '낮은 곳'을 찾아 청빈의 실천적 신앙의 본을 보였던 그다.

서울대교구가 2024년 6월 18일 교황청 시성부로부터 김수환 추기경 시복 추진에 대해 '장애 없음(Nihil Obstat)'을 승인받았다. 이로써 한국 교회는 김수환 추기경을 공식적으로 '하느님의 종'(천주의 종)으로 칭할 수 있게 됐다. 이에 본격적인 시복이 추진되고 있다.

겨레의 빛으로서 남북 평화통일의 길을 비추길 소망한다.

장수촌의 비만

일본 열도 최남단의 오키나와(沖繩)는 역사적으로 우리와 관계가 깊다. '류큐(琉球)'라는 이름의 독립 해양왕국으로 중국, 한국, 일본과 삼각무역을 하면서 살았던 섬나라였다. 그러다 1609년 사쓰마번(薩摩藩)에게 정복되고 메이지유신 직후 일본령 오키나와현이 되었다.

우리 시대의 타고난 이야기꾼 황석영씨가 최근 펴낸 장편소설 '심청'을 보면 '청'은 죽지 않고 중국 상인 첸대인의 첩실을 거쳐, 대만에 거주하다, 다시 오키나와로 옮겨 '렌카'라는 일본식 새 이름으로 살다가 인생 황혼 길에 제물포로 귀환한다는 내용이다.

오키나와는 우리의 의식공간 속에 가깝게 자리해 왔음을 알 수 있다. 신유박해 때 흑산도에 유배된 다산 정약용의 형 정약전의 저서 '표해시말'에는 오키나와와 필리핀의 언어를 한글로 표기해놓은 내용이 나올 정도이다.

세계적인 장수촌으로 유명한 오키나와가 미국 패스트푸드 식문화의 영향으로 '비만과의 전쟁'을 벌이고 있다고 한다. 비만으로 인해 오랫동안 1위를 지켜오던 오키나와 남성의 평균 수명이 최근 들어 일본 47

개 현 가운데 26위로 곤두박질쳤다는 것이다. 아직 1위인 여성도 밀려날 것으로 보인다.

그렇게 수명 단축 현상이 비만과 함께 찾아온 것은 제2차 세계대전 이후 미군이 주둔하면서 패스트 푸드를 즐겨 먹는 그들의 식습관에 익숙해진 때문으로 분석되고 있다.

야채가 많고 지방분이 적은 오키나와의 전통음식은 수명을 연장시켜 줘 100세 이상의 장수 노인들을 양산하는 것으로 유명하다. 돼지 뼈를 고아서 만든 국물에 담아내는 보리국수, 오키나와 소바는 대표적 전통식품이다.

'웰빙음식'으로서 잘 보존해야 할 전통식단이 인스턴트에 밀려나는 잘못된 세계화 바람이 안타깝다.

국모(國母)

박정희 전 대통령에 대한 평가는 '근대화의 기수' '독재자' 등 양 극단이다. 반면 육영수 여사에 대해선 대체로 호의적이다. '청와대 내 야당' 역을 수행하고, '기품 있고 따뜻한 영부인상'을 심었기 때문인 것으로 이해된다. 그래서인지 역대 영부인 평가에서도 상대적 우위를 차지하고 있다.

대통령 부인의 역할 유형은 크게 다섯 가지로 나누어진다. 첫째 전통적 내조형, 둘째 베갯속 내조형, 셋째 활동적 내조형, 넷째 전문성 있는 전략적 후퇴형, 다섯째 연결망으로서의 참여형 등이다.

최규하 김영삼 전 대통령의 부인 홍기 손명순 여사는 첫째, 이승만 노태우 전 대통령의 부인 프란체스카 김옥숙 여사는 둘째, 박정희 전두환 노무현 전 대통령의 부인 육영수 이순자 권양숙 여사는 셋째, 윤보선 전 대통령의 부인 공덕귀 여사는 넷째, 김대중 전 대통령의 부인 이희호 여사는 다섯째에 속하는 것으로 분류되고 있다. 윤석열 전 대통령의 부인 김건희 여사는 다중 부패 연루 혐의로 부정적 여론이 중론이다.

육영수 여사에 힐러리의 역할을 합하는 게 이상적인 영부인상이라고 꼽는 이도 있다. 조용히 내조하되, 경우에 따라선 전문적 식견을 활용해 대통령의 '최측근 참모'로서 조언할 수 있는 동반자적 참여형이다.

영부인이라는 단어는 대통령의 부인만을 일컫는 단어는 아니지만 대한민국 정부 수립 이후 오랜 기간 사용됐기 때문에 일상 속에서 대중들이 대통령의 부인을 지칭할 때 쓰는 경우가 많다. 다만, 최근에는 영부인이라는 권위주의적 호칭보다는 민주주의 정부 시대에 걸맞게, 그냥 중립적으로 대통령 배우자라고 호칭하는 사례가 늘고 있다.

여성 대통령이 결혼했을 경우 남편을 부르는 단어로 부군(夫君)이 있지만 유일한 여성 대통령인 박근혜는 미혼이었기 때문에 실제로 대한민국에서 해당 표현이 사용된 적은 없다.

영부인은 대통령의 배우자로서 국가 의전 및 경호 대상이 되지만, 아이러니하게도 영부인은 대통령 개인의 사적인 관계(결혼)에 의해 규정된 것일 뿐 법적으로 규정되지는 않는다.

의전서열에 있어서 대통령 배우자에 대한 내용은 정의되어 있지 않다. 단지 관례상 대통령 곁에서 대통령과 같이 대우를 받을 수 있을 뿐이다.

자살사이트

'인생은 만남이다.' 독일의 의사요 작가였던 한스 카로사의 이 짧은 말 한마디는 삶의 의미를 되새기게 한다. 우리는 직장과 여행길 등 여러 기회에 많은 사람을 만난다. 동료와 동지, 선생님과 제자, 다양한 이웃을 알게 된다.

역사에서는 특히 깊은 만남이 있음을 본다. 공자와 안연, 석가와 가섭, 예수와 베드로, 소크라테스와 플라톤으로 대표되는 4대 성인과 제자들의 만남은 인격과 인격의 좋은 만남이었다. 인류의 눈을 밝게 했고 영혼을 살찌웠다.

반면 가인과 아벨, 세조와 사육신처럼 비극적 만남도 적지 않다. 인격이 소통되지 않은 만남이었다.

한 모텔에서 극약을 마시고 동반 자살한 20대 남녀 5명은 인터넷 자살 사이트를 통해 만난 것으로 드러났다. 2000년 12월 강릉 리조텔 자살 사이트 동반자살 사건 이후 20여 동안 동종사건만 20여 건이 발생했다. 경찰은 첫 사건 발생 후 곧바로 한글로 운영되는 자살 사이트를 모두 폐쇄토록 했지만, 한 달 만에 23개로 늘어나는 등 경찰과 자살 사이트 간의 숨바꼭질은 계속되고 있다.

물론 자살 사이트에 대한 당국의 대책 마련이 시급하다. 하지만 자살을 간접 교사하는 척박한 우리 사회의 환경을 탓하지 않을 수 없다. 고학력 실업자가 가득한 데다 회생 기미마저 없는 경제 상황, 부정부패엔 앞장서면서 눈만 뜨면 싸움질만 해대는 정치인 등 일부 지도층의 행태에서, '꿈'을 잃은 젊은이들은 마음 둘 곳이 없다.

이 땅의 젊은이들이 자살 사이트가 아닌, 청운의 꿈을 안고 직장과 해외 비즈니스 여행길에서 좋은 만남들을 이어갈 수 있도록 지혜와 힘을 모아야겠다. 선한 만남은 생명을 잉태케 하고, 불가능을 가능케 하는 신화(神話)를 창조하지 않는가.

창당 러시

"만일 어떤 사람이 그가 지니기에 너무 큰 것을 갖게 되면 재난을 당하게 된다."

세계적 문명사학자 아놀드 토인비의 저서 '역사의 연구'에 나오는 한 구절이다. 토인비는 덧붙인다. 작은 배에 너무 큰 돛을 달거나 좁디좁은 상에 넘치도록 음식을 올리고, 너무도 작은 영혼에 주체 못할 권력을 쥐어 주게 되면 그 결과는 뻔하다. 완전히 전복(顚覆)될 수밖에 없다고.

신생 정당들의 창당이 꼬리를 물고 있다. 정당의 득표율에 따라 의석을 배분하는 연동형 비례대표제 도입에 따른 결과다. 총 의석수는 정당득표율로 정해지고, 지역구에서 몇 명이 당선됐느냐에 따라 비례대표 의석수를 조정하는 방식이다. 정당 특성도 다양하다. 청년 및 여성, 사회복지를 전면에 내세우거나 기독교 정신 구현, 개벽정신 실현 등 내건 포부들이 한 결 같이 독특하다.

현재 선관위에 등록된 정당은 50여 개. 이 가운데 의석이 있는 정당은 손에 꼽을 정도에 불과할 정도로 여의도의 진입장벽은 높기만 하다.

그럼에도 신생 정당들은 "더 이상 정치를 기존 정당에 맡겨 둘 수 없다"며 다부진 포부를 밝히고 있다.

하지만 신생 정당들이 지속할 수 있을지는 미지수다. 많은 정당들의 명멸은 70여년 우리 헌정사가 잘 말해주고 있다.

새로운 정치 실험을 시도하는 신생 정당들은 기대와 함께 '예쁘게' 봐줄 수 있다. 문제는 파렴치 행위 등으로 인해 정치판을 떠나야 할 '거물(去物)'들이 거물(巨物)인 척 행세하며 '까마귀' '잡새' '철새' 등을 끌어 모아 급조 정당을 만드는 일이다.

정상배들이 머리에 이지도 못할 감투를 쓰고 국정을 농단해 나라가 뒤집히는 일이 없도록 쌀과 뉘를 가릴 줄 알아야 한다고 역사는 가르친다.

영화의 다양성

"적당히 채워라. 어떤 그릇에 물을 채우려 할 때 지나치게 채우고자 하면 곧 넘치고 말 것이다. 불행은 스스로 만족함을 모르는 데서 비롯된다."

최인호의 소설 상도(商道)에 나오는 '계영배(戒盈盃)'라는 술잔을 설명하는 대목이다. 노자의 '도덕경'을 인용한 말이다. 이 계영배는 술잔의 7부까지만 채워야지 그 이상을 부으면 이미 부은 술마저도 없어져 버리는 신비한 그릇이다. 돈과 권력, 명예를 다 가지려 하지 말고 하나만 갖되 그 한 가지마저도 절제하고 양보해야만 행복해질 수 있다는 교훈이 담겨 있다.

2024년 기준, 총 33편의 영화가 천만 관객을 돌파했다. 이 중 한국영화는 24편이다. 1919년 '의리적 구토'가 한국 최초의 영화이고, 2003년 '실미도'가 대한민국 최초의 천만 영화다.

2004년 '태극기 휘날리며'가 있다. 한국 영화로 가장 많은 관객을 모은 영화는 '명량'이며, '극한직업', '신과 함께: 죄와 벌', '국제시장' 등이 그 뒤를 잇고 있다. 한국영화 관객 1000만 명 시대는 '문화주권' 측면은 물론 우리 영화산업의 우수성을 보여주고 있어 뜻있는 일이다.

그러나 영화산업의 부익부 빈익빈 현상이 걱정된다. 극장의 이해관계가 걸려 있지만, 복합상영관의 스크린을 한두 영화가 절반 이상 독점하는 것은 문제가 있다. 영상산업이 지속적으로 발전하려면 영화의 다양성이 이뤄져야 한다. 복합상영관의 교차상영 금지와 함께 극장별 스크린쿼터에 예술·독립영화 지분을 확보토록 하는 등 제도적 개선책이 뒤따라야겠다. 또한 예술·독립영화 전용관을 확대하면서 수익을 내기 위한 지원이 있어야 한다.

종(種)의 다양성이 살아 숨 쉬는 숲이야말로 건강하다고 말하듯, 작지만 완성도 높은 영화 제작이 꼬리를 물어야 우리 영화의 앞날은 밝을 것이다. 이런 가운데 대박이 터져야 금상첨화이다. 계영배는 암시한다. 넘침은 모자람만 못하다고.

와인 세대

최근 보릿고개 시절을 겪으며 근대화의 견인차로 살아온 50대 전후의 경제·문화적 잠재력을 높이 평가한 '와인 세대'(Well Integrated New Elder : 잘 균형 잡힌 새로운 장년층)라는 용어가 유행이다. 시대가 만든 배고픔을 알았고, 고도 경제성장 과정에서 '잘살아 보자'고 노력하면 이룰 수 있다는 사실을 몸으로 배운 세대의 경험이 재조명되고 있음을 본다.

'어린이 비만'을 걱정해야 할 정도로 물질이 넘쳐나는 요즘 세대에게 주는 교훈이 그만큼 크다는 뜻이기도 하다.

얼마 전 미국 뉴욕타임스는 비만으로 몸매가 망가진 미국인들의 체형을 다음과 같이 묘사하고 비만의 위험성을 경고했다.

"미국 여성 30%는 허리가 어디인지 알 수 없는 '일자형' 몸매이고, 남성의 19%는 허리가 배 밑에 파묻혀 있다."

실제로 미국에서는 해마다 40만 명 정도가 과체중이나 비만과 관련된 질병으로 사망하고, 비만 관련 의료비로 지출되는 비용이 450억 달러, 우리 돈으로 50조 원에 이른다. 사망 원인 1위인 흡연 사망자 43만 5000명을 근소한 차이로 뒤따르고 있다.

우리나라에서도 비만은 당뇨, 지방간, 관절염, 동맥경화, 심장병, 중풍 등 신체 전반의 질환을 유발하는 요인으로 자리잡은 지 오래다. 또 최근 10년 사이 전체 당뇨 인구가 2배로 늘어나는 등 비만으로 인한 피해가 급증하고 있다.

이제 우리나라도 '비만과의 전쟁'을 선포해야 할 때가 됐다. 미군부대에서 버리는 음식 쓰레기로 '꿀꿀이죽'을 끓여 연명하던 시절이 불과 몇 십 년 전이다. 찢어진 검정 고무신을 신고 힘겹게 '보릿고개'를 넘어야 했다. 그러나 당시 아낙들은 우물에서 퍼 올린 물에서도 한 바가지, 뒤주에서 퍼낸 쌀에서도 한 움큼 다시 부어 아끼는 절약정신을 지니고 있었다.

오늘, 와인 세대들이 체득한 '절약의 미덕' 경험을 되살려야 할 당위는 충분하다.

일본의 독도우표

일본인의 양면성은 여러 면에서 연구되고 있다. 이는 겉으로 보이는 예의 바르고 친절한 모습과, 때로는 무례하거나 폭력적으로 보이는 다른 면모 사이의 대조로 설명된다.

일본인은 국화처럼 아름답게 '평화'를 노래하면서도 다른 한편으로는 날카롭고 잔인한 '사무라이의 칼'을 들이대는 이중성을 보인다는 게 정설이다. 속을 보이지 않는 일본인의 '혼네(本音·본심)'와 '다테마에(建前·명분)' 화법도 그들의 양면성에서 연유한 것이라고 볼 수 있다.

일본판 '독도우표'가 이미 발행된 것으로 뒤늦게 드러났다. 일본우정공사는 지난 1~2월 도쿄의 한 우표·기념주화업자로부터 독도 사진을 사용한 우표 발행 신청을 받고 이를 발행했다는 사실을 시인했다. 모두 독도의 항공촬영 사진 아래 '竹島'(다케시마)와 'Takeshima'라고 적어 넣은 우표다.

일본 측은 이 우표는 고객이 가지고 온 사진을 우표에 넣어서 찍어주는 유료 서비스로, 한때 일본에서 거론되던 '대항 우표'는 아니라고 해명하고 있다.

그러나 이는 변명에 불과하다. 일본 정부는 한국의 독도우표 발행을 비난하는 성명을 만국우편연합을 통해 190개 회원국에 보내기도 했다. 독도 영유권 주장을 위한 치밀한 계산을 깔고 있음을 알 수 있다.

일본은 국제사회에 대한 막강한 정치·경제적 영향력을 활용해 세계대백과사전, 세계지도와 관광책자 등을 통해 독도가 일본 영토라는 사실을 주지시켜 왔음은 간과할 수 없는 일이다. 이번 독도 우표는 국제사회의 기정사실화를 노린 것으로 볼 수밖에 없다.

독도에 대한 일본의 역사 왜곡에 역사가들이 나서야 한다. 일본 정부의 영유권 주장 및 국제법적 근거 확보 움직임과 관련해서는 우리 정부가 장기적이고 조직적인 대응을 해야 한다.

'일의대수(一衣帶水)' 관계인 한일 양국 간 선린우호는 좋다. 하지만 꽃바구니 속에 칼을 숨기는 두 얼굴의 일본만은 경계해야겠다.

점심

점심 한 끼가 대단한 일은 아니다. 여건이 되면 동료 등과 함께 점심 식사를 하는 게 자연스러운 일일 것이다. 밥 먹으면서 무슨 심오한 이데올로기 논쟁을 벌일 일도 아닐 터이다. 한데 그렇지가 않다.

같이 식사하는 것 자체가 동질성의 확인으로 받아들여지고 있다. 자연 '누가 누구하고 같이 밥 먹었다'가 사실 이상으로 확대 해석되는 세태이다. '밥의 이면'이라고 할 수 있다.

현실이 이렇다 보니 직장에서 점심시간이면 누구와 식사를 하는가를 결정하고 제의받는 것도 '큰 행사'다. '미운 놈하고는 천국에도 안 간다'는 말이 있듯, 한 식탁에서 밥 먹기가 어디 쉬운 일이겠는가. 또 있다.

멤버를 정했다고 해도 혼자 먹는 게 아닌 만큼 모여서 뒤늦게 메뉴를 놓고 합의가 필요할 때도 있다. 숙취 해소용 국물이나 중국 음식을 좋아하는 이에서부터 채식주의자까지 배려할 일도 있다. 그래서 이도 저도 싫어 점심시간을 색다르게 이용하는 이도 있다. 어학, 서예, 음악 감상, 헬스클럽 등 다양하다.

여하튼 점심은 사람끼리의 원초적인 교제 기회이기에 잘 활용하는 게 좋겠다. 공적인 자리에서 말하기 부담스러운 내용을 식사 시간에 자연스럽게 꺼낼 수 있는 이점도 있다. 변화된 공간에서 포만감을 느끼기에 그만큼 상대에 대한 이해와 배려의 폭이 크고 넓어진다는 심리학적 분석이 뒷받침하고 있다.

1980년대 초반까지 교실 한가운데 난로에 올려 데워 먹던 네모 난 구릿빛 양철 도시락에서 학창 시절의 추억을 공유하는 친구들은 나이 들어서도 진한 우정을 나누고 있음은 이를 잘 말해 주고 있다.

직장인 10명 가운데 8명이 최근 물가 인상으로 점심 식비가 늘어나 보다 싼 메뉴를 찾는 등 점심 문화에 변화가 생겼다는 설문 결과가 나왔다.

한 달 평균 점심 식비는 30만 원으로 지난해에 비해 껑충 뛰었다. '나물 먹고 물마시니 대장부 살림살이 이만하면 족하도다'는 옛말처럼 부귀를 부러워하지 않는 탈속의 심정을 이해 못할 바 아니다. 그렇지만 먹는 게 중요하지 않을 수 없다. '나라님은 백성을 하늘로 삼고 백성은 먹는 것을 하늘로 여긴다(君民而爲天 民食而爲天)'고 하지 않았던가.

고추

긴 겨울, 우리 몸은 지쳐 있다. 입춘·우수도 지났다. 고추장을 풀어 끓인 쑥국 등 봄나물 국은 몸의 회복을 도와준다. 고추는 비타민C가 사과보다 무려 20배나 많기에 스트레스, 술과 담배에 찌든 몸을 추스르는 데 제격인 것으로 밝혀진 바 있다.

매운맛을 내는 성분인 캡사이신은 소화작용을 돕고 항암 효과도 뛰어나다고 한다. 김치와 고추장이 없으면 속이 개운치 않은 한국인의 식습관은 '21세기 웰빙형'이라고 하겠다.

고추의 재발견이다. 고추의 쓰임새가 그만큼 많다는 뜻이다. 수십 종에 이르는 김치는 물론 양념치킨·불닭, 떡볶이, 매운맛 피자 등. 비빔밥을 빼놓을 수 없다. 한국 음식 중 외국인 선호도에서 앞서는 것은 익히 알려진 사실이다. 국적기의 대표적인 기내식으로까지 자리 잡았을 정도다. 비빔밥 안의 고추장은 이질적인 재료들을 끈끈하게 맺어주면서 눈부터 즐겁게 하는 역할을 한다.

고추를 가까이해서일까. 우리나라 사람들은 화끈한 걸 좋아한다. 매운 고추 같은 치열함과 투쟁적 의지가 없었다면 지금의 번영이 없었을 지도 모른다. 요샛말로 쿨한 게 나쁠 건 없다.

하지만 조급한 성격은 자칫 예상치 못한 우를 범할 수 있다. 쏠림, 극단, 냄비, 격변은 큰 후유증을 동반하는 법이다. 공자의 삼사일언(三思一言)처럼 세 번 생각한 뒤 말하는 깊은 사려가 요청된다. 남의 말하기 좋아하는 요즘 세태에선 더욱 그렇다.

"아버지는 나귀 타고 장에 가시고/ 할머니는 건넛마을 아저씨 댁에/ 고추 먹고 맴맴 달래 먹고 맴맴 …." 아이들이 매운 고추와 달래를 먹고 제자리에서 뺑뺑 매암을 돌 때 부르는 동요처럼 어른들도 순수한 마음을 지닌 세상이라면 몰라도!

그럼 고추는 우리나라에서 언제부터 사용됐을까. 임진왜란 때 일본으로부터 들어왔다는 게 통설이다. 그러나 고추가 조선 초에도 식용으로 쓰였다는 한국식품연구원의 연구 결과가 나왔다. 상식의 오류가 고추뿐이랴.

얼마 전에는 삼국유사의 '서동요'가 허구라는 사실이 밝혀져 많은 이의 가슴이 허전했다. 그러나 이번 고추의 진실 발견은 가슴이 후련하다. 담배 등 일본을 통해 외래문물이 많이 들어와 가슴 아픈 것이 이참에 다소나마 해소된 것 같다. 고추가 반갑다.

광복군가(光復軍歌)

"우리는 한국독립군 조국을 찾는 용사로다/ 나가! 나가! / … / 등잔 밑에 우는 형제가 있다/ 원수한테 밟힌 꽃포기 있다/ 동포는 기다린다 어서 가자 조국에."

2004학년부터 초등학교 4학년 음악책에 실린 광복군가 '압록강 행진곡'이다. 박영만의 가사에 한형석(중국명 한유한·1910~1996)이 곡을 붙인 이 광복군가는 빼앗긴 조국을 반드시 되찾겠다는 광복군의 기상이 진하게 배어 있다. 요즘도 광복군 출신 백발노인들이 광복군가를 부를 때 울음을 삼키며 절규하는 모습에서 새삼 오랜 질곡의 세월을 뛰어넘는 의연함이 읽혀진다.

광복군가 부르기는 미래 세대인 어린이들의 애국심을 키우는 좋은 방법이라고 할 수 있다. 사실 국군 훈련소에서도 독립군가와 광복군가를 불렀으면 한다. 헌법 전문에 '대한민국은 3·1운동으로 세운 대한민국 임시정부의 법통을 이어 받는다'고 되어 있다. 또 국군은 만주 벌판에서 일제 침략군과 맞서 싸우던 독립군과 임시정부가 창설한 광복군의 정신을 어엿이 계승하고 있지 않은가.

세계 여러 나라는 독립투쟁이나 혁명 때 불렀던 노래를 군가는 물론이고 국가로 삼는 경우가 적지 않다. 그리스의 국가 '예리한 칼날에', 미국의 '성조기여 영원하라', 터키의 '독립 행진곡' 등이 그렇다.

광복군가는 1940년 9월 17일 임시정부가 중국 충칭에서 한국광복군을 창설하면서 불리기 시작했다. 광복군 안에는 전문 작곡가들이 있었기에 곡도 새로 지어졌다. 이미 알려진 노래 선율을 차용해 불렀던 이전의 독립군가와는 달랐다.

물론 독립군가나 광복군가 모두 풍찬노숙하면서도 조국독립에 몸 바치려는 단심(丹心)을 표현했다. 일제의 잔학무도한 총칼 아래 나라 잃은 굴욕을 씻기 위한 선열들의 자주독립 정신은 이제 제2의 광복인 조국의 평화통일을 우리에게 과제로 안기고 있다.

광복 후 처음 편찬된 것으로 추정되는 광복군 군가집이 발견됐다. 신나라레코드사가 엊그제 공개한 '광복군가집'에는 한효선씨가 편찬한 '광복군행진곡' 등 80여 곡의 악보나 가사가 수록돼 있다. 조국광복의 의미를 되새기기 위한 '광복군가 다시 부르기' 운동을 펴야 하겠다.

직장인 박사

 아름다워지고 싶거든 먼저 지성을 갖춰라." 코즈모폴리턴 편집장 출신으로 영향력 있는 세계 여성 25인으로 선정된 미국의 헬렌 G 브라운이 들려주는 '성공법'이다. 그녀는 강조한다. 외모는 첫인상에 영향을 주지만 인생 마지막까지 힘이 되지 못한다고. 그렇다. 미모와 상관없이 자주 만나다 보면 깊은 매력은 지성미에 담겨 있음을 느낀다. 신뢰까지 동반한다.
 지성미는 어떻게 갖춰지는 것일까. '삼다(三多)의 원칙'을 들 수 있다. 중국 남송 시대 한림원 학사를 지내는 등 대학자이자 당대 최고 문호였던 구양수가 권면한 다독 다작 다상량이다. 곧 많이 읽고 쓰고 생각하라는 것이다. 또 있다. 배운 지식을 세상에 보탬이 되도록 선용해야 한다. 공익을 해치는 곡학아세는 공부를 아니함만 못하다. 지성미는커녕 추함만 보일 따름이다. 지식인 혐오를 불러온다.
 삼다 원칙은 오늘날에도 적용된다. 대학 졸업 후 사회생활을 하면 배운 지식은 금세 낡고 화석화된다. '삼년이 하루 같은' 초스피드의 디지털 시대가 아닌가. 이 같은 현실에서 직장인의 향학열이 뜨겁다. 새

진리 탐구에의 목마름을 해소하기 위해서다. 대학원이 문전성시다. 박사 양산(量產)체제도 갖추었다.

문제는 취업난이다. 올해 우리나라 박사학위 소지자 중 65.5%가 백수가 될 것이라는 전망도 있다. 대학의 전임교수직은 하늘의 별따기처럼 힘들다. 대학교육의 40% 이상은 시간강사가 맡고 있다.

국내 대학에서 박사과정을 밟은 65%는 직장생활을 병행한 '직장인 박사'로 나타났다. 직장과 학업 병행, 적은 장학금 혜택 등으로 몸과 마음고생이 심하다고 한다. 직장인 박사과정에 대한 평가는 엇갈린다. 수업 파행 등에 따른 학문의 질 저하를 우려하는 측면과 이론·실제의 겸비로 사회발전에 기여한다는 긍정 평가가 있다.

이래저래 지성을 갖추기가 쉽지 않다.

낙엽

가을이 깊어졌다. 울긋불긋 단풍이 곱다. 겨울로 들어설 채비를 하는 요즘 새삼 가을의 정취를 느끼게 하는 낙엽이 구른다. 낙엽을 주워 책갈피에 끼우며 어릴 적 친구들과 우정을 나누던 기억을 떠올리게 된다.

상큼한 아침, 높고 푸른 하늘, 따갑지만 싫지 않은 햇볕, 산들바람, 색색의 옷을 입은 온 꽃들이 파노라마처럼 추억 속에 피어난다. 바삭바삭 소리를 내며 밟히는 낙엽들은 체감과 청각의 즐거움도 안겨준다. 아니 낙엽에선 향기가 난다.

작가 이효석은 낙엽을 태우면서 "잘 익은 커피 냄새가 난다"고 했지 않은가. 지난봄부터 힘들게 목숨을 지켜오면서 새 생명의 잉태를 위한 거름이 되는 낙엽의 '고귀한 삶'에서 어찌 향기가 나지 않을 수 있으랴.

그래서 어스름을 타고 지는 낙엽을 밟으며 '시몽, 너는 좋으냐, 낙엽 밟는 소리가?'라는 구르몽의 시를 외우거나, "찬바람이 싸늘하게 얼굴을 스치면/ …/ 푸르던 잎 단풍으로 곱게 곱게 물들어 …"로 시작하는 가수 차중락의 '낙엽 따라 가버린 사랑'이라도 부르고 싶어진다.

가을은 교훈을 준다. 열매를 맺기 위해 열심히 살았지만 버릴 건 버릴 줄 알아야 한다는 뜻이다. 계절이 다 가도록 나뭇잎을 움켜쥐고 있다면 제때 곱게 물들지 못하고 갑자기 닥쳐온 추위에 마르거나 상해 버릴 것이다. 사람의 삶도 그렇다. 가질 때와 비울 때를 생각하지 않아 자신이 이루었던 많은 것을 잃는 경우를 더러 보기에 그렇다.

자연을 닮아야 함을 일러준다. 그게 변치 않는 진리다. 그래서 노자는 '도법자연(道法自然·진리는 자연을 본받는다)'을 설파했나 보다.

도심을 물들였던 가로수 잎들이 떨어지면서 각 지방자치단체마다 낙엽 때문에 골머리를 앓고 있다. 수거와 처리 비용이 만만치 않기 때문이다. 김광균 시인이 "낙엽은 폴란드 망명정부의 지폐"라고 했지만 낙엽이 그토록 가치가 없는 것일까.

퇴비용이나 가을 정취를 만끽하려는 관광객들을 위한 자원 등으로 재활용한다는 소식도 들린다. 눈으로, 코로, 마음으로 보고 맡으며 느낄 수 있는 사계절이 있다는 것, 얼마나 고마운가. 하늘의 축복이다. 결실의 계절 가을은 더욱 그렇다.

황종택 수상록
세상을 보는 눈 팡세 365
2025년 10월 10일 초판 인쇄
2025년 10월 13일 초판 발행
지은이 황 종 택
펴낸이 최 기 만
펴낸곳 도서출판 에이프릴(979-11)959101
인쇄처 성지인쇄문화사(02-888-2333)
　　　　서울 중구 퇴계로41가길 11-12. 201호
출판사등록번호 제1996-000032호
등록일 1996년 10월 10일
전 화 010-4237-1223 / 팩 스 02)2268-5267
이메일 sapril@naver.com
2025ⓒ도서출판 에이프릴
ISBN 979-11-987156-9-2(03040)

값 20,000원
※파본 및 낙장은 새 책으로 교환해 드립니다.